Samsung Galaxy Tab A

Die verständliche Anleitung

von

Helmut Vonhoegen

Vierfarben

Liebe Leserin, lieber Leser,

eine mögliche Sorge möchte ich Ihnen gleich zu Anfang nehmen. Sie müssen diese Anleitung nicht erst von Anfang bis Ende durchlesen, um in den Genuss Ihres Tablets zu kommen. Damit Ihnen künftig alles gleich gelingt und der Spaß im Vordergrund bleibt, ein kleiner Tipp von mir: Lesen Sie doch einmal die ersten beiden Kapitel durch. Hier erfahren Sie, wie Sie Ihr Tab A und den Touchscreen von Anfang an richtig bedienen, und treffen alle nötigen Vorkehrungen. Gleich danach können Sie dann all die Dinge praktisch in Angriff nehmen, die Sie gerade interessieren.

Unter der kundigen wie kurzweiligen Anleitung von Helmut Vonhoegen kommen Sie garantiert immer ohne Anstrengung und sicher an Ihr Ziel. Er führt Sie auf direktem Wege in alle Anwendungen ein und erklärt Ihnen ganz genau, wie Sie mit Ihrem Tab A im Internet surfen, E-Mails schreiben, fotografieren, Musik hören, Videos ansehen, E-Books lesen oder durch fremde Städte navigieren. Er zeigt Ihnen, wie Sie mit den neuen Office-Apps sogar Ihre Büroarbeiten ganz schnell von unterwegs erledigen und die Daten auf Ihren Computer zu Hause übertragen. Mit dem richtigen Begleiter ist im Grunde alles federleicht – nicht nur Ihr Gerät, sondern auch seine Bedienung.

Dieses Buch wurde mit größter Sorgfalt geschrieben und hergestellt. Sollten Sie dennoch einmal einen Fehler finden oder inhaltliche Anregungen haben, freue ich mich, wenn Sie mit mir in Kontakt treten. Für Kritik bin ich dabei ebenso offen wie für lobende Worte. Doch nun wünsche ich Ihnen, dass Sie in Ihrem Tablet immer wie in einem offenen Buch lesen – von der ersten Seite dieser Anleitung an!

Ihre Isabella Bleissem
Lektorat Vierfarben

isabella.bleissem@vierfarben.de
www.facebook.com/vierfarben

Auf einen Blick

1   Start mit dem Samsung Galaxy Tab 13

2   Online mit dem Galaxy Tab 63

3   Telefonieren und Kontakte verwalten 107

4   E-Mails senden und empfangen 127

5   Kalender, Termine und Erinnerungen 157

6   Fotografieren und Bilder bearbeiten 169

7   Videos und Filme 197

8   Musik und Radio hören 213

9   Karten und Navigation 229

10 Apps finden und installieren 243

11 Mit dem Tablet lesen 255

12 Das Tablet als mobiles Büro 265

13 Das Tablet und die Daten schützen 285

14 Das Tablet warten und Fehler beheben 303

    Glossar 317

Sie haben Fragen, Wünsche oder Anregungen zum Buch?
Gerne sind wir für Sie da:

Anmerkungen zum Inhalt des Buches: isabella.bleissem@vierfarben.de
Bestellungen und Reklamationen: service@vierfarben.de
Rezensions- und Schulungsexemplare: sophie.herzberg@vierfarben.de

An diesem Buch haben viele mitgewirkt, insbesondere:

Lektorat Isabella Bleissem, Jan Watermann
Korrektorat Marita Böhm, München
Herstellung Norbert Englert
Einbandgestaltung Janina Conrady
Coverfoto Samsung
Typografie und Layout Vera Brauner
Satz Norbert Englert
Druck PHOENIX PRINT GmbH

Gesetzt wurde dieses Buch aus der ITC Charter (10,5 pt/15 pt) in Adobe InDesign CC 2015.
Und gedruckt wurde es auf mattgestrichenem Bilderdruckpapier (115 g/m²).
Hergestellt in Deutschland.

Bibliografische Information der Deutschen Nationalbibliothek
Die Deutsche Nationalbibliothek verzeichnet diese Publikation in der Deutschen Nationalbibliografie; detaillierte bibliografische Daten sind im Internet über http://dnb.d-nb.de abrufbar.

ISBN 978-3-8421-0165-4
© Vierfarben, Bonn 2015
Vierfarben ist eine Marke der Rheinwerk Verlag GmbH

1. Auflage 2015

Der Verlagsname Vierfarben spielt an auf den Vierfarbdruck, eine Technik zur Erstellung farbiger Bücher. Der Name steht für die Kunst, die Dinge einfach zu machen, um aus dem Einfachen das Ganze lebendig zur Anschauung zu bringen.

Inhalt

Kapitel 1: Start mit dem Samsung Galaxy Tab 13

Android – das menschliche System... 13

Welches Galaxy Tab haben Sie?... 14

So ist Ihr Tablet aufgebaut.. 16

Das Galaxy Tab startklar machen 18

So bedienen Sie Ihr Galaxy Tab.. 21

Das Finger-ABC... 28

Den Startbildschirm einrichten... 30

Symbole neu ordnen... 32

Apps zum Startbildschirm hinzufügen 34

Widgets einfügen 34

Ordner für Symbole anlegen 36

Neue Seiten für den Startbildschirm.. 37

Mit der Anwendungsübersicht arbeiten 38

Ton und Anzeige einstellen... 40

Die persönliche Note 42

Schnell auf Einstellungen zugreifen 44

Profile für mehrere Benutzer anlegen 48

Format wechseln 49

Das Fenster teilen (Multi-Window).. 49

Texte eingeben 51

Konten einrichten... 57

Vorinstallierte Dienstprogramme... 58

Mehr Speicher einbauen 60

Kapitel 2: Online mit dem Galaxy Tab 63

Über WLAN ins Netz 63

Wi-Fi-Direct-Verbindungen aufbauen 66

Die SIM-Karte einsetzen 68

Mobile Netzverbindung einrichten 69

Den Datenkonsum im Auge behalten 73

Internetverbindung für andere Geräte 74

Einrichten einer Bluetooth-Verbindung 76

Webseiten finden und aufrufen 77

Tipps für effektives Suchen 86

Schnell suchen mit Google 89

Google Now – Ihr elektronischer Butler 90

Lesezeichen anlegen und verwalten 93

Lesezeichen benutzen 94

Copy & Paste 95

Der alternative Browser Chrome 96

Facebook, Twitter, Google+: die digitale Lebensart 98

Infos über Wetter, Kultur, Finanzen und Gesundheit 102

Gesundheitsinfos 104

Kapitel 3: Telefonieren und Kontakte verwalten 107

Gespräche führen 107

Adressbuch inklusive 109

Anrufe empfangen 110

Dreiergespräche und Konferenzen 112

Optionen beim Telefonieren 112

Kontakte anlegen und verwalten 114

Kontakte finden und nutzen 117

Nachrichten versenden... 120

Die Alternative WhatsApp 122

Videotelefonieren.. 123

Skype für alle... 124

Hangouts.. 126

Kapitel 4: E-Mails senden und empfangen 127

E-Mail-Konten einrichten... 128

E-Mails schreiben und senden... 133

E-Mails empfangen und lesen 136

E-Mails beantworten oder weiterleiten.. 140

E-Mails löschen 142

Ordner anlegen 143

Nach E-Mails suchen 143

Kontaktadressen verwenden 144

Bilder, Videos und andere Dateien versenden................................... 145

Eine E-Mail-Signatur verwenden 147

Einstellungen für die E-Mail-App.. 148

Mailen mit Gmail... 151

Kapitel 5: Kalender, Termine und Erinnerungen 157

Einen Kalender einrichten.. 158

Wahl der Kalenderansicht.. 160

Termine eintragen 161

Wiederkehrende Ereignisse anlegen... 164

Einen anderen Kalender übernehmen 165

Memos 166

Kapitel 6: Fotografieren und Bilder bearbeiten 169

Fotos aufnehmen.. 170

Die passenden Einstellungen finden 172

Aufnahmemodi 175

Ein Selfie machen 177

Ein Panorama aufnehmen 177

Fotos in der Galerie ansehen... 179

Fotos bearbeiten 181

Die verschiedenen Ansichten... 185

Umgang mit Alben... 187

Ein neues Album anlegen.. 188

Bilder zu einem Ereignis zusammenfassen 189

Bilder zwischen Alben verschieben oder kopieren 190

Eine Bildschirmshow erstellen 191

Fotos mit anderen teilen 191

Fotos per E-Mail verschicken... 194

Screenshots erstellen 195

Fotos auf dem Tablet bearbeiten 195

Kapitel 7: Videos und Filme 197

Videos aufnehmen und verwalten.. 197

Videos ansehen 198

Videoschnitt... 201

Videos löschen... 203

Videos aus anderen Quellen wiedergeben 204

Videos teilen 205

Videos auf YouTube ansehen... 205

Videos auf YouTube veröffentlichen.. 207

Filme ausleihen oder kaufen 208

Mit dem Tablet fernsehen 210

Kapitel 8: Musik und Radio hören 213

Musik auf das Tablet übertragen 214

Musik abspielen 217

Musik kaufen 220

Wiedergabelisten einrichten 222

Streaming mit Spotify 224

Radio hören 225

Hörbücher hören 226

Kapitel 9: Karten und Navigation 229

GPS-Empfang einstellen 230

Google Maps 232

Feedback für Google 234

Adressen suchen 234

Routen planen 235

Das nächste Café finden 238

Karten lesen ohne Internetverbindung 239

Kapitel 10: Apps finden und installieren 243

Apps im Google Play Store 244

Apps im Play Store suchen 248

Hinweise zur Zahlungsabwicklung 249

Play Games 251

Andere App-Stores 251

Apps deinstallieren 253

Kapitel 11: Mit dem Tablet lesen 255

E-Books mit Play Bücher kaufen 255
E-Books lesen 256
Kindle auf dem Tablet 262

Kapitel 12: Das Tablet als mobiles Büro 265

Textdokumente lesen 266
Dokumente erstellen 269
Umgang mit Tabellen und Kalkulationen 272
Präsentationen mit PowerPoint erstellen 277
Dateien kopieren und verschieben 279
Drucken per WLAN oder Bluetooth 281
Drucken mit Google Cloud Print 281

Kapitel 13: Das Tablet und die Daten schützen 285

Den Sperrbildschirm absichern 285
Schutz vor Viren und Trojanern 287
Synchronisieren über das Google-Konto 288
Sichern und Zurücksetzen 289
Mit Samsung Smart Switch verbinden 291
Dateien in der Cloud speichern 294
Daten verschlüsseln 298
Im privaten Modus arbeiten 299
Mein Galaxy Tab suchen 301

Kapitel 14: Das Tablet warten und Fehler beheben 303

Die Akkulaufzeit verlängern 303
Umgang mit besonders stromhungrigen Apps 305

Die Display-Helligkeit regeln 305

Unbenutzte Verbindungen deaktivieren 306

Den Energiesparmodus einrichten 307

Probleme mit dem Akku 309

Die Systemsoftware aktualisieren 311

Was tun, wenn Apps abstürzen? 312

Das Tablet auf die Werkseinstellungen zurücksetzen 314

Verbindungsprobleme 315

Glossar 317

Stichwortverzeichnis 323

Kapitel 1
Start mit dem Samsung Galaxy Tab

Wenn Sie Ihr Tablet ausgepackt haben, ist es nur noch ein kleiner Schritt, bis es Ihnen zu Diensten ist. Damit Sie aber auch wissen, was Sie da erworben haben, gebe ich Ihnen vorweg ein paar Informationen über seine wichtigsten Merkmale – zunächst etwas zum System, mit dem es arbeitet, dann einige Infos zum Gerät.

Android – das menschliche System

Einige Zeit hat es so ausgesehen, als ob *iPad* und *Tablet* im Grunde das gleiche Gerät benennen. Das hat sich aber schnell geändert, seit Googles Betriebssystem *Android* die Szene betreten hat. Bereits 2014 sollen die Android-Tablets fast 70 % Marktanteil erobert haben, dem iPad blieben nur noch 25 %. Auf Samsung entfallen dabei 15 % des Marktanteils.

Android – das menschliche Betriebssystem, wie uns der Name vermitteln will – ist ein entfernter Abkömmling des freien Betriebssystems Linux, dabei aber speziell für die Touch-Bedienung optimiert und also zunächst hauptsächlich für Smartphones und Tablets ausgelegt. Es ist ebenfalls frei und kostenlos. Die Hersteller haben viel Spielraum, das System für ihre Geräte mit eigenen Oberflächen anzupassen, was manchmal kritisiert wird, aber faktisch die Verbreitung des Systems stark gefördert hat. Samsung arbeitet deshalb auch beim Galaxy Tab A mit der schon bei früheren Tablet-Reihen verwendeten Benutzeroberfläche *TouchWiz*.

Seit der Version 1.5 hatte Google damit begonnen, den Versionen von Android freundliche Kosenamen zu geben. Die vierte Generation begann mit *Ice Cream Sandwich* (Android 4.0), es folgte *Jelly Bean* (Android 4.1 bis 4.3), dann *KitKat* (4.4), und für das Galaxy Tab A steht nun *Lollipop* (Android 5.0/5.1) zur Verfügung.

Mit dieser Version wurde insbesondere das *Material Design* eingeführt, eine Oberfläche, die dem Benutzer mit einem gezielteren Einsatz von Farben, klareren geometrischen Formen für Schaltflächen und dreidimensionalen Lösungen entgegenkommt.

Unter der Haube wurde die Systemleistung noch einmal deutlich gesteigert. Zugleich wurde die Akkunutzung optimiert und der Energiesparmodus ausgebaut.

Welches Galaxy Tab haben Sie?

Die Galaxy-Tab-A-Familie enthält Tablets in zwei verschiedenen Größen, die entsprechenden Zollangaben 8.0 und 9.7 werden dabei einfach an den Gerätenamen angehängt. Die Zollangaben beziehen sich immer auf die Diagonale des Displays. Umgerechnet in Zentimeter haben Sie also Werte von 20,31 cm und 24,58 cm. Beide Geräte sind mit 7,4 mm etwas dünner als die Vorgänger.

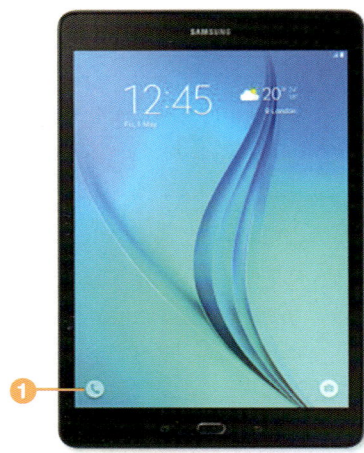

Das Tab A mit und ohne Telefonfunktion ❶ (Quelle: Samsung)

Die Beschreibungen in diesem Buch gelten normalerweise für beide Modelle des Tab A. Wo immer es Besonderheiten bei der Nutzung eines der beiden Modelle gibt, weise ich ausdrücklich darauf hin.

- **Bildschirm**: Verwendet werden WXGA-Displays, die Abkürzung steht für *Wide eXtended Graphics Adapter*; die Auflösung ist in beiden Fällen 1.024 × 768 Pixel, was nicht gerade berauschend ist. Das Seitenverhältnis ist jedes Mal 4:3, wobei auch das größere Gerät im Unterschied zur Tab 4-Generation für das Hochformat optimiert ist. Das neue Seitenverhältnis, mit dem Samsung die Dimensionen des IPads übernimmt, soll insbesondere das Lesevergnügen fördern, sei es bei E-Books, elektronischen Magazinen oder Webseiten. Die Pixeldichte beim Tab A 9.7 liegt bei 132 Pixeln. Das Bild erscheint auf dem kleineren Display dementsprechend schärfer. Auf dem größeren Tablet ist es dafür meist leichter, Schaltflächen beim Antippen zu treffen, weil sie größer erscheinen. Das sollten Sie bei der Auswahl berücksichtigen.

- **Speicher**: Das Galaxy Tab A ist mit 1,5 GByte Hauptspeicher in der WLAN-Version und 2 GByte in der LTE-Version ausgestattet, der interne Speicher erlaubt 16 GByte. Über eine Micro-SD-Karte können bis zu 128 GByte hinzukommen.

- **Akku**: Kritische Größe bei allen Tablets ist immer noch der Akku. Der Akku des Tab A 9.7 bringt immerhin 6.000 Milliamperestunden, was beim Ansehen von Videos oder Filmen oder für stundenlanges Lesen sicher ein Vorteil ist. Häufiges Aufladen lässt sich trotzdem nicht vermeiden. Das Galaxy Tab A 8.0 kommt mit einer kleineren 4200-mAh-Batterie und verwendet dafür auch ein anderes Ladegerät.

- **USB und Bluetooth**: Beide Geräte verfügen über einen Micro-USB-2.0-Zugang und unterstützen Bluetooth 4.1, etwa für den Anschluss von Tastaturen, Headsets oder für den Datenaustausch mit anderen Geräten.

- **CPU**: In allen Geräten arbeitet ein Vierkerneprozessor, Qualcomm Snapdragon 410 mit 1,2 Gigahertz. Das sorgt für einen flotten Ablauf, selbst wenn Sie mit zwei Apps gleichzeitig arbeiten.

- **Kamera**: Die Werte für die beiden Kameras wurden gegenüber dem Vorgängermodell verbessert: die Frontkamera für Selfies und den Videochat kann 2 Megapixel, die Hauptkamera auf der Rückseite 5 Megapixel, wobei sich der Fokus versetzen lässt. Vergessen Sie aber nicht, dass die Qualität eines Fotos nicht in erster Linie von der Pixelzahl abhängt.

- **Netzverbindung**: Neben den unterschiedlichen Größen finden Sie in der Produktpalette für das Tab A noch unterschiedliche Versionen in Bezug auf die Art der Online-Verbindung. Es gibt in beiden Größen Tablets, die sich nur über WLAN mit dem Internet verbinden können. Daneben gibt es Geräte, die zusätzlich eine Verbindung über das Mobilfunknetz (LTE) unterstützen. Die Geschwindigkeit beträgt dabei maximal 150 Mbit/s beim Herunterladen von Daten und bis zu 50 Mbit/s beim Hochladen. Diese Geräte unterstützen natürlich auch Verbindungen mithilfe älterer Mobilfunkstandards, denn LTE ist ja nicht überall verfügbar.

Einige Anwendungen wie die **Telefon**-App und die **Nachrichten**-App sind nur auf LTE-fähigen Geräten einsetzbar. Für diese Geräte gibt es auch eine Reihe von speziellen Einstellungen, auf die ich im Verlauf dieses Buches jeweils eingehen werde.

So ist Ihr Tablet aufgebaut

Die Vorderseite des Tab A zeigt den TFT-LCD-Touchscreen ❶. *Thin film transistor liquid crystal displays* liefern ein besonders klares Bild.

Am oberen Rand finden Sie eine Frontkamera ❷, links daneben einen Lichtsensor ❸. Am unteren Rand wird in der Mitte die **Home**-Taste ❹ angeboten, die einzige tatsächlich eindrückbare Taste auf der Vorderseite. Sie führt immer auf den Startbildschirm zurück.

Rechts daneben wird, wenn sie verwendbar ist, die antippbare Schaltfläche **Zurück** ❺ aktiviert, links daneben die Schaltfläche **Aktuelle Anwendungen** ❻, die im unteren Bereich des Bildschirms Miniaturen der bisher geöffneten Apps einblendet.

Auf der Rückseite finden Sie die Hauptkamera ❼, auf einen LED-Blitz hat Samsung verzichtet. In die Rückseite sind noch die GPS-Antenne ❽ und bei den LTE-Versionen die Hauptantenne ❾ integriert.

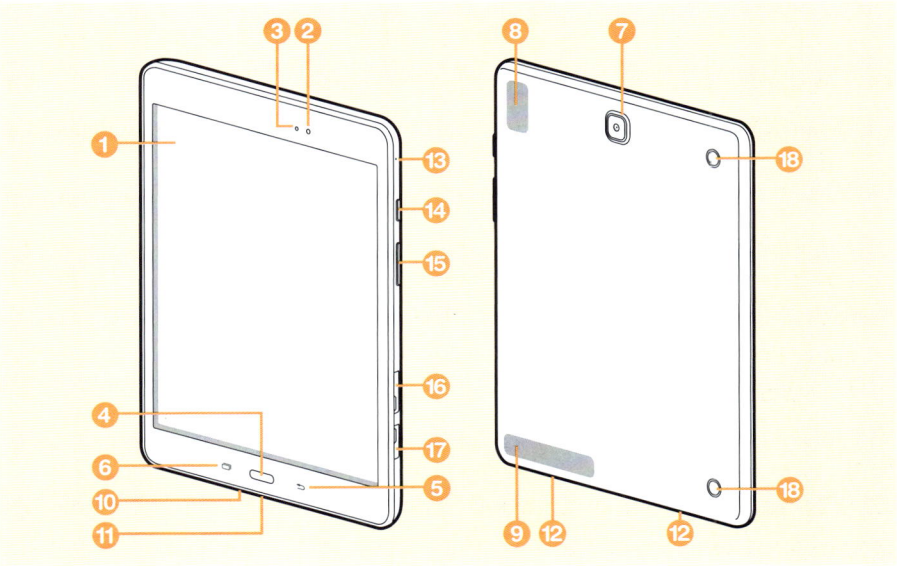

Vorder- und Rückseite des Tab A in der LTE-Version (Quelle: Samsung)

In den Rändern des Geräts sind verschiedene Schalter und Anschlüsse untergebracht. Im unteren Rand ist links der Anschluss für ein Headset ❿ zu finden, Sie können die üblichen 3,5-Millimeter-Klinkenanschlüsse verwenden. In der Mitte des unteren Randes finden Sie den Anschluss für das USB-Kabel ⓫, das auch zum Aufladen verwendet wird. Bei dem 9.7er-Modell sind zwei Lautsprecher rechts und links im unteren Rand angebracht ⓬, das kleinere Modell hat hier links nur einen Lautsprecher.

Das Mikro ist rechts oben im Rahmen ⓭ eingelassen. Bei beiden Geräten befinden sich am rechten Rand oben der Ein-Aus-Schalter ⓮ und ein Wippschalter für die Regelung der Lautstärke ⓯. Unten ist ein Slot (ein Einschubschlitz) für eine Micro-SD-Speicherkarte ⓰ vorhanden. Bei einem LTE-Gerät finden Sie hier auch den Slot für die SIM-Karte ⓱. Auf der Rückseite sind auch zwei Halter ⓲ angebracht, an denen Sie ein eine Abdeckung anbringen können, um das Tablet zu schützen.

Das Galaxy Tab startklar machen

Das Tab A wird im halb aufgeladenen Zustand geliefert. Bevor Sie das Tablet zum ersten Mal nutzen, sollten Sie den Akku komplett aufladen. Zum Aufladen verwenden Sie als Ladegerät den USB-Netzadapter.

1. Stecken Sie das USB-Kabel ❶ in den USB-Netzadapter ❷.

2. Verbinden Sie das Kabel über die Multifunktionsbuchse mit dem Tablet.

   Solange das Gerät ausgeschaltet ist, wird der Ladestatus auf dem Display fortlaufend angezeigt.

3. Ist der Akku vollständig aufgeladen, trennen Sie erst das USB-Kabel vom Tablet und anschließend das Ladegerät vom Stromanschluss.

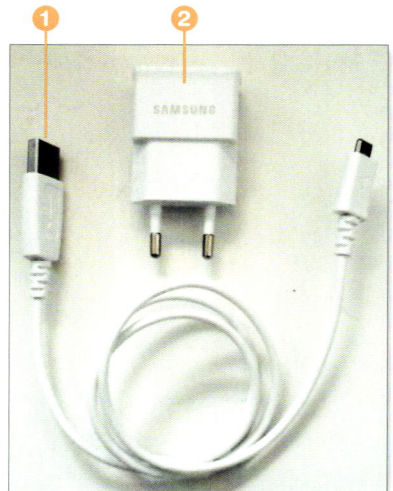

ACHTUNG

Verwenden Sie nur von Samsung zugelassene Ladegeräte und Kabel

Nicht zugelassene Ladegeräte oder Kabel können zu einer Explosion des Akkus oder zu Schäden am Gerät führen. Beachten Sie außerdem, dass – anders als bei vielen anderen Geräten – ein Aufladen über eine USB-Verbindung zu einem PC oder Mac nicht unterstützt wird.

Ist der Akku schwach, die Grenze liegt bei 15 %, erhalten Sie ein Warnsignal und eine entsprechende Warnmeldung. Wenn Sie diesen Hinweis ignorieren, schaltet sich das Gerät selbst ab. Beachten Sie, dass das Tablet nicht sofort nach dem Anschluss an das Ladegerät wieder eingeschaltet werden kann, wenn der Akku vollständig leer ist. Sie müssen also ein paar Minuten warten, bis der Akku wieder genügend aufgeladen ist. Sobald der kritische Wert wieder überschritten ist, können Sie auch während des Aufladens mit dem Tablet arbeiten.

TIPP

Keinen Strom vergeuden

Ziehen Sie das Ladegerät aus dem Stromanschluss, wenn es nicht verwendet wird, weil Sie sonst Energie verschwenden, da das Ladegerät selbst keinen Ein-Aus-Schalter hat.

Wenn Sie das Gerät zum ersten Mal einschalten, erscheinen ein Begrüßungsbildschirm und eine Abfolge von Abfragen zur Ersteinstellung. Falls Sie ein LTE-fähiges Gerät gekauft haben, sollten Sie vorweg schon die SIM-Karte einlegen. Ich beschreibe dies im Abschnitt »Die SIM-Karte einsetzen« ab Seite 68. Wenn Sie aber die SIM-Karte unabhängig vom Gerät erhalten, können Sie diesen Schritt auch später vornehmen.

1. Wählen Sie zuerst die Sprache aus. Tippen Sie anschließend auf den Pfeil darunter.

2. Im nächsten Schritt geht es um die Auswahl oder Einrichtung einer WLAN-Verbindung. Das Tab A scannt die in der Umgebung vorhandenen Verbindungen. Tippen Sie einfach die Verbindung an, die Sie nutzen wollen. Wenn es sich um eine geschützte Verbindung handelt, geben Sie das entsprechende Passwort ein, und tippen Sie auf **Verbinden** ❸.

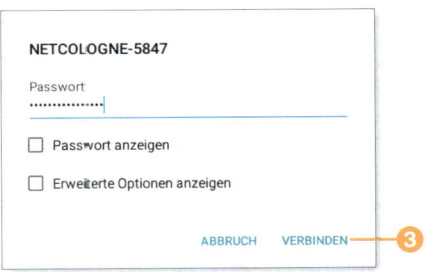

3. Schließlich müssen Sie noch den Geschäftsbedingungen für die Software-Lizenz zustimmen. Wenn Sie dazu bereit sind, können Sie an dieser Stelle Samsung auch die Übersendung von Diagnose- und Nutzungsdaten zum Aufspüren von Fehlern erlauben.

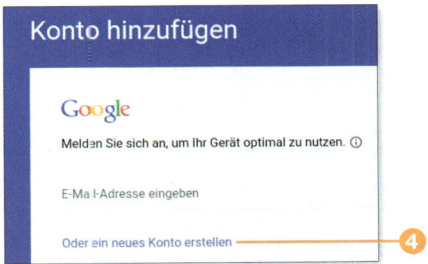

4. Im nächsten Schritt können Sie ein Konto bei Google hinzufügen. Wenn Sie bereits ein solches Konto besitzen, geben Sie die entsprechende E-Mail-Adresse ein. Im anderen Fall benutzen Sie den Link **Oder ein neues Konto erstellen** ❹.

5. Außerdem lassen sich gleich einige Einstellungen zu diesem Konto auswählen, die mit der Verwendung Ihrer Standortdaten zu tun haben. Diese Einstellungen lassen sich aber auch später vornehmen.

6. Mit **Weiter** wechseln Sie zur Einstellung der Zeitzone, des Datums und der Uhrzeit. Wenn die WLAN-Verbindung bereits arbeitet, können Sie Datum und Uhrzeit in der Regel schon aus dem Netz übernehmen. Ansonsten geben Sie die Werte hier manuell ein.

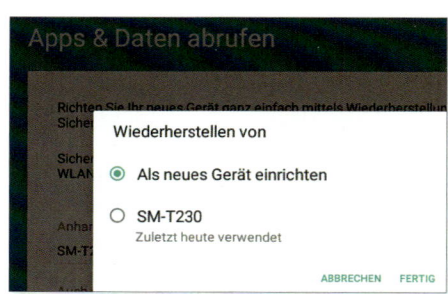

7. Im nächsten Schritt haben Sie die Möglichkeit, Apps und Daten aus der Sicherung eines anderen Geräts zu übernehmen, was ganz praktisch ist, wenn Sie von einem älteren Tablet umsteigen. Wollen Sie dagegen ganz neu anfangen, aktivieren Sie die Option **Als neues Gerät einrichten**.

Anschließend wird Ihnen angeboten, auch noch ein Samsung-Konto anzulegen. Das können Sie hier aber auch erst mal überspringen und bei Bedarf nachholen (siehe den Abschnitt »Konten einrichten« ab Seite 57). Nach diesen Starteinstellungen zeigt das Tablet den vorgegebenen Startbildschirm, und Sie können mit dem Tablet arbeiten.

Bei der Installation wird dem Tablet ein vorgegebener Name zugeordnet. Wenn Sie mit mehreren Geräten arbeiten, ist es sinnvoll, unter Umständen eine etwas detailliertere Bezeichnung zuzuordnen.

Die Schaltfläche »Menü«

Tippen Sie auf dem Startbildschirm die Schaltfläche **Menü** und anschließend **Einstellungen** an. Über **Geräteinformationen** gehen Sie zu **Gerätename** und geben den gewünschten Namen ein. Der Name wird beispielsweise bei Verbindungen des Geräts mit anderen Geräten über Bluetooth oder Wi-Fi Direct benötigt.

So bedienen Sie Ihr Galaxy Tab

Mit dem Ein-Aus-Schalter an der Seite schalten Sie das Gerät an. Halten Sie den Schalter einen Moment gedrückt, bis das Betriebssystem hochfährt. Zum Ausschalten halten Sie den Schalter ebenfalls einen Moment gedrückt, bis das Menü mit den Geräteoptionen erscheint, in dem Sie **Ausschalten** wählen und mit **Ausschalten** bestätigen.

In diesem Menü wird auch ein **Offline-Modus** angeboten. Den benutzen Sie, wenn Sie mit dem Tablet in ein Flugzeug steigen. Die dritte Option **Neustart** fährt das Betriebssystem neu hoch. Das ist sinnvoll, wenn das System aus irgendeinem Grunde hängen bleibt, also durch nichts mehr zu irgendetwas bewegt werden kann. Darauf gehe ich in Kapitel 14, »Das Tablet warten und Fehler beheben«, ab Seite 303 noch einmal ein.

In der Regel – wenn Sie es nicht abstellen – erscheint bei einem Neustart zunächst ein *Sperrbildschirm*. Er zeigt Ihnen immerhin schon mal das aktuelle Datum und die Uhrzeit ❶, was zum schnellen Nachsehen oft ganz praktisch ist. Außerdem sehen Sie, sofern vorhanden, die aktive WLAN-Verbindung über ein Symbol in der Statusleiste ❷, den Ladestatus des Akkus ❸ und vielleicht noch Hinweise auf neue E-Mails oder andere Vorgänge ❹ auf dem Tablet.

Der Sperrbildschirm schützt vor unbeabsichtigten Fingertipps. Diese Barriere überwinden Sie ganz leicht mit einer Wischbewegung in eine beliebige Richtung. Der Hinweis darauf erscheint am unteren Rand ❺. Das Tablet zeigt Ihnen nun als Ausgangspunkt für alle

Der Sperrbildschirm verhindert unbeabsichtigte Aktionen.

weiteren Aktionen den im Folgenden abgebildeten *Startbildschirm*, oder genauer gesagt, die erste Seite dieses Startbildschirms, die Sie an dem kleinen

Haussymbol ❶ erkennen. Sobald Sie per Wischbewegung zur zweiten Seite wechseln, sehen Sie das an dem aktivierten Symbol daneben ❷.

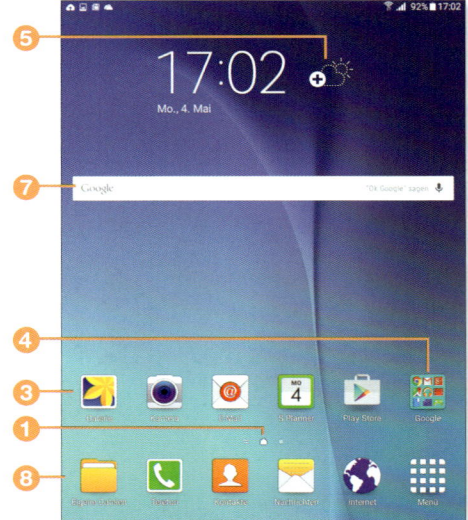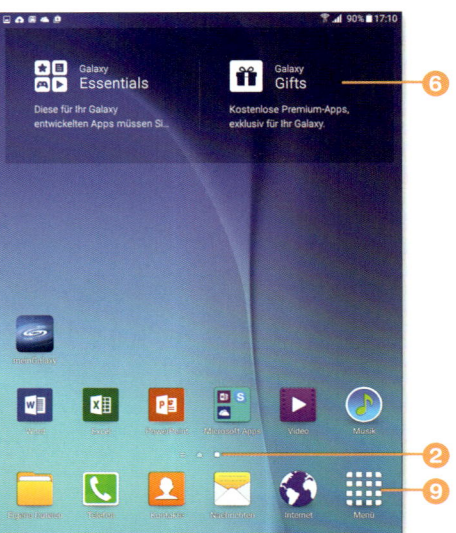

Die beiden Seiten des Startbildschirms auf dem Tab A nach der Ersteinrichtung sind nur ein anfängliches Angebot.

Vorgegeben sind zwei Seiten mit Symbolen vorinstallierter Apps ❸ und Ordner ❹ am unteren Rand. Auf der ersten Seite ist die obere Hälfte mit dem *Widget* **Wetter** ❺ belegt, auf der zweiten Seite ist der obere Fensterbereich ❻ für die Installation von Apps reserviert, die Samsung für das Tab A anbietet.

Während Widgets die Informationen, die sie anbieten, gleich in einem mehr oder weniger großen Fensterbereich auf einer der Seiten des Startbildschirms anzeigen, werden die Apps mit einem Tipp auf das entsprechende Symbol gestartet und belegen ein eigenes Fenster.

TIPP

Mehrere Apps öffnen

Sie können mehrere Apps nacheinander starten, ohne die zuletzt geöffneten vorher zu schließen. Diese bleiben also noch aktiv, sodass sie sofort wieder genutzt werden können.

Wenn Sie die Leiste im oberen Teil des Startbildschirms antippen ❼, starten Sie die Google-Suche. Das geht auch per Stimme, wenn Sie »OK Google« sagen. Mehr dazu ab Seite 89.

Unterhalb der oberen Gruppe von App- oder Ordnersymbolen finden Sie die Positionsanzeiger für die Seiten des Startbildschirms (❶ und ❷). Die Symbole darunter bilden ein Dock ❽ für Symbole, die besonders häufig benutzt werden und deshalb auf jeder Seite des Startbildschirms angeboten werden. Dazu gehört insbesondere ganz rechts die Schaltfläche ▦ ❾, die auf die Menüseite der Anwendungsübersicht führt.

> **INFO**
>
> **Startbildschirm und Anwendungsübersicht**
>
> Die Anwendungsübersicht beherbergt alle Apps, die aktuell auf dem Tablet installiert sind, während der Startbildschirm für die Apps und Widgets gedacht ist, auf die Sie möglichst schnell zugreifen wollen.

Was der Startbildschirm Ihnen anbietet, können Sie weitgehend frei bestimmen. Das gilt sowohl für die Anzahl der Symbole als auch für ihre Anordnung. Eine geschickte Anordnung auf dem Startbildschirm ist in jedem Fall hilfreich.

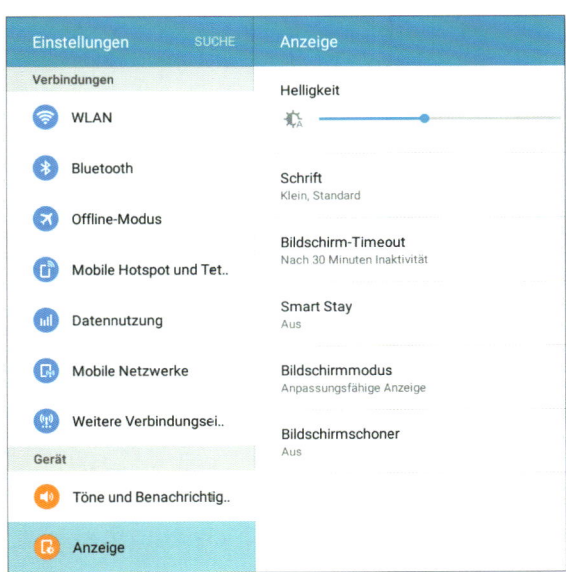

Hier ändern Sie die Dauer der Bildschirmanzeige.

Bevor Sie mit der Anordnung beginnen, sollten Sie vielleicht noch die etwas nervende Voreinstellung ändern, die den Bildschirm schon nach 30 Sekunden abschaltet, wenn Sie nichts mit dem Tablet tun.

Tippen Sie dazu auf dem Startbildschirm das Symbol ⊞ an und anschließend **Einstellungen ▸ Gerät ▸ Anzeige ▸ Bildschirm-Timeout** und die aktuelle Einstellung **Nach 30 Sekunden Inaktivität**. Wählen Sie aus der angebotenen Liste ein größeres Intervall.

Die Statusleiste

Am oberen Rand bleibt in der Regel die schon angesprochene Statusleiste sichtbar. Nur bei bestimmten Apps, die möglichst den gesamten Bildschirm nutzen wollen, etwa zur Wiedergabe von Videos oder Bildern, wird diese Leiste meist vorübergehend ausgeblendet.

Die Statusleiste mit einigen Symbolen

Sie enthält eine Reihe von Benachrichtigungssymbolen, die Sie über bestimmte Zustände des Tablets, über eingegangene Nachrichten oder Kalenderereignisse informieren. Außerdem erscheinen hier kurze Hinweise, beispielsweise wenn gerade eine App installiert wird. Im rechten Bereich sehen Sie die Art der Online-Verbindung ❶, den Ladezustand des Akkus ❷ und die Uhrzeit ❸.

Die folgende Tabelle gibt Ihnen einen Überblick über die Bedeutung der wichtigsten Symbole, die in der Statusleiste auftreten können. Die Symbole, die nur bei den LTE-fähigen Geräten vorkommen, finden Sie im Abschnitt »Schnell auf Einstellungen zugreifen« ab Seite 44. Wenn Sie mit bestimmten Apps arbeiten, können Symbole für Ereignisse dieser App hinzukommen, beispielsweise wenn ein Virenscanner einen manuellen Scan empfiehlt:

Symbol	Bedeutung	Symbol	Bedeutung
	mit WLAN verbunden		Hochladen auf Dropbox
	Bluetooth-Funktion aktiviert		Hinweis auf ein Update für eine App
	GPS aktiviert		Alarm aktiviert
	Suche nach einem Ort über GPS		Lautlos aktiviert
	laufende Synchronisierung		Offline-Modus aktiviert
	neue Nachricht		Der Ruhemodus ist eingeschaltet.
	neue E-Mail		Ein Fehler ist aufgetreten.
	Hochladen einer Datei		Die Funktion *Smart Stay* ist aktiviert.
	Herunterladen einer Datei oder App		Ladezustand
	freier WLAN-Zugang verfügbar		Kopfhörer angeschlossen
	Screenshot aufgenommen		Tastatur eingeblendet
	Synchronisierung mit Google+		Warnung, wenn der interne Speicher knapp wird
	mit einem Computer verbunden		Wiedergabe angehalten
	Synchronisierung mit OneDrive		

Bedeutung der Symbole in der Statusleiste

Löschen

Wenn die Statusleiste vor lauter Symbolen einmal überquillt, ziehen Sie sie etwas nach unten und tippen auf die Schaltfläche **Löschen**, die unter den Benachrichtigungen angezeigt wird.

> **TIPP**
>
> ### Kurze Unterbrechung
>
> Wollen Sie die Arbeit mit dem Tablet nur unterbrechen, tippen Sie den Ein-Aus-Schalter kurz an, um das Gerät zu sperren und gleichzeitig in den Schlafmodus zu versetzen, der Energie spart. Ein erneuter Tipp auf den Ein-Aus-Schalter oder auf die **Home**-Taste hebt den Sperrmodus auf und zeigt wieder genau die Seite an, wo Sie Ihre Arbeit unterbrochen haben.

In manchen Situationen werden Sie verhindern wollen, dass das Gerät mit Signaltönen für Benachrichtigungen oder Klingeltönen hörbar ist. Der Wechsel in den Stummmodus kann auf verschiedene Weise erfolgen:

- Halten Sie die untere Seite der Lautstärketaste gedrückt, bis das Gerät in den Stummmodus wechselt.

- Ziehen Sie die Statusleiste nach unten, und tippen Sie **Ton** zweimal an, bis **Lautlos** erscheint.

Die Tasten am unteren Rand

Mit der **Home**-Taste ❶ kehren Sie mit einem einzigen Klick immer zum Ausgangspunkt, dem Startbildschirm, zurück, von dem aus Ihnen alle Funktionen des Tablets zur Verfügung stehen.

Genauer gesagt, kehren Sie zu der zuletzt verwendeten Seite des Startbildschirms zurück. Ein Klick

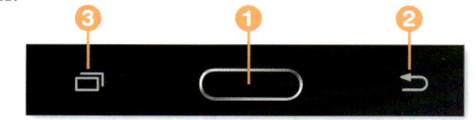

auf die **Home**-Taste während der Ausführung einer Anwendung führt gleichzeitig dazu, dass diese verborgen, aber nicht beendet wird.

Die Schaltfläche **Zurück** ❷ führt jeweils einen Schritt zurück. Aus dem Untermenü einer App beispielsweise gehen Sie damit einen Schritt zurück oder beenden die App. Viele Dialogfelder, die Optionen zur Auswahl stellen, haben keine Schaltfläche, um die Auswahl zu bestätigen. In diesem Fall übernehmen Sie einfach mit der **Zurück**-Schaltfläche die gewählte Option.

Die linke Schaltfläche **Aktuelle Anwendungen** ❸ zeigt die Liste der zuletzt gestarteten Apps in Form von gestapelten Miniaturen. Werden nicht alle Apps angezeigt, wischen Sie nach oben oder unten, um weitere Apps sichtbar zu machen. Ein Tipp auf die gewünschte App öffnet diese wieder, und zwar genau an derjenigen Stelle, an der Sie sich zuletzt befunden haben. Das ist sehr praktisch, um schnell zwischen verschiedenen Apps hin und her zu springen.

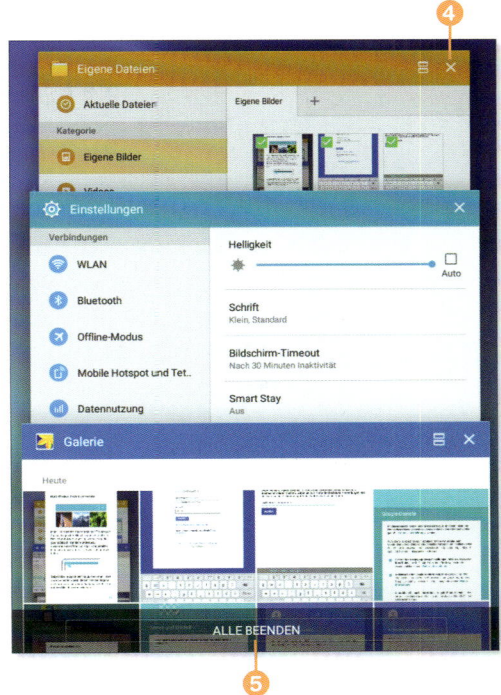

Um eine App zu beenden, tippen Sie auf das Andreaskreuz ❹ in der Titelleiste der Miniatur. Sind zu viele Apps gleichzeitig geöffnet, kann das Gerät langsamer werden, es ist also sinnvoll, ab und zu etwas aufzuräumen. Um alle aktiven Apps in einem Zug zu schließen, benutzen Sie **Alle beenden** ❺.

INFO

Schneller Wechsel zur Fensterteilung

Wenn Sie die Schaltfläche links von der **Home**-Taste etwas länger halten, teilt das Tablet den Bildschirm und schiebt die zuletzt genutzte App in den oberen Teil. Im unteren Teil erscheinen die Symbole von Apps, die Sie in diesem Teil parallel öffnen können. Mehr dazu ab Seite 49 im Abschnitt »Das Fenster teilen (Multi-Window)«.

Wenn Sie die **Home**-Taste etwas festhalten, starten Sie **Google Now**. Das ist ein spezielles Angebot von Google, um Sie ohne Umwege mit tagesaktuellen Informationen zu versorgen: Wetterdaten, Karten mit Routen und Verkehrshinweise rund um Ihren Standort, Erinnerungen an Termine etc. Beim ersten Mal werden Sie aufgefordert, **Google Now** herunterzuladen. Voraussetzung für diesen Service ist, dass Sie Google den Zugriff auf Ihren Standortverlauf, Ihren Terminkalender und das Protokoll Ihrer Webaktivitäten erlauben. Mehr dazu erfahren Sie im Abschnitt »Google Now – Ihr elektronischer Butler« ab Seite 90.

Das Finger-ABC

Das Einmaleins der Fingerbedienung ist nicht schwer. Falls dies das erste Gerät ist, das Sie mit den Fingern bedienen, hier eine kurze Vorstellung. Der größte Teil Ihrer Aktivitäten auf dem Touchscreen besteht darin, bestimmte Stellen darauf kurz anzutippen. Das gilt für Symbole, die Anwendungen öffnen, für die Auswahl von Optionen in Menüs, für die Betätigung von Schaltflächen und insbesondere für die Eingabe von Zeichen über die Bildschirmtastatur, die immer automatisch eingeblendet wird, wenn ein Eingabefeld oder -bereich aktiviert ist.

Durch Ziehen mit dem Finger können Sie Elemente verschieben, etwa um ein App-Symbol auf einer anderen Seite des Startbildschirms abzulegen. Einige Funktionen erfordern es, dass Sie mit zwei Fingern ziehen.

Der Doppeltipp auf eine Stelle in einem Text wird verwendet, um die Stelle zu markieren. Mit dem Doppeltipp auf einen Bereich einer Webseite, einer Karte oder auf ein Bild können Sie diese vergrößern, ein erneuter Doppeltipp setzt den Zoom wieder zurück.

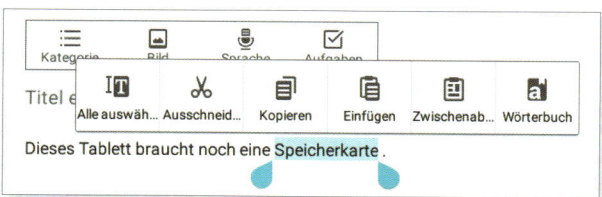

Markieren eines Wortes per Doppeltipp

Das Wischen oder Streichen nach rechts oder links verwenden Sie, um auf dem Startbildschirm oder der Anwendungsübersicht weitere Seiten sichtbar zu machen. Innerhalb einer Webseite oder einer Kontakteliste wischen Sie nach oben oder unten, um weitere Elemente ins Bild zu rücken.

Vor allem zwei Gesten erleichtern Ihnen, mit den Begrenzungen Ihres Touchscreens zurechtzukommen: das Zusammenziehen oder Spreizen zweier Finger. Mit dem Spreizen können Sie einen Bereich auf einer Website, einer Karte oder einem Bild vergrößern, mit dem Zusammenziehen wird der entsprechende Bereich wieder verkleinert. Mit dem Zusammenziehen auf einer Seite des Startbildschirms öffnen Sie jeweils die Seitenübersicht.

ACHTUNG

Was der Touchscreen nicht verträgt

Vermeiden Sie den Kontakt mit Wasser oder anderen Flüssigkeiten. Die Kaffeetasse also möglichst etwas entfernt aufstellen. Drücken Sie nicht zu stark auf den Screen, und verwenden Sie keine spitzen Gegenstände. Einfache adaptive Stifte können dagegen ganz passabel als Ersatz für den Finger eingesetzt werden. Zum Reinigen sind übrigens Mikrofasertücher gut geeignet.

Wenn während der Wiedergabe eines Videos oder eines Musikstücks das Telefon klingelt, gibt es eine sehr benutzerfreundliche Lösung. Sie brauchen nur die Hand auf den Touchscreen zu legen, und die Klingeltöne werden stummgeschaltet.

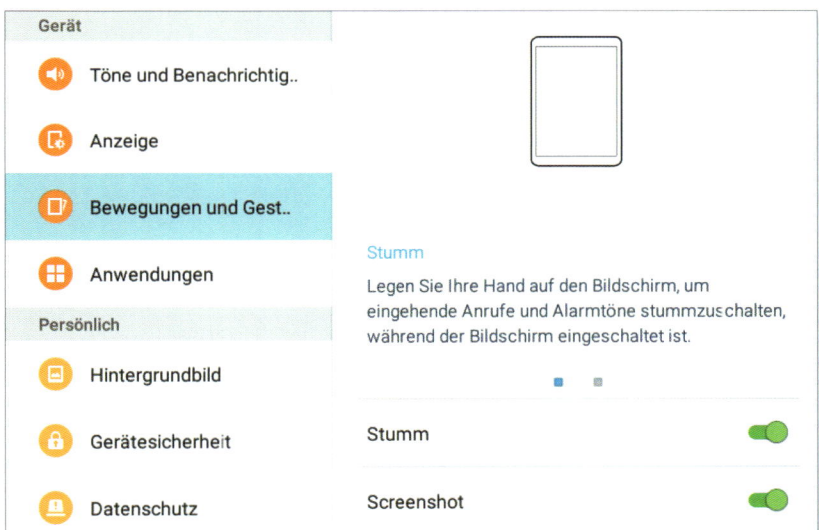

Optionen für Handbewegungen

Etwas anderes, was Sie mit einem Wischen der Handkante über den Bildschirm erzeugen können, sind Screenshots. Mehr dazu erfahren Sie im Abschnitt »Screenshots erstellen« ab Seite 195. Voraussetzung ist allerdings, dass Sie beide Funktionen zuvor einschalten. Das geschieht über ▦ ▶ **Einstellungen** ▶ **Gerät** ▶ **Bewegungen und Gesten**. Sie können mit den beiden Schiebereglern beide Funktionen separat an- oder ausschalten.

Den Startbildschirm einrichten

Der *Startbildschirm* oder *Homescreen* ist der Zugang zu allen Apps, Widgets und Ordnern sowie zu allen anderen Funktionen des Tablets.

Wetterdaten zum eigenen Standort

Die erste Seite bietet in der Werkseinstellung im oberen Teil ein Widget **Wetter** an, das Ihnen auf einen Blick ein paar tagesaktuelle Informationen liefern kann. Dazu braucht das Widget am Anfang allerdings noch ein paar Angaben.

1. Wollen Sie immer gleich das Wetter zu Hause sehen, tippen Sie das Pluszeichen neben der Uhrzeit an und geben den Ort an, dessen Wetterdaten angezeigt werden sollen. Das Tablet versucht, Ihren aktuellen Aufenthaltsort zu lokalisieren. Ist das gelungen, werden sofort die entsprechenden Wetterdaten angezeigt.

2. Wenn Sie später auf die aktuelle Wetterinfo ❶ tippen, erhalten Sie noch weitere Detailinformationen dazu.

3. Das Symbol mit dem gebogenen Pfeil ② aktualisiert die angezeigten Daten bei Bedarf.

4. Mit **Mehr** ③ ▸ **Einstellungen** öffnen Sie die Optionen zu dem Widget. Sie können die Maßeinheit für die Temperatur wählen und das **Aktualisierungsintervall**. Die Verwendung des aktuellen Standorts kann hier auch abgeschaltet werden, wenn Sie beispielsweise auf Reisen sind und trotzdem das Wetter des Heimatorts sehen wollen. Alternativ dazu können Sie aber auch über **Hinzufügen** das Wetter für mehrere Orte anfordern.

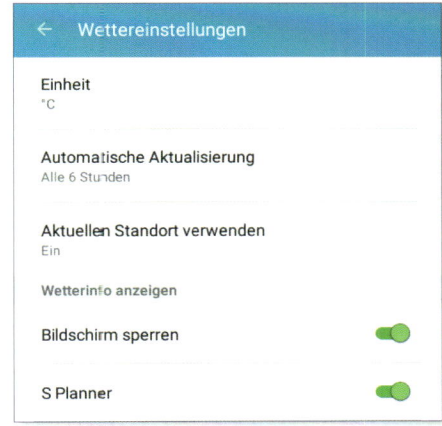

5. Solange Sie **Bildschirm sperren** angeschaltet lassen, werden die Wetterdaten auch schon auf dem Sperrbildschirm angezeigt.

Im unteren Bereich des Startbildschirms sind in der Voreinstellung einige Symbole für Apps zusammengestellt, die Sie vermutlich häufig verwenden werden.

App- und Ordnersymbole auf der ersten Seite des Startbildschirms

Das letzte Symbol in dieser Reihe ist ein Ordnersymbol. Der Ordner enthält einige von Google bereitgestellte Apps, auf die Sie zugreifen können, wenn Sie ihn antippen.

Solche Symbolordner sind probate Mittel, um verwandte Apps zu gruppieren und den Startbildschirm übersichtlicher zu halten. Wie sie angelegt werden, zeige ich Ihnen noch im Abschnitt »Ordner für Symbole anlegen« ab Seite 36.

Die Symbole in dem Ordner »Google«

Auch auf der zweiten Seite des Startbildschirms finden Sie Symbole für besonders gern genutzte Apps.

Da je nach Größe des Tablets auf einem einzigen Bildschirm nicht genügend Platz für die zahlreichen Apps und Widgets ist, die Sie wahrscheinlich verwenden wollen, bietet Ihnen der Startbildschirm als Vorgabe drei Seiten an, weitere Seiten lassen sich hinzufügen.

Sie wechseln die Seiten mit einem Wisch nach links oder rechts oder tippen auf die kleinen Positionsanzeiger, die unterhalb der oberen Gruppe der App- und Ord-  nersymbole erscheinen. Der Anzeiger mit dem kleinen Haus führt immer zurück auf die erste Seite des Startbildschirms.

Das kleine Gleichheitszeichen links davon öffnet eine als *Briefing* bezeichnete Seite, auf der Sie sich ein elektronisches Magazin mit den Sie interessierenden Themen zusammenstellen können.

Auszug aus einer Briefing-Seite

Symbole neu ordnen

Die Apps, die Sie am häufigsten benutzen, sollten schnell erreichbar sein. Die Mühe, die Verteilung der Symbole auf den Seiten des Startbildschirms zu optimieren, lohnt sich und schiebt Ihnen jeden Tag ein paar Sekunden auf Ihr Zeitkonto. Hier erfahren Sie, wie es geht:

1. Wenn Sie sich beispielswei-se dafür entscheiden, die **E-Mail**-App und die **Internet**-App von Samsung zu ver-wenden, muss das Symbol für den Google-Ordner nicht unbedingt auf der Home-Seite erscheinen. Wollen Sie ein vorhandenes Symbol **1**

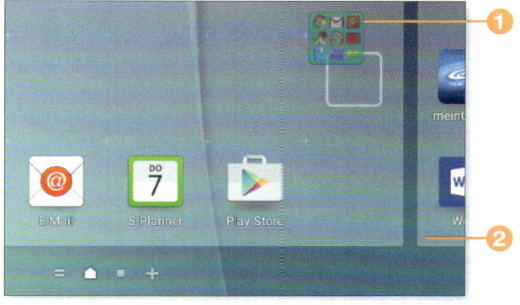

an eine andere Stelle ziehen, halten Sie den Finger darauf, bis zu Ihrer Orientierung die eingerahmte Seitenvorschau **2** erscheint.

2. Ziehen Sie das Symbol an die gewünschte Stelle in der Vorschau einer anderen Seite. Sie können dazu entweder etwas über den rechten oder linken Rand ziehen, bis die Vorschau der Zielseite sichtbar wird.

3. Wenn Sie loslassen, wird das Symbol an dieser Stelle abgelegt, das bis-her dort abgelegte Symbol wechselt den Platz mit dem verschobenen Symbol. Nur wenn Sie das Symbol an eine noch leere Stelle verschieben, ändert sich sonst nichts.

4. Soll ein Symbol innerhalb einer Seite verschoben werden, ziehen Sie es einfach an die gewünschte Stelle. Falls diese schon belegt ist, wird das bisherige Symbol innerhalb des Seitenrasters verschoben.

5. Auch die Zusammensetzung des Docks am unteren Rand der Startseiten lässt sich auf diese Weise mit den Fingern neu zusammenstellen.

Vielleicht wollen Sie ein Symbol ganz von einer Seite des Startbildschirms entfernen, weil es zu selten benutzt wird oder weil die App Ihre Erwartungen zu sehr enttäuscht hat. Ziehen Sie das Symbol nach oben auf das dabei rot umleuchtete Papierkorbsymbol **3**.

Damit ist diese App aber nur vom Startbildschirm entfernt, bleibt aber auf dem Gerät installiert. Auf die Deinstallation, also endgültige Entfernung, gehe ich im Abschnitt »Apps deinstallieren« ab Seite 253 ein.

Apps zum Startbildschirm hinzufügen

Solange auf einer Seite des Startbildschirms noch genügend Platz ist, können Sie beliebige Apps, die bereits auf dem Tablet zur Verfügung stehen, darauf einfügen.

1. Tippen Sie auf dem Startbildschirm auf das Menüsymbol ▦.

2. Das Tablet blendet die Anwendungsübersicht mit den auf dem Tablet bisher installierten Apps ein. Vorgegeben sind zwei Seiten, die Sie durch Wischen nach links oder rechts oder per Tipp auf die kleinen Positionsanzeiger ❶ am unteren Rand auswählen.

3. Ziehen Sie das Symbol der App direkt in die Vorschau der dafür vorgesehenen Seite des Startbildschirms.

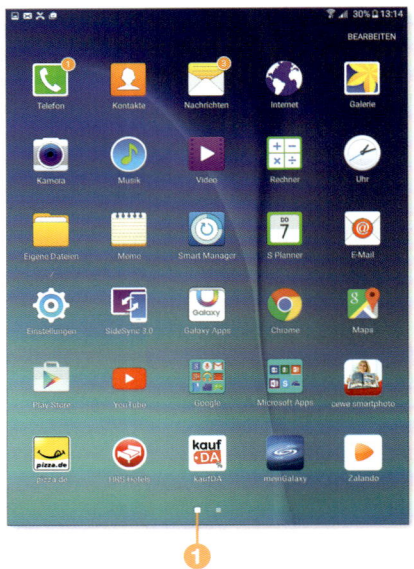

Sind Sie auf der falschen Seite des Startbildschirms gelandet, ist das auch nicht so schlimm, Sie können das App-Symbol ja – wie im letzten Abschnitt beschrieben – jederzeit wieder verschieben oder auch löschen.

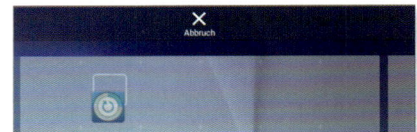

Widgets einfügen

Während Apps erst durch Tipps auf die entsprechenden Symbole geöffnet werden, erscheint die Oberfläche der Widgets direkt auf den Seiten des Startbildschirms, auf denen Sie sie ablegen. Wie viel Platz ein Widget braucht, hängt von der Menge an Informationen ab, die es bereitstellt.

Nicht immer umsonst

Beachten Sie, dass Widgets häufig Daten von Internetdiensten erhalten. Arbeiten Sie nicht mit der WLAN-Verbindung, können dabei zusätzliche Gebühren anfallen. Die Nutzung von WLAN spart übrigens nicht nur bares Geld, sondern auch Strom. Mehr dazu lesen Sie im Abschnitt »Unbenutzte Verbindungen deaktivieren« ab Seite 306.

Beim Einfügen von Widgets ist das Verfahren etwas anders als bei den Apps.

1. Halten Sie auf eine freie Stelle des Start-bildschirms, bis die Seitenvorschau erscheint.

2. Tippen Sie auf die Schaltfläche **Widgets**.

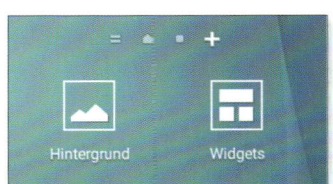

3. In der Widgets-Übersicht gehen Sie durch Wischen oder Antippen der Positionsan-zeiger auf die Seite, die das gewünschte Widget enthält.

4. Halten Sie das Widget gedrückt, und ziehen Sie es auf die Seite des Startbild-schirms, wo es am besten hineinpasst. Je nach Größe werden Ihnen dabei ver-schiedene Rahmen zum Einfügen an-geboten. Wenn Sie loslassen, wird die Position fixiert.

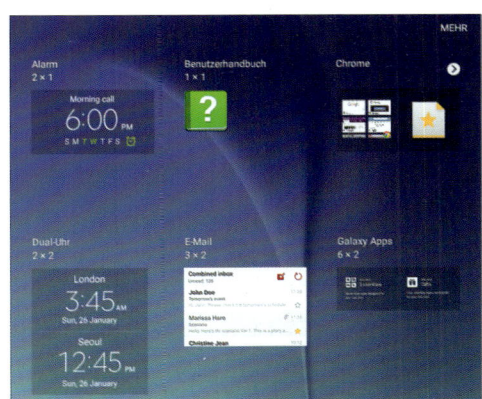

5. Wird Ihnen ein Rahmen mit Anfassern angeboten, können Sie die Größe durch Ziehen selbst bestimmen.

Zu einigen Apps, etwa **S Planner** oder **E-Mail**, gibt es zugeordnete Widgets, die Ihnen einen besonders schnellen Zugriff auf die bereit-gestellten Daten geben, in diesem Fall also auf Termine und neu eingegangene E-Mails.

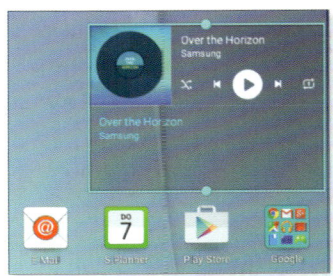

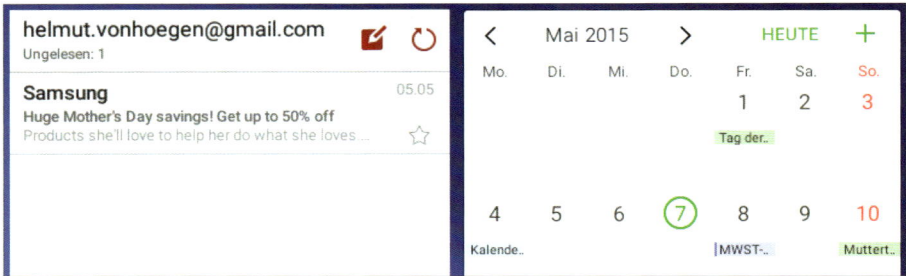

Ganz praktisch: Widgets mit dem Posteingang und den aktuellen Terminen auf dem Startbildschirm

Ordner für Symbole anlegen

Wenn Sie eine Reihe von Apps zu einem bestimmten Thema nicht alle einzeln auf einer Seite des Startbildschirms ablegen wollen, um diesen übersichtlicher zu halten, legen Sie einen Ordner für die entsprechenden Symbole an.

1. Beginnen Sie die Einrichtung eines Ordners, indem Sie auf der entsprechenden Seite des Startbildschirms das Symbol einer App auf das Symbol einer zweiten App ziehen, die zu dem gleichen Ordner gehören soll.

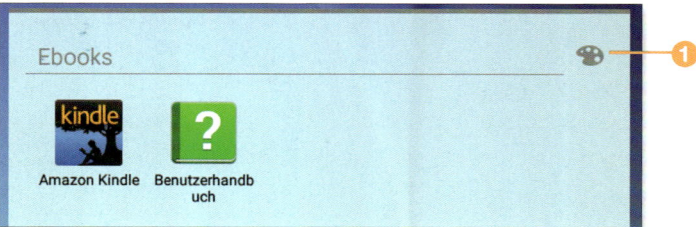

2. Geben Sie einen passenden Namen für den Ordner an. Bestätigen Sie mit **OK**.

3. Tippen Sie die kleine Palette ❶ an und dann ein Farbmuster für den Hintergrund des Ordnersymbols. Tippen Sie außerhalb des Rahmens, um das Ordnersymbol zu bestätigen.

4. Ziehen Sie die Symbole weiterer Apps, die in diesem Ordner gruppiert werden sollen, auf das Symbol des neuen Ordners.

Soll später eine App aus dieser Gruppe verwendet werden, tippen Sie erst das Ordnersymbol an und anschließend das Symbol der App.

Neue Seiten für den Startbildschirm

Die vorgegebene Anordnung der Symbole auf dem Startbildschirm bietet Ihnen bereits einige der am häufigsten benutzten Apps an. Sie sind aber an diese Anordnung und Zusammenstellung überhaupt nicht gebunden. Wenn nicht genügend Platz auf den vorhandenen Seiten des Startbildschirms ist, legen Sie einfach neue Seiten an.

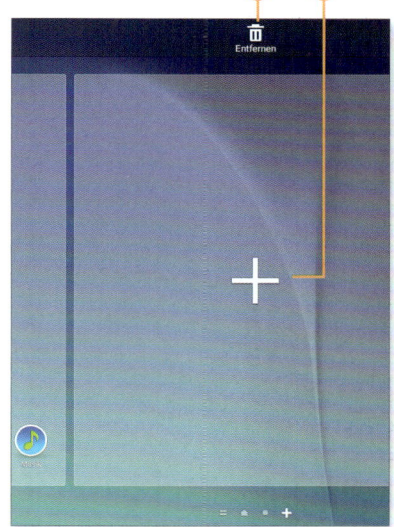

1. Um eine neue Seite einzufügen und so Platz für neue Apps, Widgets oder Ordner zu schaffen, ziehen Sie auf einer der bisherigen Seiten zwei Finger zusammen.

2. Tippen Sie in der nun erscheinenden Seitenübersicht das Pluszeichen ❶ in der Zeile mit den Positionsanzeigen an.

3. Eine neue, noch leere Seite erscheint hinter den bereits genutzten Seiten.

4. Wird eine Seite nicht mehr benötigt, halten Sie den Finger darauf und ziehen die Seite auf das Papierkorbsymbol ❷.

5. Soll eine andere als die bisher dafür verwendete Seite als erste Seite des Startbildschirms verwendet werden, tippen Sie auf den großen Pfeil oben auf der entsprechenden Seite, sodass er in Weiß angezeigt wird.

Wenn Sie die Reihenfolge der Seiten später erneut ändern wollen, öffnen Sie wieder durch Zusammenziehen zweier Finger auf einer Seite des Startbildschirms die Vorschau und ziehen die Seite an die gewünschte Stelle.

Mit der Anwendungsübersicht arbeiten

Die Seiten des Startbildschirms können, müssen aber nicht alle Apps anbieten, die auf dem Tablet installiert sind. Android arbeitet hier mit einer Hintergrundebene, *Anwendungsübersicht* oder *Apps Screen*, auch *App Drawer* genannt. Hier werden die Apps bereitgehalten, die schon auf dem Gerät installiert, aber noch nicht dem Startbildschirm hinzugefügt wurden. Auf die Installation neuer Apps und Widgets gehe ich in Kapitel 10, »Apps finden und installieren«, ab Seite 243 noch ausführlich ein.

Diese Anwendungsübersicht enthält meist mehr Seiten als der Startbildschirm. Apps, die Sie selten verwenden, können Sie auch direkt aus der Anwendungsübersicht aus starten:

1. Tippen Sie im Dock des Startbildschirms auf ▦, um auf die Anwendungsübersicht zu gelangen.

Teil der Anwendungsübersicht in der vorgegebenen Zusammensetzung

2. Wählen Sie durch Wischen die Seite, auf der Sie eine App mit einem Tipp starten wollen.

3. Tippen Sie auf das gewünschte Element.

Wenn Sie die Anordnung der Elemente auf den Seiten der Anwendungsübersicht ändern wollen, um eine andere Ordnung herzustellen, benutzen Sie **Bearbeiten** ❶, um die Rasteransicht einzublenden.

In dieser Ansicht lassen sich die Elemente innerhalb der Seite oder durch Ziehen über den Rand auch zwischen den Seiten der Anwendungsübersicht verschieben.

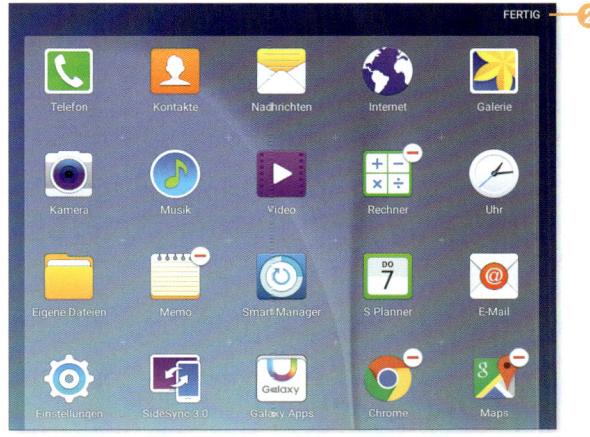

Um ein Element auf eine neue Seite zu legen, ziehen Sie es einfach über die bisher letzte Seite nach rechts hinaus. Das Tablet legt automatisch neue Seiten an. Leere Seiten werden aber in der Positionsanzeige ignoriert. Schließen Sie alle Änderungen mit der Schaltfläche **Fertig** ❷ in der Menüleiste ab.

Wie beim Startbildschirm lassen sich auch hier Symbole in Ordnern gruppieren. Die Methode ist die gleiche.

1. Ziehen Sie in der Rasteransicht das erste Symbol auf ein anderes.

2. Vergeben Sie einen passenden Namen für den neuen Ordner.

3. Wählen Sie über das Palettensymbol eine Hintergrundfarbe für das Ordnersymbol.

4. Ziehen Sie weitere Symbole auf das neue Ordnersymbol.

5. Schließen Sie die Änderungen mit **Fertig** in der Menüleiste ab.

Bei einem Tipp auf das Ordnersymbol werden die im Ordner abgelegten Apps angeboten.

Im Prinzip könnten Sie alle Apps aus der Anwendungsübersicht starten und den Startbildschirm ansonsten ignorieren, aber es ist in der Regel doch praktischer, wenigstens die häufig verwendeten Apps auf eine der Seiten des Startbildschirms zu ziehen.

Ton und Anzeige einstellen

Das Tablet reagiert auf bestimmte Ereignisse mit akustischen Signalen, die
Sie ab- oder einschalten können.

1. Tippen Sie ▦ ▸ **Einstellungen** ▸ **Gerät** ▸ **Töne und Benachrichtigungen** und
benutzen Sie unter **Tonmodus** die Option **Ton**.

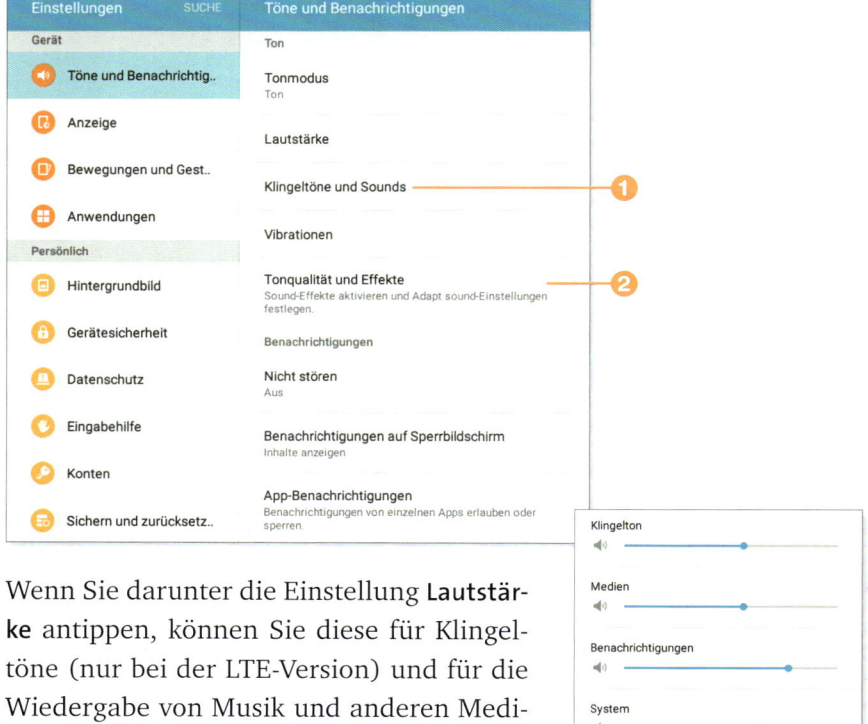

2. Wenn Sie darunter die Einstellung **Lautstärke** antippen, können Sie diese für Klingeltöne (nur bei der LTE-Version) und für die
Wiedergabe von Musik und anderen Medi-
en vorgeben. Sie ziehen dafür einfach den
runden Punkt des Schiebereglers in die gewünschte Richtung.

3. Getrennt davon stellen Sie die Lautstärke für Benachrichtigungen und
für Systemereignisse ein.

4. Über **Klingeltöne und Sounds** ❶ wählen Sie, ob und welcher **Standardton
für Benachrichtigungen** zu hören ist. **Stumm** ist vielleicht die nervenscho-
nendste Variante.

5. Die LTE-Version bietet an dieser Stelle noch Optionen, mit denen Sie die Intensität von Vibrationen bei einem eingehenden Anruf auswählen.

6. Separat können Sie unter **System** noch Töne für die Auswahl von Optionen am Bildschirm und für den Sperrbildschirm ein- oder ausschalten.

7. Für die Apps **E-Mail** und **S Planner** wählen Sie durch Antippen, ob bei neuen Nachrichten oder fälligen Terminen ein Klingelton hörbar sein soll, und wenn ja, welcher.

8. Wenn Sie es mögen, können Sie auch die Bildschirmtastatur unter **Tastaturton** mit einem akustischen Signal versehen und so den Ton eines Tastenanschlags imitieren.

INFO

Zum Schutze Ihres Gehörs

Unter **Ton ▸ Tonqualität und Effekte** ❷ finden Sie noch die Option **Adapt Sound**. Damit starten Sie eine Art Kalibrierung für die Verwendung von Kopfhörern, die sogar für jedes Ohr einzeln vorgenommen werden kann. Die bei diesem Test Ihrer persönlichen Frequenzwahrnehmung gefundene Einstellung wird beim Abspielen von Musik berücksichtigt, um Sie davor zu schützen, die Wiedergabe zu weit aufzudrehen. Voraussetzung dafür ist, dass beispielsweise in der App **Musik** die Einstellung **Adapt Sound** aktiviert ist.

Abgesehen von Ihren persönlichen Vorlieben sollten Sie bei den oben beschriebenen Einstellungen in Erwägung ziehen, dass ein ständig piepsendes Gerät auch für andere Ohren zu einem Ärgernis werden kann.

Über **Gerät ▸ Anzeige** finden Sie auch Einstellungen zur Bildschirmanzeige. Wenn Sie **Helligkeit** antippen, können Sie mit dem Schieberegler die Helligkeit ändern. Das geht aber auch über das Benachrichtigungsfeld,

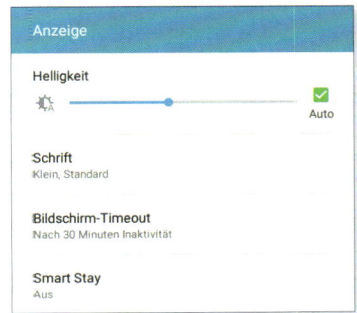

wenn dieser Regler dort eingeblendet ist (siehe den Abschnitt »Schnell auf Einstellungen zugreifen« ab Seite 44). Auf Seite 24 bin ich schon auf die Einstellung von **Bildschirm-Timeout** eingegangen.

Die persönliche Note

Eine Reihe von Einstellungen, mit denen Sie das Tablet an Ihren persönlichen Geschmack und Ihre Bedürfnisse anpassen, finden Sie über ▦ ▸ **Einstellungen** ▸ **Gerät** unter **Persönlich**.

1. Unter **Gerätesicherheit** finden Sie in der Gruppe **Sperrbildschirm** als Erstes die Option **Sperrbildschirmtyp**. Sie erlaubt Ihnen, die Verwendung und den Inhalt des Sperrbildschirms genauer festzulegen. Vorgegeben ist **Streichen**, das heißt, die Sperre wird einfach durch einen Fingerstreich überwunden. Wenn Sie eine bessere Absicherung einrichten wollen, tippen Sie **Streichen** an. Die hier möglichen Optionen beschreibe ich im Abschnitt »Den Sperrbildschirm absichern« ab Seite 285.

2. Über **Informationen anzeigen** legen Sie fest, was auf dem Sperrbildschirm erscheint. Neben der Anzeige von Datum und Uhrzeit lassen sich auch die örtlichen Wetterdaten einblenden.

3. Sinnvoll ist es, unter **Info über Besitzer** anzugeben, wie ein ehrlicher Finder Ihres verlorenen Geräts Sie erreichen kann.

 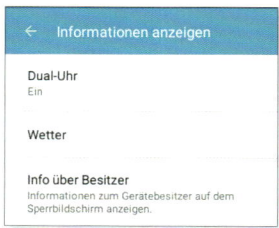

Wenn Ihnen die Hintergründe für den Sperrbildschirm bzw. die Seiten des Startbildschirms nicht gefallen, verwenden Sie einfach ein Bild dafür, das auf dem Tablet gespeichert ist.

1. Halten Sie den Finger auf eine freie Stelle des Startbildschirms.

2. Tippen Sie auf die Schaltfläche **Hintergrund**.

3. Entscheiden Sie über die Schaltflächen am oberen Rand ❶, ob das Bild für den Startbildschirm, für den Sperrbildschirm oder für beide gleichzeitig gelten soll.

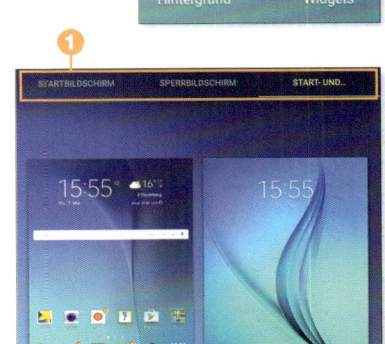

4. Im unteren Bereich werden einige vorgegebene Muster zum Antippen angeboten. Wenn Sie ein eigenes Bild verwenden wollen, öffnen Sie mit der Schaltfläche **Aus Galerie** ❷ die App, die Ihnen alle mit dem Tablet aufgenommenen Bilder anbietet.

5. Wenn Sie das Bild mit einem Tipp auf das Auswahlkästchen in der **Galerie** auswählen, bestätigen Sie die Auswahl noch mit **Fertig**.

6. Die Seite wird mit dem ausgewählten Hintergrund angezeigt. Mit **OK** schließen Sie den Vorgang ab. Nehmen Sie **Abbrechen**, um ein anderes Bild zu wählen.

Die folgende Abbildung zeigt einen personalisierten Sperrbildschirm mit eigenem Hintergrundbild:

Links ein personalisierter Sperrbildschirm, rechts ein Startbildschirm mit eigenem Hintergrund

Meist ist es sinnvoll, für den Startbildschirm ein dezenteres Bild zu verwenden, damit die Symbole gut erkennbar bleiben.

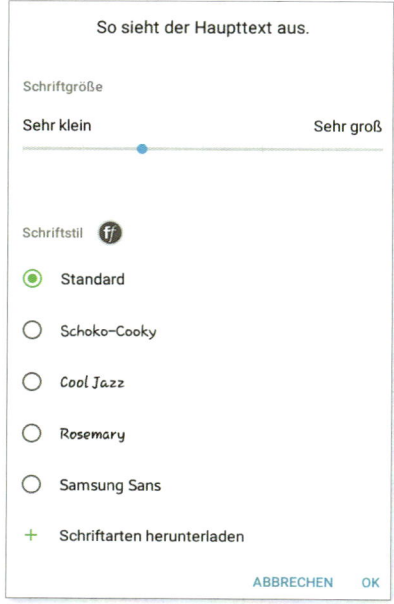

Relativ bescheiden sind zunächst die Auswahlmöglichkeiten zur Schriftart. Über **Gerät** ▸ **Anzeige** ▸ **Schrift** wählen Sie zwischen fünf vorinstallierten Schriftarten.

Für die Einstellung zur **Schriftgröße** finden Sie hier einen Schieberegler. Von den sieben Stufen sollte eine Ihrer Sichtigkeit entsprechen. Ein entsprechendes Muster wird zur Kontrolle angezeigt.

Die umfangreichen Einstellungen zu **Persönlich** ▸ **Eingabehilfe** sind hauptsächlich für Personen gedacht, die mit Einschränkungen des Sehens oder Hörens zu tun haben. Schauen Sie sich hier bei Bedarf einfach einmal näher um.

Von allgemeiner Bedeutung ist in dieser Gruppe die Option **Text-zu-Sprache-Einstellungen**. Sie haben die Möglichkeit, über das Zahnradsymbol zu **Samsung Text-zu-Sprache-Engine** verschiedene Sprachen für die Sprachausgabe von Texten zu wählen. Über den Schieberegler darunter können Sie die **Sprechgeschwindigkeit** anpassen, um ein brauchbares Ergebnis zu erhalten.

In der App **Play Books** beispielsweise, Thema in Kapitel 11, »Mit dem Tablet lesen«, ab Seite 255 wird die Funktion **Vorlesen** direkt angeboten.

Schnell auf Einstellungen zugreifen

Egal, was auf dem Bildschirm angezeigt wird, am oberen Rand ist immer die Statusleiste verfügbar. Meist ist sie sowieso sichtbar; wenn eine App sie zunächst ausblendet, kann sie durch Ziehen nach unten sichtbar gemacht werden.

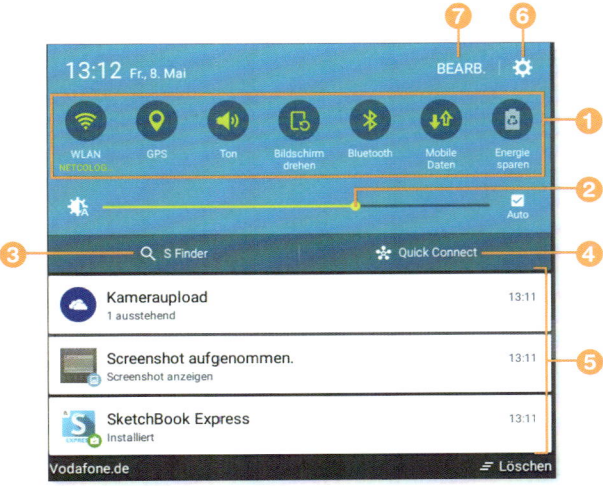

1. Wenn Sie die Statusleiste mit einem Finger nach unten ziehen, wird das Benachrichtigungsfeld sichtbar.

2. Eine Wischbewegung nach unten blendet alle aktuellen Benachrichtigungen ein.

3. Eine Wischbewegung nach oben schließt das Feld wieder.

Im oberen Teil wird Ihnen eine Reihe von Schaltflächen angeboten, mit denen Sie auf dem schnellsten Wege – mit einem einzigen Tipp – einige grundlegende Einstellungen des Tablets ein- oder ausschalten können ❶. Durch Wischen nach links oder rechts machen Sie verborgene Schaltflächen sichtbar.

Anschließend finden Sie noch einen Schieberegler ❷, um die Helligkeit des Displays zu verändern, und die Schaltflächen zu **S Finder**, einem Suchdienst, mit dem Sie die Inhalte des Tablets durchsuchen können ❸, und zu **Quick Connect** ❹, einer Funktion für den schnellen Austausch mit Geräten in der näheren Umgebung über Bluetooth oder Wi-Fi.

Im Bereich darunter ❺ schreibt das Tablet ein fortlaufendes Protokoll über alle Vorgänge, die sich auf dem Gerät abspielen, sei es, dass Sie eine App herunterladen oder dass neue E-Mails, Anrufe oder Nachrichten eintreffen. Wenn Sie Details zu einer Benachrichtigung sehen wollen, ziehen Sie mit den Fingern von dieser Benachrichtigungszeile nach unten.

Sie schauen hier hinter die Kulissen des Systems, sodass Sie bei Bedarf eine gute Kontrolle über alle Vorgänge haben. Ein Tipp auf eine Benachrichtigung öffnet die entsprechende App, die Nachricht oder die E-Mail.

Ist das Benachrichtigungsfeld geöffnet, finden Sie am Ende der ersten Zeile das Zahnradsymbol ⑥, das Sie zu den Einstellungen führt, die Sie auch über ▦ ▸ **Einstellungen** vom Startbildschirm aus erreichen. Zusätzlich erscheint links daneben die Option **BEARB.** ⑦, mit der Sie die Zusammenstellung der Schaltflächen für den schnellen Zugriff auf Systemoptionen ändern können. Bei den LTE-fähigen Tablets sind es ein paar mehr als bei den Wi-Fi-Tablets. Ein Tipp auf eine der Schaltflächen aktiviert oder deaktiviert die entsprechende Funktion, wobei die gelbe Farbe die Aktivierung anzeigt. Die meisten Schaltflächen sind selbsterklärend.

Schalt-fläche	Funktion
⬍	**Mobile Daten** aktiviert oder deaktiviert in der LTE-Version den Datenaustausch über das Netz. Solange Sie sich innerhalb eines WLANs bewegen, kann diese Option also ausgeschaltet bleiben.
⊖	**Bitte nicht stören** aktiviert oder deaktiviert einen Zustand des Geräts, bei dem alle Alarme und Anrufe stummgeschaltet sind. Dabei lässt sich das Zeitintervall beispielsweise auf die Nachtstunden eingrenzen.
📖	Der **Lesemodus** ist dazu gedacht, Ihre Augen zu schonen, wenn Sie im Dunkeln lesen. Die Hintergrundbeleuchtung wird dazu etwas heruntergedimmt.
🔋	**Ultrasparen** aktiviert oder deaktiviert zusätzliche Energiesparfunktionen, die ab Seite 307 beschrieben werden.
🔒	**Privater Modus** aktiviert oder deaktiviert einen speziellen Modus, der es Ihnen erlaubt, Dokumente oder Medien für andere Nutzer des Tablets unsichtbar zu machen. Mehr dazu finden Sie ab Seite 299.
🖥	**Screen Mirroring** aktiviert oder deaktiviert die Wiedergabe des Tablet-Bildschirms auf anderen Geräten, z. B. einem TV-Bildschirm.
🔄	**Sync** aktiviert oder deaktiviert die Synchronisierung mit Konten in einer Cloud.
✈	Den **Offline-Modus** sollten Sie einschalten, wenn Sie das Tablet in ein Flugzeug mitnehmen.

Trickreiche Lösung: Smart Stay

Bei dieser Funktion beobachtet das Tablet mithilfe der Frontkamera, ob Sie Ihre Augen auf das Tablet gerichtet haben. Solange dies der Fall ist, wird der Wechsel in den Schlafmodus unterbunden, sodass Sie beispielsweise ein Video ohne Unterbrechung betrachten können.

Die oben angezeigte Zusammenstellung der Symbole für Schnelleinstellungen ist nicht fixiert. Je nachdem, was Sie mit dem Tablet hauptsächlich tun, können Sie hier Anpassungen vornehmen, um Ihre Abläufe zu beschleunigen. Es macht Sinn, die Schalter, die Sie tatsächlich häufiger benutzen, möglichst so nebeneinanderzulegen, dass sie sofort sichtbar sind.

1. Um die Optionen in den Schnelleinstellungen neu anzuordnen, öffnen Sie mit **BEARB.** das Feld mit den Schaltflächen. In dem oberen Block finden Sie alle Schaltflächen, die Sie notfalls durch eine Wischbewegung erreichen, wenn das Benachrichtigungsfeld geöffnet ist. Die Symbole in dem dunkler hinterlegten Bereich darunter sind die Reserve.

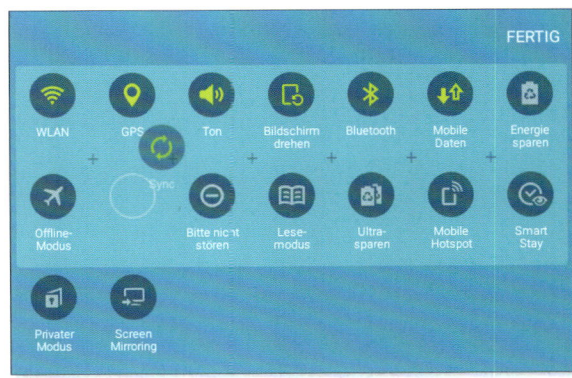

2. Um ein Symbol aus der Reserve in den oberen Bereich zu bringen, halten Sie den Finger auf diesem Element und ziehen es an die gewünschte Position, die durch einen Rahmen gekennzeichnet wird. Beim Loslassen springt das eingerahmte Symbol an die vorher freigemachte Stelle. Das letzte Symbol aus dem oberen Bereich wird nun in die Reserve geschoben.

3. Soll ein Symbol im oberen Bereich an einer früheren Stelle erscheinen, ziehen Sie es dorthin, die anderen Symbole werden um eine Stelle weitergeschoben.

4. Schließen Sie die Änderungen mit **FERTIG** ab.

Wollen Sie eine Einstellung nicht einfach nur aktivieren oder wieder de-aktivieren – die gelbe Einfärbung wird dann grau –, halten Sie den Finger einen Moment auf dem Symbol. Automatisch werden die detaillierten Ein-stellungsmöglichkeiten angeboten, die Sie sonst über das Zahnradsymbol erreichen.

Profile für mehrere Benutzer anlegen

Das Galaxy Tab A ist familienfreundlich und erlaubt Ihnen dank **Multi User Mode**, bis zu acht Benutzerprofile mit eigenen Speicherbereichen, Einstel-lungen und einer eigenen Zusammenstellung der Apps anzulegen. Aller-dings ist diese Funktion nur bei den Wi-Fi-Modellen verfügbar, die gemein-same Nutzung einer SIM-Karte wäre wohl auch konfliktträchtig.

Drei Typen von Benutzerkonten sind möglich: *Besitzer, Benutzer* und *Einge-schränktes Profil*.

1. Um ein Profil anzulegen, benutzen Sie ▦ ▸ **Einstellungen** ▸ **Benutzer**.

2. Tippen Sie auf **Benutzer oder Profil hinzufügen**.

3. Wählen Sie zwischen **Benutzer** und **Eingeschränktes Profil**.

Im ersten Fall legen Sie einen Benutzer mit vollem Zugriff auf Konten und Apps an. Dazu wird der Einrichtungsvorgang für das Tablet noch einmal komplett durchlaufen. Sie können separate Konten, Hintergründe für den Sperr- und Startbildschirm und ein Benutzerfoto hinzufügen.

Im zweiten Fall erlauben Sie dem Benutzer nur die Benutzung von Apps, die Sie einzeln auswählen. Das ist ganz praktisch, wenn Sie das Tablet Kindern in die Hand geben wollen.

Der Wechsel zwischen den Benutzern oder den Profilen findet über den Sperrbildschirm statt. Beachten Sie, dass nur der Besitzer des Tablets, also der, der die Ersteinrichtung vorgenommen hat, zusätzliche Benutzer anle-gen und auch wieder entfernen kann.

Format wechseln

Viele Apps lassen sich im Hoch- oder Querformat ausführen. Das Tablet richtet die Bildschirmanzeige automatisch neu aus, wenn Sie es drehen. Wollen Sie dagegen immer mit der gleichen Ausrichtung der Bildschirmanzeige arbeiten, können Sie diese automatische Anpassung auch deaktivieren.

1. Ziehen Sie mit dem Finger vom oberen Rand nach unten, um das Benachrichtigungsfeld einzublenden.

2. Tippen Sie auf **Bildschirm drehen**, um das Ausrichten der Anzeige zu stoppen. Das Symbol verliert die gelbe Farbe.

Es mag vorkommen, dass Anwendungen das Drehen der Anzeige von vornherein nicht unterstützen, also nur für eine der beiden Ausrichtungen konzipiert sind.

Das Fenster teilen (Multi-Window)

Sie können auf dem Tab A zwar eine ganze Reihe von Apps nacheinander starten, der Bildschirm zeigt aber normalerweise immer nur die Oberfläche einer App an. Das Tab A unterstützt jedoch auch die gleichzeitige Anzeige von zwei Apps, wenn Sie es wünschen. Allerdings wird dies nicht von allen Apps unterstützt. Die erste Möglichkeit ist dabei, dass sich die beiden Anwendungen den Bildschirm teilen.

1. Öffnen Sie die beiden Apps zunächst wie gewohnt nacheinander.

2. Tippen Sie auf die Schaltfläche **Aktuelle Anwendungen**. Wischen Sie nach oben oder unten, bis das Fenster der ersten Anwendung oben liegt.

3. Tippen Sie dort auf das Symbol mit den beiden Rechtecken ❶. Das bewirkt, dass das Tablet die App in einem eigenen Fenster im oberen Teil des Bildschirms öffnet.

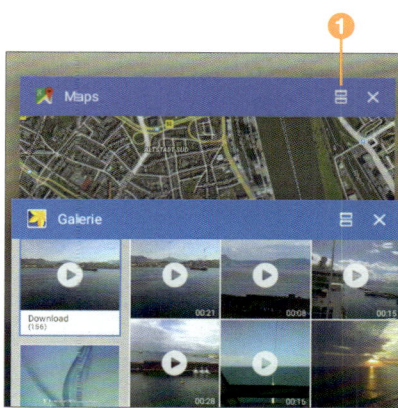

4. Die zweite App übernimmt automatisch den unteren Teil des Bildschirms, wenn Sie die Titelleiste antippen. In der Abbildung sehen Sie als Beispiel oben die App **Maps** und unten die App **Galerie**. Durch Antippen wählen Sie die aktive Anwendung, die durch einen blauen Rahmen gekennzeichnet wird.

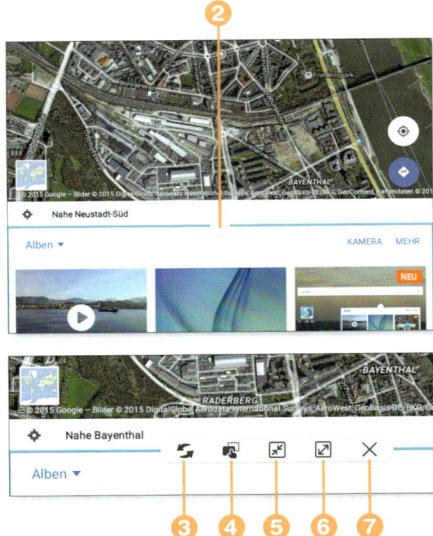

5. Die Trennlinie zwischen beiden Fenstern können Sie an dem kleinen Kreis beliebig verschieben.

6. Wenn Sie den Kreis ❷ zwischen den Anwendungsfenstern antippen, werden Schaltflächen für folgende Optionen angeboten:

- die Anordnung der Fenster vertauschen ❸

- Elemente wie Bilder, Text oder Links per Drag & Drop ❹, also durch »Ziehen« und »Ablegen«, zwischen Anwendungsfenstern austauschen. Diese Funktion wird allerdings nicht von allen Apps unterstützt.

- **Fenster minimieren** ❺ führt dazu, dass die aktive App auf einen Kreis reduziert wird und die andere App das Fenster füllt. Tippen Sie diesen Kreis an, erscheint die minimierte App in einem Popup-Fenster, das auf dem Fenster der anderen App liegt.

- **Fenster maximieren** ❻ vergrößert die ausgewählte App wieder auf das ganze Fenster, der Multi-Window-Modus wird aufgehoben.

- Mit **Anwendung schließen** ❼ beenden Sie ebenfalls den Multi-Window-Modus. Die andere App übernimmt dann das ganze Fenster.

Sie können die geteilte Bildschirmansicht auch dadurch starten, dass Sie die Schaltfläche **Aktuelle Anwendungen** einen Moment gedrückt halten. Anschließend tippen Sie im unteren Bereich nacheinander die beiden Apps an, die gleichzeitig starten sollen.

Apps zweimal starten

Die zweite schon angesprochene Möglichkeit, mit mehr als einer Anwendung zu arbeiten, verwendet ein Popup-Fenster, das zusätzlich
auf den Bildschirm gelegt wird.

Wenn **Multi Window** aktiviert ist, können Sie eine App auch zweimal starten, um beispielsweise zwei Webseiten oder zwei Dokumente miteinander
zu vergleichen.

1. Öffnen Sie die App vom Startbildschirm
   oder aus der Anwendungsübersicht.

2. Ziehen Sie diagonal von einer der beiden
   oberen Ecken, bis das App-Fenster in einer passenden Größe angezeigt wird.

3. Im Rahmen des Popup-Fensters finden
   Sie nun ebenfalls einen kleinen Kreis **8**,
   der die zuletzt beschriebenen Optionen
   anbietet.

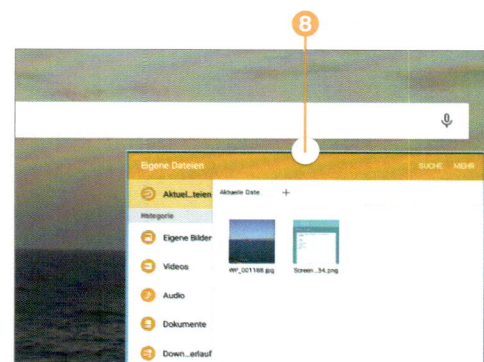

4. Wenn Sie den Finger auf dem Kreis halten, können Sie das Fenster auch
   verschieben.

Die Popup-Ansicht lässt sich auch nachträglich verwenden, wenn zwei Apps
sich den Bildschirm teilen. Dazu müssen Sie den kleinen Kreis nur einen
Moment halten.

Texte eingeben

Bei den meisten Apps wird erwartet, dass Sie an bestimmten Stellen etwas
eingeben. Andere Apps wie **E-Mail**, **Memo** oder die Apps aus dem Bereich
der Office-Anwendungen erlauben Ihnen die Eingabe umfangreicher Text-
passagen. Machen wir einen kleinen Test mit der **Memo**-App, dem elektronischen Pendant der kleinen, meist gelben Notizzettel:

Tippen Sie **Memo** in der Anwendungsübersicht an, und starten Sie mit dem Pluszeichen am unteren Rand eine neue Notiz. Die Tastatur wird automatisch eingeblendet. Wenn Ihnen die Tasten im Hochformat zu schmal sind, drehen Sie das Gerät einfach ins Querformat.

Bei der ersten Nutzung der Tastatur können Sie entscheiden, ob sich das Tablet persönliche Daten wie die eigene E-Mail-Adresse »merken« soll, um sie später als Vorschläge zu erhalten.

Sobald Sie die ersten Buchstaben eines Wortes eingeben, werden Ihnen in der Zeile über der Tastatur ❶ ganze Wörter angeboten, die Sie mit einem Tipp übernehmen können. Die App schätzt also die Wahrscheinlichkeit ein, mit der die ersten Buchstaben Teil eines bestimmten Wortes sind. Die App »lernt« dabei; wenn Sie also einmal Ihre E-Mail-Adresse komplett eingegeben haben, reichen beim nächsten Mal schon die ersten Buchstaben.

Vielleicht vermissen Sie die Möglichkeit, Akzente einzugeben. Um Platz zu sparen, sind all diese Zeichen ein wenig versteckt. Wenn Sie ein »á« brauchen, halten Sie den Finger einen Moment auf dem »a«, fahren auf das angebotene »á« und lassen wieder los.

Umschalttasten ❷ für Großbuchstaben finden Sie an beiden Seiten.

Mit den beiden Pfeiltasten rechts unten bewegen Sie den Cursor. Um Zeichen links von der Einfügestelle zu löschen, benutzen Sie den Pfeil nach links ③. Zeichen rechts davon löschen Sie mit **Del** ④.

Die Taste mit dem abgeknickten Pfeil nach links ⑤ beendet einen Absatz und erzeugt eine neue Zeile. Diese Taste wird bei anderen Apps oft mit speziellen Funktionen wie **Öffnen**, **Suchen**, **OK** oder **Weiter** belegt.

Mit der **Sym**-Taste links unten ⑥ schalten Sie zwischen der Eingabe von Buchstaben und der Eingabe von Sonderzeichen um. Dafür stehen gleich zwei Tastaturen zur Verfügung, zwischen denen Sie mit **1/2** ⑦ bzw. **2/2** ⑧ umschalten.

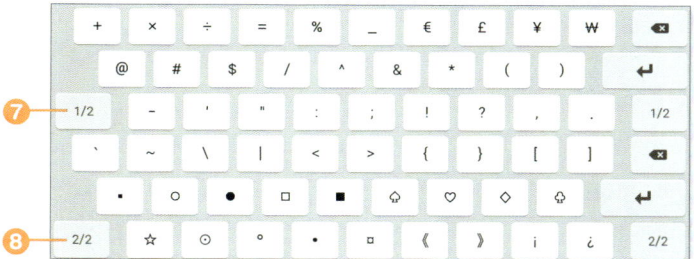

Mit der Taste neben der **Sym**-Taste ⑨ erreichen Sie in der **Memo**-App noch Tastaturen für Emoticons ⑩ und andere grafische Symbole. Bei den anderen Apps führt diese Taste als Vorgabe zur Spracheingabe, das ist das Symbol mit dem Mikrofon ⑪. Darauf gehe ich im nächsten Abschnitt ein.

Wenn Sie diese Taste kurz halten, erscheint ein Kontextmenü, mit dem Sie über die Taste mit dem Tastatursymbol ⑫ auch die Tastatur **Schwebend** einblenden können, die sich mit der kleinen Lasche über den Bildschirm ziehen lässt und auch etwas kompakter ist. Alternativ können Sie hier auch eine geteilte Tastatur auswählen.

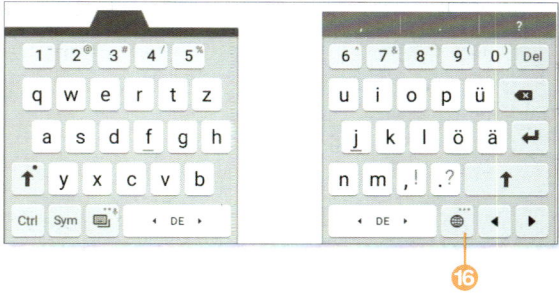

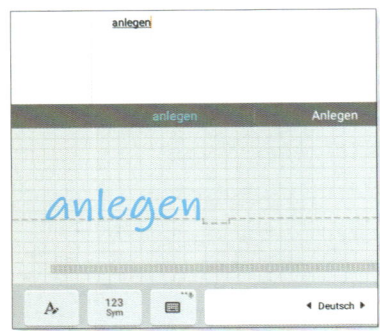

Die dritte Taste im Kontextmenü ⑬ zeigt immer den aktuellen Inhalt der Zwischenablage.

Wenn Sie bei der Taste mit dem Kontextmenü das Symbol mit dem T und dem Stift ⑭ antippen, lassen sich Texte auch mit dem Finger oder mit einem Stift eingeben.

Die eingezeichneten Zeichen werden an der Textstelle sofort in Buchstaben oder Zahlen umgesetzt.

Das Zahnrad ⑮ in dem Kontextmenü führt zu den Einstellungen für die Tastatur, die im Folgenden behandelt werden.

Die Taste für das Kontextmenü zeigt übrigens immer die zuletzt gewählte Option an.

Ganz links unten finden Sie die Taste `Ctrl` ❶. Ist sie gedrückt, werden einige Zeichen blau unterlegt, um Sie auf mögliche Tastenkombinationen hinzuweisen:

- `Ctrl` + `X` schneidet markierten Text aus und speichert ihn in der Zwischenablage.
- `Ctrl` + `C` kopiert markierten Text in die Zwischenablage.
- `Ctrl` + `V` fügt Text aus der Zwischenablage ein.
- `Ctrl` + `A` markiert den gesamten Text.
- `Ctrl` + `Y` wiederholt einen Schritt.
- `Ctrl` + `Z` macht einen Schritt rückgängig.

Unten rechts finden Sie eine Taste mit einer Weltkugel ⑯ (Seite 53), die für den Wechsel der Eingabesprachen verwendet werden kann. Sie erscheint aber nur, wenn mehr als eine Eingabesprache aktiviert ist. Darauf gehe ich gleich noch ein.

Ausgeblendet wird die Tastatur, soweit es nicht automatisch geschieht, mit der **Zurück**-Taste.

Wie gut Sie mit der Tastatur zurechtkommen, hängt auch von einer Reihe
von Einstellungen ab, die Sie über die schon angesprochene Schaltfläche
mit dem Rad auf Ihren Bedarf abstimmen können.

1. Um Texte in einer anderen Sprache einzugeben, können Sie das Tastaturlayout entsprechend ändern. Tippen Sie dazu das Zahnrad an, und
gehen Sie zu **Eingabesprachen**. Der alternative Weg dorthin geht über
Einstellungen ▸ Sprache und Eingabe ▸ Samsung-Tastatur.

2. Unter **Eingabesprachen** werden die aktuell verfügbaren Sprachen angezeigt, weitere können Sie über das Plussymbol ❷
hinzufügen. Einige Sprachen sind vorinstalliert, andere müssen heruntergeladen werden.

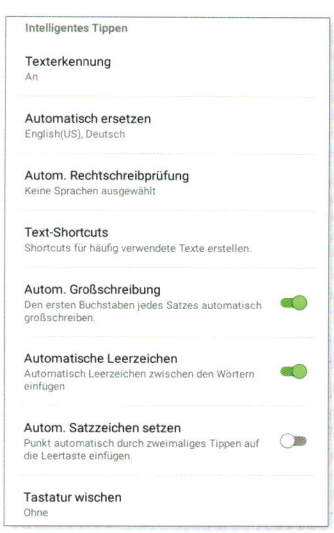

3. Die aktuelle Sprache wird auf der Leertaste angezeigt. Sind
mehrere Sprachen installiert, wechseln Sie die aktuelle Sprache, indem
Sie mit dem Finger nach rechts oder links über die Leertaste wischen
oder die Taste daneben antippen.

4. Unter **Intelligentes Tippen** müssen Sie die **Texterkennung** aktiviert lassen, falls Sie die oben angesprochene automatische Textergänzung nutzen wollen.

5. Wenn Sie den Schalter **Automatisch ersetzen** betätigen, können Sie den wahrscheinlichsten Textvorschlag, der immer bunt angezeigt wird, mit der Leertaste oder, wenn es gerade passt, mit einem Komma
oder Punkt übernehmen. Diese Option ist in der Praxis aber oft wenig hilfreich, weil sie häufig Worte ersetzt, die gerade nicht ersetzt werden sollen.

6. Wenn Sie **Automatische Leerzeichen** aktivieren, können Sie »dasHausistleer« eintippen und erhalten »das
Haus ist leer«. Sieg für die Faulheit dank Technik!

7. Unter **Tastatur wischen** ist **Ohne** vorgegeben, die beiden anderen Optionen sind wenig praktikabel.

8. Unter **Tastenfeedback ▶ Ton** können Sie ein Tippgeräusch einschalten.

9. Interessant ist hier noch die Option **Zeichenvorschau**. Aktiviert zeigt sie das berührte Zeichen noch einmal etwas größer an.

INFO

Warum nicht gleich mit einer richtigen Tastatur arbeiten?

Das Eintippen mit der Bildschirmtastatur ist bei größeren Textmengen zwangsläufig weniger komfortabel als die Eingabe über eine normale Tastatur. Wenn Sie häufig Texte eingeben wollen, ist es erwägenswert, sich eine Tastatur zuzulegen, die per Bluetooth mit dem Tablet verbunden ist. Dazu mehr im Abschnitt »Einrichten einer Bluetooth-Verbindung« auf Seite 76.

Spracheingabe

Statt Texte einzutippen, können Sie es auch mit der Spracheingabe versuchen. Bei nicht zu anspruchsvollen Texten funktioniert das sogar erstaunlich gut.

Das Suchfeld bietet die Spracheingabe an.

Die Spracheingabe wird in zahlreichen Eingabefeldern, beispielsweise bei der Eingabe von Suchbegriffen in den Apps **Chrome** oder **Internet** oder bei der Suche mit der **Google**-App, über ein Mikrofonsymbol angeboten, das Sie nur antippen müssen. Bei der Eingabe von längeren Texten können Sie über die Tastatur zur Spracheingabe wechseln.

1. Tippen Sie in der jeweiligen App auf die Taste links neben der Leertaste. Wenn das Mikrofon darauf nicht schon angezeigt wird, halten Sie die Taste kurz und wählen das Mikrofon aus dem Kontextmenü.

2. Die Tastatur wird vorübergehend durch eine schon aktivierte Schaltfläche für das Mikrofon ersetzt. Sie können also den Text sofort einsprechen – möglichst nicht zu schnell, aber deutlich.

3. Im Dokument wird der gesprochene Text fortlaufend in geschriebenen Text umgesetzt, wie die Abbildung oben zeigt. Zum letzten Wort oder

Satz wird fortlaufend die Schaltfläche **Löschen** angeboten. Wird ein Wort also nicht richtig erkannt, tippen Sie **Löschen** an und wiederholen den letzten Teil noch einmal.

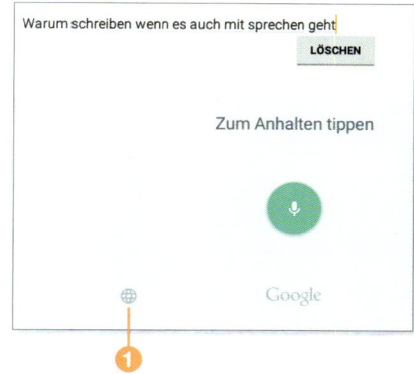

4. Wollen Sie die Spracheingabe anhalten, tippen Sie auf den anstelle von **Sprechen** angebotenen Link **Zum Anhalten tippen**. Dann erscheint immer auch ein Tastatursymbol, mit dem Sie schnell wieder zur Tasteneingabe wechseln. Wollen Sie weiter diktieren, tippen Sie auf **Zum Sprechen tippen**.

5. Falls Sie die Sprache wechseln müssen, um beispielsweise ein englisches Zitat einzufügen, tippen Sie erst auf das Symbol mit der Weltkugel ❶ und dann die gewünschte Diktiersprache an.

Damit die Spracheingabe funktioniert, muss die entsprechende Sprache über ⊞ ▸ **Einstellungen** ▸ **System** unter **Sprache und Eingabe** ▸ **Tastaturen und Eingabemethoden** ▸ **Google Spracheingabe** aktiviert sein.

Unter **Sprachen** können Sie die Eingabesprache ändern. Unter **Offline-Spracherkennung** lassen sich weitere Sprachpakete herunterladen oder auch wieder deinstallieren.

Einstellungen zur Spracheingabe

Konten einrichten

Wenn Sie es nicht schon bei der Einrichtung des Tablets erledigt haben, können Sie jederzeit auch nachträglich Konten anlegen, die Sie für Online-Dienstleistungen benötigen.

Für Google-Apps wie **Play Store** oder **Gmail** brauchen Sie ein Google-Konto.

1. Benutzen Sie ⊞ ▸ **Einstellungen** ▸ **Persönlich** ▸ **Konten** ▸ **Konto hinzufügen** ▸ **Google**.

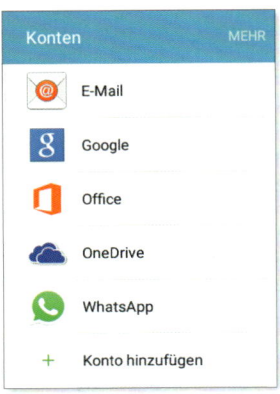

2. Wenn Sie bereits ein solches Konto auf einem anderen Gerät eingerichtet haben, geben Sie die entsprechenden Daten an. Ist es ein ganz neues Konto, benutzen Sie **Oder ein neues Konto erstellen**.

3. In beiden Fällen folgen Sie den Anweisungen, die Sie durch die Anmeldeprozedur führen.

Sie können ohne Weiteres auch mehrere Google-Konten einrichten, etwa um private und geschäftliche Angelegenheiten einfacher trennen zu können, z. B. für den E-Mail-Verkehr.

Da es sich um ein Samsung-Tablet handelt, liegt es nahe, auch ein Samsung-Konto anzulegen. Darüber haben Sie nicht nur Zugang zu dem App-Store **GALAXY Apps**, sondern auch zu speziellen Funktionen wie **Samsung Kies**, einer Komponente, mit der Sie komfortabel Dateien zwischen PC oder Mac und Ihrem Tablet austauschen. Mehr dazu erfahren Sie im Abschnitt »Mit Samsung Smart Switch verbinden« ab Seite 291. Außerdem können Sie Kalender, Kontakte und Interneteinstellungen über die Samsung-Cloud synchronisieren. Die Einrichtung ist ähnlich wie bei einem Google-Konto.

1. Benutzen Sie dazu ▦ ▸ **Einstellungen** ▸ **Persönlich** ▸ **Konten** ▸ **Konto hinzufügen** ▸ **Samsung**.

2. Geben Sie in den entsprechenden Feldern ein E-Mail-Konto und das dazugehörige Passwort an.

Es ist hier auch möglich, sich mit der Google-ID anzumelden.

Vorinstallierte Dienstprogramme

Neben den grundlegenden Apps für Ihre Internetaktivitäten und Kommunikation, für die Kamerafunktionen und Ihren Medienkonsum und für Office-Anwendungen stellt Ihnen das Tab A noch eine Reihe von vorinstallierten Dienstprogrammen zur Verfügung. In der folgenden Tabelle finden Sie eine Übersicht mit Hinweisen, wo einzelne Apps im Detail behandelt werden.

Symbol	Funktion
	Memo: App für kurze Notizen, siehe Abschnitt »Memcs« ab Seite 166
31	**S Planner:** Verwaltung für Termine und Aufgaben, siehe Kapitel 5, »Kalender, Termine und Erinnerungen«
	Drive: Anwendung, um Dateien auf Google Drive zu sichern und für andere freizugeben, siehe Abschnitt »Dateien in der Cloud speichern« ab Seite 294
	Uhr: mit Weckfunktion
	Rechner: im Hochformat ein einfacher Taschenrechner, im Querformat ein wissenschaftlicher Taschenrechner
g	**Google Suche:** Such-App für das Tablet und das Internet, siehe Abschnitt »Schnell suchen mit Google« ab Seite 89
	Smart Manager: Liefert eine schnelle Übersicht über Akkustand, Speicher, RAM und Systemsicherheit. Außerdem kann mit **Alle Bereinigen** eine Schnelloptimierung angestoßen werden.
	Sprachsuche: Erlaubt, das Internet per Spracheingabe zu durchsuchen, siehe Abschnitt »Tipps für effektives Suchen« ab Seite 86.
	Eigene Dateien: Gibt Ihnen den Zugriff auf die Ordnerstruktur und die im internen Speicher und auf der Speicherkarte abgelegten Dateien und Medien, siehe Abschnitt »Dateien kopierer und verschieben« ab Seite 279.
g	**Maps:** Anwendung für die Standortbestimmung und Routenplanung per GPS. Mehr dazu in Kapitel 9, »Karten und Navigation«.

Nützliche Dienstpro-gramme

ACHTUNG

Hinweis zu Aktualisierungen

Der Hersteller behält sich vor, die hier beschriebenen Anwendungen bei Bedarf zu aktualisieren. Es kann auch vorkommen, dass er die Unterstützung einzelner Elemente ohne besondere Ankündigung einstellt. So kann es im Detail Abweichungen geben zwischen dem, was in diesem Buch beschrieben ist, und dem, was auf Ihrem Tablet zu sehen ist.

Mehr Speicher einbauen

Der interne Speicher des Tab A ist mit 16 GByte zwar schon für viele Situationen ausreichend, wer aber eine Menge Musik, Videos oder Bilder immer bei sich haben will, wird hier schnell an Grenzen stoßen.

Hier hilft der Einbau einer zusätzlichen Speicherkarte, für die, wie oben schon gezeigt, auf der rechten oder der oberen Seite des Geräts ein Slot eingerichtet ist. Hier passen Micro-SD- und Micro-SDHC-Karten mit bis zu 128 GByte hinein. Achten Sie beim Kauf darauf, dass die Karten mit dem Tab A kompatibel sind. Der Einbau ist sehr einfach.

1. Heben Sie die schmale Abdeckung über dem Slot an der rechten Seite des Tablets vorsichtig hoch.

2. Schieben Sie die Karte ebenso vorsichtig bis zum Anschlag in den Slot. Achten Sie darauf, dass die Seite mit den goldfarbenen Kontakten unten liegt, also zur Rückseite des Tablets zeigt.

3. Schließen die die Abdeckung wieder.

4. Die Speicherkarte erscheint im Ordner **Eigene Dateien** unter dem Namen **SD-Karte**.

> **ACHTUNG**
>
> **Karte nicht bei Datenzugriff entfernen!**
> Wenn Sie eine SD-Karte sicher und ohne Datenverlust entfernen möchten, achten Sie darauf, dass auf die Speicherkarte nicht mehr zugegriffen wird, wenn Sie diese aus dem Gerät entfernen. Wo Sie den entsprechenden Slot für Ihre Karte finden, können Sie noch einmal im Abschnitt »So ist Ihr Tablet aufgebaut« ab Seite 16 nachlesen.

Das Tablet unterstützt das weit verbreitete Dateisystem FAT. Außerdem wird noch exFAT unterstützt, eine Erweiterung von FAT für Flash-Speicher, wie es ja die SD-Karte im Unterschied zu einer Festplatte ist. Enthält die Karte ein anderes Dateiformat, muss sie zunächst neu formatiert werden.

1. Wählen Sie über den Start-bildschirm ⊞ ▸ **Einstellungen** ▸ **System** ▸ **Speicher** ❶. Im oberen Teil finden Sie Anga-ben über die aktuelle Bele-gung des internen Speichers.

2. Unter **SD-Karte** ❷ zeigt das Tablet die Daten der Speicher-karte an.

3. Mit **SD-Karte formatieren** ❸ rufen Sie die Formatierung auf. Vorhandene Daten wer-den dabei gelöscht, deshalb müssen Sie den entsprechen-den Hinweis zunächst bestä-tigen.

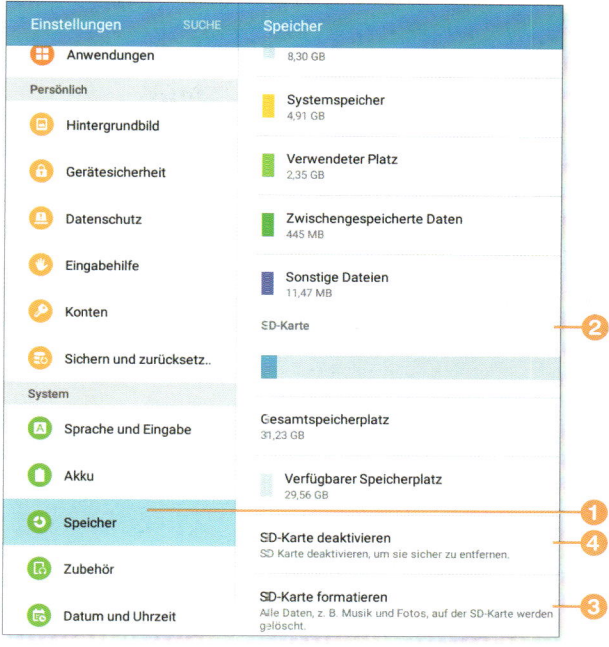

Soll eine eingebaute Karte später beispielsweise gegen eine Karte mit grö-ßerer Kapazität ausgetauscht werden, können Sie die bisherige Karte ent-fernen.

Um diesen Schritt ohne Datenverlust auszuführen, müssen Sie zunächst die Karte vom Tablet abkoppeln:

1. Benutzen Sie wieder ⊞ ▸ **Einstellungen** ▸ **System** ▸ **Speicher**.

2. Klicken Sie unter **SD-Karte** auf **SD-Karte deaktivieren** ❹.

3. Öffnen Sie die Abdeckung des Slots.

4. Drücken Sie kurz auf die Karte, bis sie sich vom Gerät löst, und nehmen Sie sie heraus.

5. Nun können Sie die neue Karte wie in Schritt 2 der obigen Anleitung beschrieben einfügen.

6. Schließen Sie zum Schluss die Abdeckung wieder sorgfältig.

Kapitel 2
Online mit dem Galaxy Tab

Ohne Zugang zum Internet wäre Ihr Tablet nur die Hälfte wert. Nicht nur der Weg zu den Webseiten ist versperrt, E-Mails lassen sich weder versenden noch empfangen. Außerdem nutzen viele Apps Daten, die sie fortlaufend aus dem Netz ziehen. Wie sehr wir uns an das Netz gewöhnt haben, merken wir immer dann, wenn uns mal für etwas längere Zeit der Zugang beispielsweise durch einen technischen Defekt versperrt wird.

Wie Sie online gehen, hängt nun allerdings davon ab, welches Tablet Sie erworben haben. Bei den preiswerteren Varianten ist es eine WLAN-Verbindung, die Sie nutzen können. Die teureren, LTE-fähigen Geräte können beides: die mobile Netzverbindung über die SIM-Karte und die WLAN-Verbindung.

Über WLAN ins Netz

Die günstigste Lösung, mit dem Tablet ins Internet zu gehen, ist zweifellos die Verbindung mit einem bereits vorhandenen WLAN-Netz. Für die Mitbenutzung über das Tablet fallen dann keine zusätzlichen Kosten an. Auch unterwegs, in guten Hotels oder in Gebäuden mit offenen Hotspots, lässt sich WLAN meist bequem nutzen. Wenn Sie auch noch ein Smartphone besitzen, können Sie dessen Internetverbindung freigeben, sodass das Tablet darüber eine WLAN-Verbindung aufbauen kann. (Mehr zum Einsatz mobiler WLAN-Hotspots finden Sie im Abschnitt »Über WLAN ins Netz« ab Seite 63.)

Um die Verbindung zu einem bestimmten WLAN-Netz herzustellen, gehen Sie so vor:

1. Benutzen Sie ▦ ▶ **Einstellungen** ▶ **Verbindungen** ▶ **WLAN**.

2. Ziehen Sie den **Ein/Aus**-Schalter ❶ nach rechts, um die Verbindung zu aktivieren. Das Tablet scannt die in der aktuellen Umgebung verfügbaren WLAN-Verbindungen.

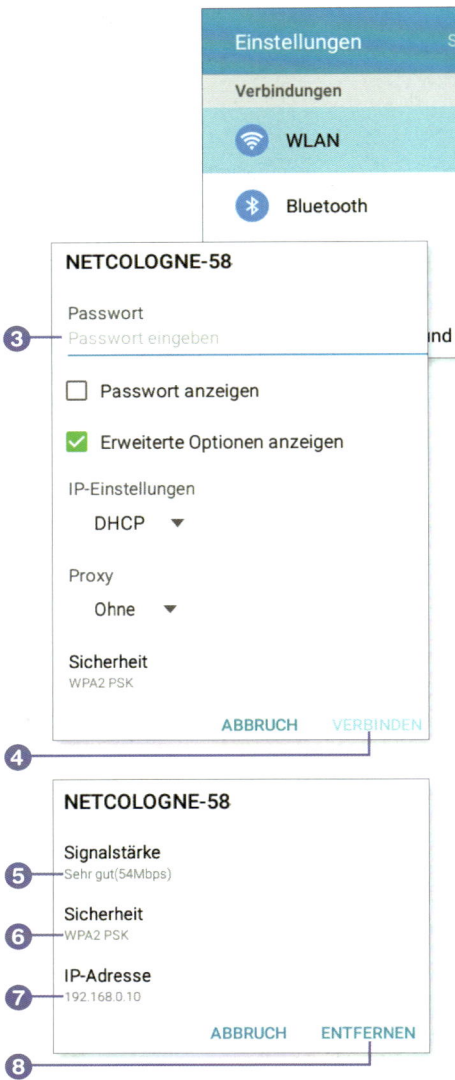

3. Tippen Sie die Verbindung ❷ an, die Sie verwenden wollen.

Wenn es sich um eine gesicherte Verbindung handelt, geben Sie das Passwort ❸ ein und tippen auf **Verbinden** ❹.

4. Kommt die Verbindung zustande, wird unter dem Namen **Verbunden** angezeigt. Ein Tipp auf den Namen zeigt die Daten der Verbindung: die **Signalstärke** mit der Verbindungsgeschwindigkeit ❺, unter **Sicherheit** das verwendete Protokoll ❻ zur Absicherung und die **IP-Adresse** ❼, die dem Tablet im Netz zugeordnet wird, um das Gerät eindeutig zu identifizieren. Über **Entfernen** ❽ lässt sich die ausgewählte Verbindung übrigens auch löschen.

5. Sollte das gewünschte Netz in der Liste nicht erscheinen, können Sie über **Mehr**  und **WLAN hinzufügen** versuchen, die Ihnen bekannten Daten manuell einzutragen, insbesondere unter **Netzname** eine eindeutige Netzidentifizierung, die Absicherungsmethode und die entsprechenden Zugangsdaten.

Unter Umständen erwartet der für das WLAN verwendete Router die Zuweisung einer festen IP-Adresse für das Tablet.

Dazu müssen Sie erst die Option **Erweiterte Optionen anzeigen** aktivieren. Wenn Sie unter **IP-Einstellungen** die Option **Statisch** wählen, lässt sich unter **IP-Adresse** dieselbe editieren. Details dazu finden Sie in der Dokumentation zu Ihrem Router.

Eine Reihe von Einstellungen zu WLAN erreichen Sie, wenn Sie in der Menüleiste **Mehr** antippen:

Wenn Ihr Router die Schnellkonfiguration *WPS (Wi-Fi Protected Setup)* unterstützt, können Sie hier auch die Optionen **WPS – Taste drücken** und **WPS-PIN eingeben** nutzen. Die Details dazu finden Sie in der Dokumentation Ihres Routers.

Die Option **Intelligenter Netzwechsel** erlaubt bei den LTE-Tablets einen reibungslosen Wechsel zu einer mobilen Netzverbindung, falls die gerade aktive WLAN-Verbindung zu schwach werden sollte. Wenn Sie diese Option einschalten, können natürlich entsprechende Gebühren anfallen, falls Sie nicht durch eine Flatrate abgedeckt sind.

Unter **WLAN im Standby aktivieren** sollten Sie möglichst mit der Option **Immer** arbeiten, falls das Tablet auch andere Netzverbindungen wie LTE etc. aufbauen kann, denn wenn WLAN deaktiviert wird, greift das Tab A automatisch auf andere eingerichtete Verbindungen zu, was Kosten verursachen kann.

Netzwerk hinzufügen
WPS – Taste drücken
WPS-PIN eingeben
Intelligenter Netzwechsel
WLAN im Standby aktivieren
Suche immer erlauben

Wenn Sie für die Option **Suche immer erlauben** die Einstellung **Immer scannen** wählen, dürfen Apps und Dienste wie der Google-Standortdienst auch dann nach WLAN-Netzwerken suchen, wenn WLAN abgeschaltet ist. Stromsparender ist da die Option **Nur suchen solange WLAN aktiviert ist**.

Die Nutzung der WLAN-Verbindung lässt sich auch über die Schnelleinstellungen leicht ein- und ausschalten:

1. Ziehen Sie von der Statuszeile aus nach unten, um das Benachrichtigungsfeld einzublenden.

2. Tippen Sie auf die Schaltfläche **WLAN**, um den Zugang zu aktivieren (das Symbol erscheint gelb) oder zu deaktivieren (das Symbol erscheint grau).

Erfreulicherweise nimmt das Angebot an freien WLAN-Hotspots im öffentlichen Raum, in Hotels, Zügen, Schiffen oder Krankenhäusern ständig zu. Wenn das Tablet einen freien Zugang entdeckt, erscheint in der Statusleiste ein Symbol dafür.

Wi-Fi-Direct-Verbindungen aufbauen

In der Menüleiste zu den WLAN-Einstellungen finden Sie oben rechts noch eine Schaltfläche **Wi-Fi Direct** (siehe dazu auch die obere Abbildung auf Seite 64). Mit Wi-Fi Direct ist es möglich, zwei Geräte in einem WLAN-Netz ohne den Weg über den Zugangspunkt (*Access Point*) miteinander zu verbinden, etwa um Daten auszutauschen. Das Tablet scannt dafür die Umgebung nach verfügbaren Geräten. Wird ein solches Gerät gefunden, wählen Sie es mit einem Tipp aus, um die Verbindung herzustellen.

Besonders einfach ist die Verbindung zwischen zwei Tablets.

1. Um beispielsweise das Tab A mit einem älteren Tab 4 zu verknüpfen, aktivieren Sie auf beiden Tablets **Wi-Fi Direct** über die entsprechende Schaltfläche.

2. Wenn der Gerätescan das andere Gerät findet, wird es angezeigt. Um die Verbindung herzustellen, tippen Sie einfach auf den Namen des Geräts.

3. Auf diesem Gerät muss dann nur noch die Einladung zum Datenaustausch angenommen werden.

4. Nun können Sie beispielsweise über die App **Galerie** oder auch über **Eigene Dateien** Abbildungen aussuchen, die Sie auf das andere Gerät kopieren wollen.

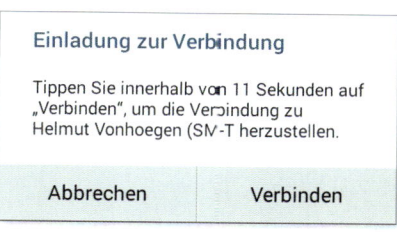

5. Über das Symbol **Freigeben** bestimmen Sie **Wi-Fi Direct** als Transportweg.

6. Bestätigen Sie das Zielgerät durch Antippen, und benutzen Sie **Senden**, um die Abbildung zu übertragen.

7. Ist das Tab A das Ziel-Tablet, werden die übertragenen Abbildungen zunächst in dem Ordner *Download* abgelegt.

8. Es ist ratsam, die Wi-Fi-Direct-Verbindung anschließend wieder zu trennen. Dazu tippen Sie das verbundene Gerät kurz an.

Wenn Sie eines der neueren Smart-TV-Geräte besitzen, können Sie Wi-Fi Direct benutzen, um Ihre Urlaubsbilder auf den Schirm zu bringen.

Die SIM-Karte einsetzen

Wenn Sie eine Version des Tab A erworben haben, die LTE-fähig ist, arbeitet Ihr Tablet nicht nur mit WLAN, sondern stellt einen eigenen Internetzugang und Telefonfunktionen zur Verfügung. Zunächst steht dafür die Installation einer entsprechenden SIM-Karte an.

Falls Sie einen passenden Provider gefunden haben und die entsprechende Karte freigeschaltet wurde, ist die Installation schnell erledigt. Beachten Sie aber, dass das Tablet nur Micro-SIM-Karten aufnehmen kann. Falls Sie eine Nano-SIM-Karte haben, hilft ein kleiner Adapter, den Sie in jedem Handyshop erhalten.

1. Öffnen Sie bei dem ausgeschalteten Gerät die Abdeckung des SIM-Karten-Slots. Sie finden den Slot auf der rechten Seite unten.

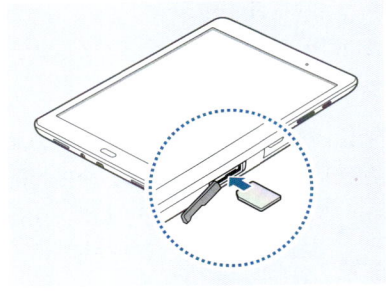

2. Führen Sie die Karten mit den goldenen Kontakten nach unten, also Richtung Rückseite des Geräts, vorsichtig in den Slot ein.

3. Drücken Sie die Karte bis zum Einklicken hinein. Schließen Sie die Slot-Abdeckung wieder.

4. Sobald eine SIM-Karte installiert ist, müssen Sie die mit der Karte gelieferte PIN eingeben, um das Tablet zu entsperren.

Die Dienstanbieter für Ihre SIM-Karte legen den Karten drei Sperrcodes bei: PIN, PIN2 und PUK.

Haben Sie mehrfach eine falsche PIN eingegeben, muss das Gerät mit der PUK entsperrt werden. Bei einigen Menüs für die Anrufeinstellungen wird die Eingabe von PIN2 verlangt.

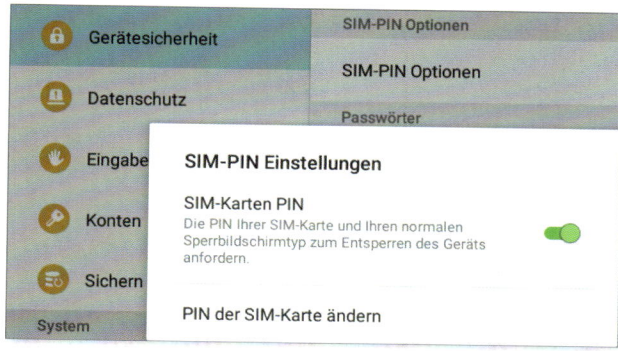

Einstellungen für die SIM-PIN

Haben Sie eine PIN erhalten, die Sie sich nicht so gut merken können, ändern Sie die PIN über ▦ ▸ **Einstellungen** ▸ **Persönlich** ▸ **Gerätesicherheit** ▸ **Andere Sicherheitseinstellungen** ▸ **SIM-PIN Optionen** ▸ **PIN der SIM-Karte ändern**. Hier können Sie auch die Eingabe der PIN ganz abschalten, was natürlich riskant ist.

Sollte die Karte einmal entfernt werden müssen, öffnen Sie die Abdeckung, drücken die Karte etwas ein, bis sie sich vom Gerät löst, und ziehen sie heraus. Schließen Sie die Abdeckung wieder.

> **ACHTUNG**
>
> **SIM- und Speicherkarte – nicht verwechseln!**
>
> Achten Sie darauf, dass Sie die SIM-Karte und die Speicherkarte nicht verwechseln. Ein Versuch, eine Karte in den falschen Slot zu drücken, kann diese leicht beschädigen. Lesen Sie im Zweifelsfall lieber noch einmal den Abschnitt »So ist Ihr Tablet aufgebaut« ab Seite 16.

Mobile Netzverbindung einrichten

Das Mobilfunknetz ist in den letzten Jahren mit unterschiedlichen Standards ausgebaut worden, deren Leistungsfähigkeit von Generation zu Generation enorm zugenommen hat.

Heute existieren mehrere digitale Funknetzgenerationen nebeneinander. Die folgende Tabelle zeigt die sprunghafte Entwicklung der möglichen Maximalgeschwindigkeiten. Dazu ist es vielleicht nicht uninteressant zu wissen, dass 1 MBit 1.024 KBit entspricht.

Generation	Namen	Herunterladen maximal	Hochladen maximal
2G	GSM: GPRS/EDGE	53,6 KBit/s	26,8 KBit/s
3G	WCDMA: UMTS/ HSDPA/HSDPA+	384 KBit/s	64 KBit/s
4G	LTE	100 MBit/s	50 MBit/s

Gebiete, die lange Zeit vernachlässigt wurden, kommen jetzt teilweise in den Genuss von LTE, was manchmal eine Alternative für schnelle DSL-Verbindungen ist, die in diesen Bereichen wegen der höheren Ausbaukosten nicht angeboten werden.

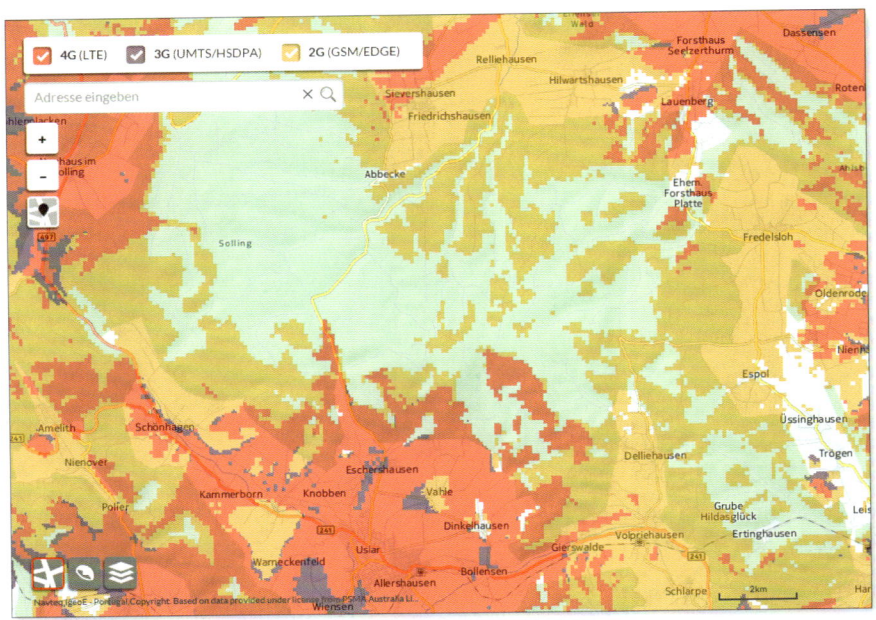

Netzabdeckungskarte von Vodafone (Quelle: www.vodafone.de/netzabdeckung)

Wenn Sie auf eine mobile Netzverbindung angewiesen sind, hängt viel davon ab, wo Sie sich hauptsächlich aufhalten. Die Mobilfunknetze der verschiedenen Anbieter decken die Gebiete unterschiedlich gut ab. Um die Lage an Ihrem Wohnort zu prüfen, können Sie sich die Netzabdeckungskarten ansehen oder zeigen lassen, die die Netzbetreiber zur Verfügung stellen. Die Abbildung auf Seite 70 zeigt für den Anbieter Vodafone den Fleckenteppich für eine eher ländliche Gegend in Niedersachsen.

In der Statusleiste finden Sie im rechten Teil jeweils ein Symbol für das Netz, mit dem Sie aktuell verbunden sind.

Symbol	Bedeutung	Symbol	Bedeutung
⊘	kein Signal	H+	mit HSPA+-Netz verbunden
.ıll	Signalstärke	4G	mit LTE-Netz verbunden
R.ıll	Roaming	☏	laufender Anruf
G	mit GPRS-Netz verbunden	✗	Anruf in Abwesenheit
E	mit EDGE-Netz verbunden	✉	neue SMS oder MMS
3G	mit UMTS-Netz verbunden	🔇	Vibrieren aktiviert
H	mit HSDPA-Netz verbunden		

Spezielle Symbole bei LTE-fähigen Geräten

INFO

Es muss nicht LTE sein

Wenn Sie in einem Gebiet leben, in dem es kaum Unterstützung für LTE gibt, können Sie auch mit einer SIM-Karte arbeiten, die nicht LTE unterstützt.

Über ▦ ▸ **Einstellungen** ▸ **Verbindungen** ▸ **Datennutzung** ▸ **Mobil** finden Sie Optionen, die Einfluss auf den Datenkonsum über das mobile Netzwerk haben.

1. Zunächst können Sie jederzeit die Option **Mobile Datenverbindung** ❶ deaktivieren, wenn Sie Zugang zu einem WLAN haben.

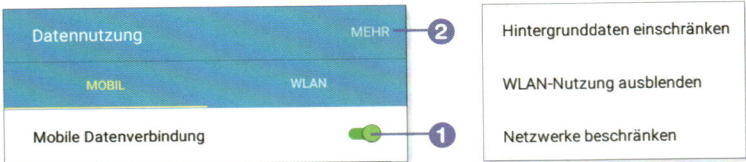

2. Über das Menü zu **Mehr** ❷ erreichen Sie an dieser Stelle die Option **Hintergrunddaten einschränken**. Damit erreichen Sie, dass Apps und Dienste, die sich regelmäßig Daten aus dem Netz holen, nur dann arbeiten können, wenn der Datenaustausch über WLAN möglich ist.

3. Wenn Sie im Ausland sind, kann es unter Umständen Ihr Budget schonen, wenn Sie **Daten-Roaming** ausgeschaltet lassen. Das ist möglich über **Verbindungen** ▸ **Mobile Netzwerke**.

4. Unter **Netzmodus** entscheiden Sie auf der gleichen Seite, ob das Tablet sich automatisch mit LTE, WCDMA oder GSM verbindet, je nachdem, welche Verbindungen an einem bestimmten Ort möglich sind.

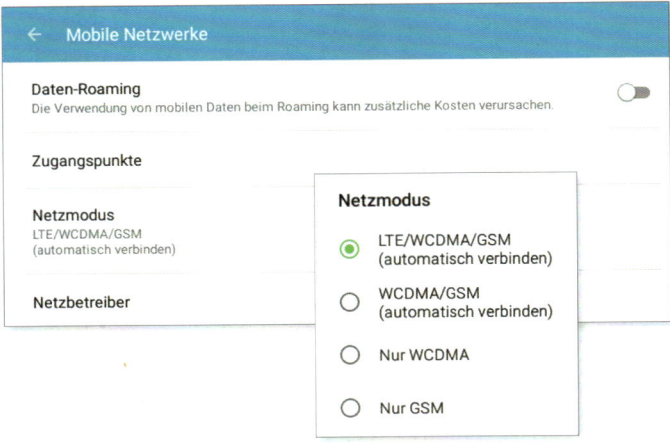

Es wird sich sicher lohnen, gerade am Anfang den mobilen Datenverkehr mit Ihrem Tablet aufmerksam zu beobachten und den Tarif bei Ihrem Provider auf das abzustimmen, was Sie wirklich brauchen. Es ist sehr schwer, hier konkrete Ratschläge zu geben, weil das Tarifangebot erstens oft sehr verwirrend ist und sich zweitens unter dem scharfen Konkurrenzdruck in diesem Marktsegment auch häufig ändert. Hoffnungsvoll ist immerhin, dass es eine klare Tendenz zu preiswerteren Lösungen gibt.

Den Datenkonsum im Auge behalten

Wenn Sie einen Überblick über Ihren Datenkonsum im Internet haben wollen, können Sie die Auswertungen ansehen, die Android automatisch vornimmt, wenn das Tablet mit einer mobilen Netzverbindung oder mit WLAN arbeitet.

1. Gehen Sie über ▦ ▸ **Einstellungen** ▸ **Verbindungen** ▸ **Datennutzung** auf das Register **Mobil**. Dieses Register wird nur bei den LTE-Geräten angeboten.

2. Wenn Sie den Datenkonsum einschränken wollen, schalten Sie die Einstellung **Mobildatenbegrenzung festlegen** ❸ ein.

3. Sie finden nun in dem darunter angezeigten Diagramm eine zusätzliche rote Linie ❹, die Sie verschieben, um Ihren Grenzwert zu bestimmen. Auch die schwarze Linie ❺ lässt sich bewegen, sie bestimmt, wann Sie schon einmal gewarnt werden sollen, dass das Limit bald erreicht wird. In der Abbildung liegt der Grenzwert beispielsweise bei 5 GByte für den ausgewählten Monatszyklus. Wenn Sie den kleinen Pfeil neben der Zyklusangabe ❻ antippen, können Sie den Beginn des Zyklus tageweise verschieben.

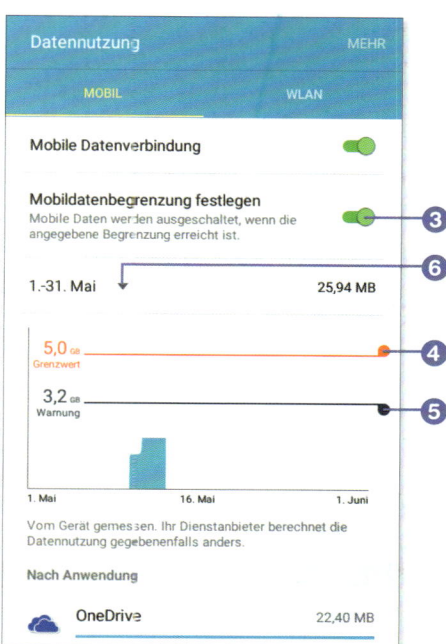

73

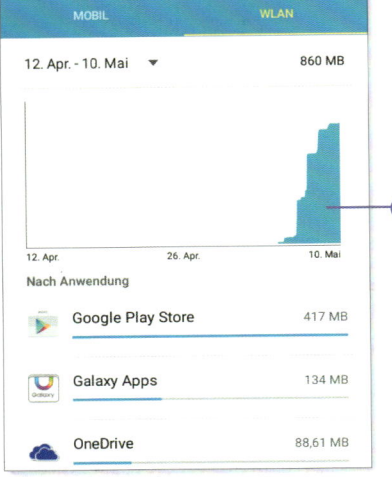

4. Wird der Grenzwert erreicht, wird die Datenverbindung gekappt, und Sie erhalten eine entsprechende Benachrichtigung.

5. Das Tablet generiert für den ausgewählten Zeitraum zunächst ein Histogramm ❶, das die gesamte Datenmenge im Verlauf anzeigt.

6. Unter dem Diagramm sind in absteigender Reihenfolge die Datenmengen pro App dokumentiert, sodass Sie die Hauptangeklagten schnell dingfest machen können.

7. Wenn Sie die über das WLAN ausgetauschte Datenmenge sehen wollen, tippen Sie bei der LTE-Version auf das Register **WLAN**. Auch hier finden Sie ein Histogramm über den Verlauf und die Daten zu den einzelnen Apps.

Internetverbindung für andere Geräte

Ein schöner Nebeneffekt eines LTE-fähigen Tablets ist, dass Sie die mobile Datenverbindung auch anderen Geräten zur Verfügung stellen können. Das Tablet wird dann zum mobilen Hotspot, den Geräte nutzen können, die mit WLAN-Verbindungen arbeiten. Wenn Sie also mal mit einem Notebook unterwegs sind und gerade kein offenes WLAN in der Nähe ist, wie es gute Hotels und viele öffentliche Einrichtungen inzwischen anbieten, löst das Tablet Ihr Problem zumindest technisch. Die Kosten, die dabei entstehen, hängen natürlich von Ihrem Vertrag mit dem Netzanbieter ab.

1. Unter **Einstellungen ▸ Verbindungen** finden Sie bei den LTE-fähigen Tablets die Option **Mobile Hotspot und Tethering**. *Tethering* bezeichnet eben diese Anbindung des Tablets an ein anderes Gerät, die diesem dann einen Internetzugang über das Tablet zur Verfügung stellt.

2. Schalten Sie **Mobile Hotspot** ein ❷.

3. Tippen Sie den Namen des aktivierten Hotspots an, um die Nutzung für alle Geräte zu erlauben oder um sie auf zugelassene Geräte einzuschränken.

4. Notieren Sie sich den Namen und das Passwort, bevor Sie auf dem Notebook nach einer WLAN-Verbindung mit diesem Namen suchen.

5. Geben Sie auf dem Notebook das Passwort zu dieser Verbindung ein, um die Verbindung herzustellen. Das Notebook erscheint anschließend unter **Verbundene Geräte** ❸.

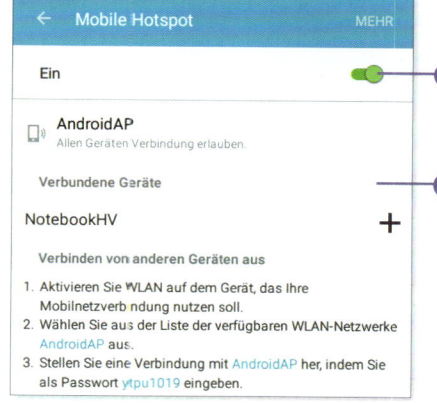

Eine spezielle Variante ist das **USB-Tethering** ❹, bei dem Sie ein Notebook, das die Netzverbindung des Tablets mitbenutzen soll, per Kabel mit dem Tablet verbinden. Beim **Bluetooth-Tethering** ❺ geben Sie die Internetverbindung des Tablets für ein Gerät frei, das per Bluetooth mit dem Tablet verbunden ist.

INFO

WLAN versus Hotspot

Beachten Sie, dass die Hotspot-Funktion automatisch die WLAN-Verbindung auf dem Tablet ausschaltet. Wenn Sie den Hotspot abschalten, wird WLAN wieder aktiviert.

Einrichten einer Bluetooth-Verbindung

Die Bluetooth-Verbindungen werden wie die WLAN-Verbindungen über **Einstellungen ▸ Verbindungen ▸ Bluetooth** mit einem Schieberegler ein- und ausgeschaltet. Das Tablet sucht nach Geräten in der näheren Umgebung, mit denen vielleicht eine Koppelung möglich ist. Um die Koppelung herzustellen, bestätigen Sie nacheinander auf beiden Seiten den gleichen, auf dem Tablet automatisch erzeugten *Passkey*.

Ein gekoppeltes Gerät wird unter **Gekoppelte Geräte ❶** angezeigt. Das Zahnradsymbol ❷ bietet die Möglichkeit, das Gerät bei Bedarf anders zu benennen oder wieder zu entkoppeln.

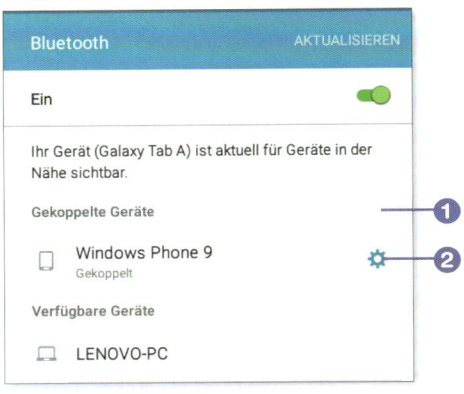

Zahlreiche Apps unterstützen die Übertragung von Daten mit Bluetooth, beispielsweise **Galerie**, **Music**, **Video** oder die Apps aus dem Bereich Office.

Wählen Sie innerhalb der App das entsprechende Element, ein Dokument, ein Bild etc. aus, und benutzen Sie dann **Freigeben ▸ Bluetooth**. Wählen Sie das verfügbare Zielgerät aus.

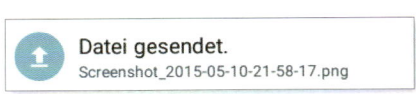

Benachrichtigung über den Versand einer Abbildung

Findet zwischen per Bluetooth verbundenen Geräten eine Übertragung von Dateien statt, muss das empfangende Gerät die Übernahme bestätigen.

Die auf dem Tablet empfangenen Dateien werden in dem Ordner *Download* abgelegt. Über den Erfolg der Übertragung erhalten Sie jeweils eine Benachrichtigung. Wenn Sie diese antippen, finden Sie eine Übersicht über **Eingehende** oder **Ausgehende Übertragungen**. Ein Tipp auf einen Eintrag in dieser Liste öffnet das Element in der passenden App.

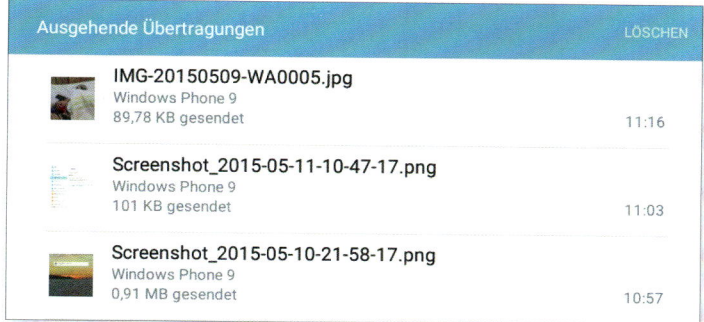

Die Liste der übertragenen Dateien

Die Koppelung mit einer Bluetooth-Tastatur, einem Headset fürs Telefonieren oder einem Sound-System für die Musikwiedergabe funktioniert im Prinzip ähnlich. Details sollte Ihnen aber die Dokumentation des jeweiligen Herstellers verraten.

Webseiten finden und aufrufen

Um sich im Web zu bewegen, brauchen Sie einen Browser. Das ist ein auf dem Tablet installiertes Programm, mit dem Sie im Internet »herumstöbern« können; das ist das, was das englische Verb »browse‹ ursprünglich bedeutet.

Das Galaxy Tab A kommt gleich mit zwei vorinstallierten Browsern, zwischen denen Sie sich entscheiden können. Im Dock der Startseite vorgegeben finden Sie das Symbol **Internet**, das den von Samsung bereitgestellten Browser startet.

Über Android steht Ihnen aber auch der von Google entwickelte Browser **Chrome** zur Verfügung, den Sie als Vorgabe in dem **Google**-Ordner auf der Startseite finden. Außerdem werden im *Google Play Store* noch andere Browser angeboten, beispielsweise der auf dem PC weitverbreitete Firefox-Browser oder der Opera-Browser für Android.

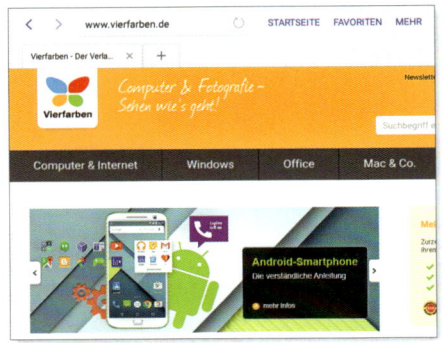 

Die gleiche Webseite: links im Samsung-Browser, rechts im Chrome-Browser

Obwohl es seit Jahrzehnten schon ein heftiges Gerangel um die Marktanteile der verschiedenen Browser gibt – sogar das Wort »Browser-Krieg« ging lange Jahre um –, leisten im Prinzip alle Browser mehr oder weniger das Gleiche. Ich zeige Ihnen die Grundfunktionen deshalb hier an dem von Samsung für seine Tablets angepassten Browser und gehe nur kurz auf den Konkurrenten Chrome von Google ein.

Wenn Sie wissen, welche Website Sie sehen wollen, benutzen Sie den Zugang über die Adresse derselben.

1. Rufen Sie die App **Internet** vom Startbildschirm aus auf.

2. Tippen Sie das Adressfeld ❶ in der ersten Zeile an, damit die Bildschirmtastatur eingeblendet wird. Geben Sie die Webadresse ein; wir versuchen es hier mal mit unserer Verlagsad-

resse *www.vierfarben.de*, wobei Sie das *www* auch weglassen können, der Browser setzt dieses Präfix automatisch davor. Das gilt auch für das Protokollpräfix *http://*. Die Webadresse muss eine gültige *URL* sein, das Kürzel steht für *Uniform Resource Locator*. Es ist also eine Adresse, die eine Ressource im Internet – sei es eine Seite, ein Bild oder ein anderes Medium – in einheitlicher Form lokalisiert.

3. Tippen Sie auf der Tastatur die Schaltfläche **Öffnen** ❷ an.

4. Der Browser sucht die der Adresse entsprechende Ressource im Internet, in diesem Fall also die Startseite des Verlagsportals.

5. Wenn ein Teil der Seite im Display verdeckt ist, ziehen Sie mit dem Finger nach oben oder unten bzw. nach links oder rechts.

6. Häufig lassen sich Seiten auch auf die Bildschirmbreite verkleinern, wenn Sie zwei Finger darüber zusammenziehen.

7. Um bestimmte Teile größer zu sehen, spreizen Sie die Finger darüber. Oft reicht auch schon ein Doppeltipp. Mit dem Finger können Sie den vergrößerten Bereich verschieben. Ein erneuter Doppeltipp macht den Zoom wieder rückgängig.

8. Bei sehr langen Seiten wischen Sie mit dem Finger nach oben, die Seite wird sehr schnell nach unten gescrollt und stoppt am Ende.

9. Statt die Seite im Hochformat anzusehen, können Sie das Tablet auch nach links oder rechts drehen, um die Seite im Querformat zu betrachten. Das ist bei breit angelegten Seiten häufig die günstigere Vorgehensweise.

10. Um von der geöffneten Seite zu Seiten zu springen, die mit der Ausgangsseite verbunden, also verlinkt sind, tippen Sie auf die *Links*, die in der Seite angezeigt werden. Früher waren Links meist unterstrichen, heute werden oft nur andere Textfarben verwendet. Auf der Website von Vierfarben sind beispielsweise die Titel der Bücher oder die Namen der Autoren als *Hyperlinks*, wie die Verknüpfungen eigentlich heißen, angelegt. Ein Tipp darauf führt zu weiteren Informationen. Auch Bilder oder Schaltflächen arbeiten häufig als Links.

11. Wenn Sie den Finger kurz auf einem Link halten, wird das abgebildete Kontextmenü angeboten. Neben dem Öffnen der Seite, auf die der Link verweist, haben Sie hier die Möglichkeit, die Seite auf einem neuen Register zu öffnen,

> http://www.vierfarben.de/samsung-galaxy-tab/3845/titel/
>
> Öffnen
>
> In neuer Registerkarte öffnen
>
> Link speichern
>
> Link kopieren
>
> Text auswählen

anstatt die bisher angezeigte Seite durch die aufgerufene Seite zu ersetzen. Außerdem finden Sie hier Optionen, um den Link zu speichern oder zu kopieren.

> **INFO**
>
> **Gesicherte Websites verwenden das https-Protokoll**
>
> Beim Zugang zu einer abgesicherten Website wird das Protokollpräfix *https://* verwendet, auch dieses wird automatisch ergänzt.

Beim Kopieren stellt Android den Link in die Zwischenablage, von der aus er an anderer Stelle übernommen werden kann. Die folgende Abbildung zeigt als Beispiel die Übernahme in eine Notiz mit der App **Memo**.

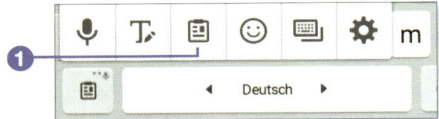

Um den Inhalt der Zwischenablage zu sehen, halten Sie den Finger auf die Taste links neben der Lehrtaste und tippen auf die Taste für die Zwischenablage ❶.

Ein Tipp auf den Link in der Zwischenablage fügt diesen in die Memo ein. Der Pfeil nach unten ❷ in der Menüleiste der Zwischenablage blendet die Tastatur wieder ein.

Zum Einfügen reicht ein Tipp auf die Kopie des Links in der Zwischenablage.

INFO

Links sind nicht immer erkennbar

Während auf einem mit der Maus bedienten Gerät Links auch daran zu erkennen sind, dass sie ihr Aussehen ändern, wenn sie von der Maus berührt werden, ist dies bei einem Android-Tablet nicht der Fall. Erst beim Antippen einer Stelle stellt sich heraus, ob ein Element zum Absprung vorgesehen ist.

Werfen wir zunächst noch einen Blick auf die Oberfläche der **Internet**-App.

In der Leiste unter dem Adressfeld wird für jede geöffnete Seite eine Art Register, ein *Tab* ❸, angezeigt. Der letzte Tab rechts zeigt ein Pluszeichen ❹. Tippen Sie es an, um eine weitere Seite zu öffnen. Die App belegt diese neue Seite zunächst immer mit der Seite, die Sie als Startseite bestimmt haben. Um die Seite anders zu belegen, geben Sie die Adresse wie beschrieben ein.

Sind mehrere Seiten gleichzeitig geöffnet, tippen Sie zum Wechsel zwischen den Seiten einfach den entsprechenden Tab an. Wenn nicht alle Tabs zu sehen sind, ziehen Sie mit dem Finger nach links oder rechts, bis Sie den gewünschten Tab antippen können. Kann eine Seite geschlossen werden, weil sie nicht mehr benötigt wird, tippen Sie auf das Andreaskreuz ❺ am Ende eines Tabs.

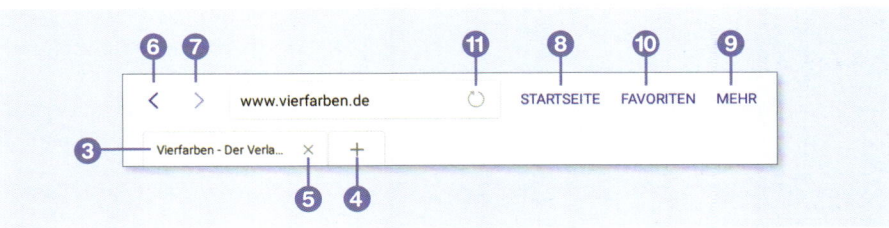

Über den Tabs finden Sie links von dem Adressfeld, das auch als Suchfeld dient, zwei Pfeile für die Navigation innerhalb der geöffneten Websites. Der Pfeil nach links ❻ führt jeweils einen Schritt zurück, falls Sie auf der Website einem Link gefolgt sind. Statt des Pfeils können Sie auch die **Zurück**-Taste ⎌ des Tablets verwenden, sie hat in diesem Fall die gleiche Funktion.

Der Pfeil nach rechts ❼ kommt ins Spiel, wenn Sie den Pfeil nach links schon einmal verwendet haben, um den Schritt zurück selbst wieder rückgängig zu machen. Häufig sind Websites über zahlreiche Ebenen miteinander verknüpft, mit den beiden Pfeiltasten finden Sie aber immer den Weg zurück an eine bestimmte Stelle.

Die Schaltfläche **STARTSEITE** ❽ rechts neben dem Adressfeld führt Sie immer sofort zu der Seite zurück, die Sie als Startseite des Browsers bestimmt haben. Dies geschieht über das Kontextmenü, das Sie mit **MEHR** ❾ öffnen. Dazu komme ich noch auf Seite 83.

Die Schaltfläche **FAVORITEN** ❿ tippen Sie an, um die aktuelle Seite mit **HINZUFÜGEN** in die Liste der Favoriten aufzunehmen. Sie werden aufgefordert, einen passenden Namen zu vergeben, und brauchen dies nur noch mit **SPEICHERN** zu bestätigen. Außerdem haben Sie hier Zugriff auf den Verlauf Ihrer Internetsitzung und auf lokal gespeicherte Seiten, in denen Sie auch ohne Netzverbindung, im sogenannten *Offline-Modus*, schmökern können. Auf all dies gehe ich weiter unten näher ein.

Erscheint vor der Webadresse im Adressfeld das Symbol mit dem Schloss, zeigt der Browser, wenn Sie es antippen, die **Seiteninfo**. Über **ZERTIFIKAT ANZEIGEN** können Sie prüfen, ob die Seite von einer Zertifizierungsinstanz als authentisch eingestuft wurde und ob die Verbindung zu dieser Seite mit Verschlüsselung arbeitet, um den Datenaustausch abzusichern.

Hier finden Sie Infos darüber, ob die Seite ein Sicherheitszertifikat besitzt.

Am Ende des Adressfeldes finden Sie ein gerundetes Pfeilsymbol ⓫, mit dem Sie die Anzeige der aktuellen Webseite aktualisieren, falls die Anzeige einmal ins Stocken geraten sollte oder falls Sie den Eindruck haben, dass nicht mehr aktuelle Daten zu sehen sind. Typisches Beispiel sind hier Liveticker von Sportereignissen, die manchmal nicht automatisch korrekt auf den letzten Stand gebracht werden, oder auch Wetter- oder Börsendaten.

Die beiden Symbole im leeren Adressfeld

Wenn Sie im Adressfeld eine vorhandene Adresse mit dem Andreaskreuz löschen, erscheint am Anfang des Feldes eine Lupe ❶ und am Ende ein Symbol für ein Mikrofon ❷. Ein Tipp auf Letzteres gestattet Ihnen, ein Suchwort per Spracheingabe einzugeben. Mehr dazu lesen Sie im Abschnitt »Tipps für effektives Suchen« ab Seite 86.

Der ganze Bereich unter den beiden Leisten ist frei für die Anzeige der Webseiten.

Umfangreiche Einstellungsmöglichkeiten bietet Ihnen innerhalb der **Internet**-App die Schaltfläche **MEHR**.

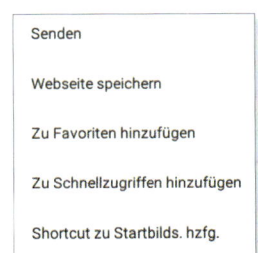

1. **Senden** übermittelt den Link zur aktuellen Seite per E-Mail oder zu den ausgewählten sozialen Netzwerken.

2. **Webseite speichern** speichert die angezeigte Seite auf dem Tablet. Die Liste der gespeicherten Seiten finden Sie über die Schaltfläche **FAVORITEN**, wenn Sie auf **GESPEICHERTE SEITEN** tippen. Ein weiterer Tipp dort öffnet die Seite erneut im Browser.

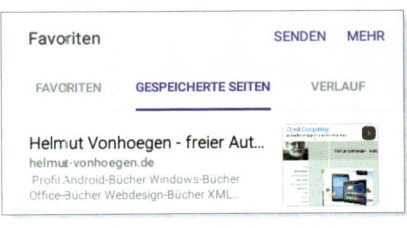

3. Neben den Favoriten verwendet dieser Browser noch eine spezielle Seite für schnelle Zugriffe, die Schaltflächen zu den entsprechenden Seiten anbietet. Die Zusammenstellung können Sie hier über die Option **Zu Schnellzugriffen hinzufügen** beeinflussen. Wird die Seite als Startseite angezeigt, wie das geht, erfahren Sie weiter unten, kann sie über **MEHR ▸ Schnellzugriff bearbeiten** bereinigt werden.

4. Den schnellsten Zugang zu einer Website erhalten Sie, wenn Sie die Option **Shortcut zu Startbilds. hzfg.** nutzen. Dann reicht ein Tipp auf dem Startbildschirm, um die Seite zu öffnen.

Synchronisieren mit anderen

Neue geheime Registerkarte

Desktop-Ansicht

Alle beenden

Einstellungen

5. Hantieren Sie mit mehreren Geräten, sorgt die Option **Synchronisieren mit anderen** dafür, dass Sie auf Adressen zugreifen können, die auf diesen Geräten verwendet wurden.

6. Mit **Neue geheime Registerkarte** legen Sie einen neuen Tab an und verwenden dafür den Modus des anonymen Browsens. Hier aufgerufene Seiten erscheinen nicht im Browser- oder Suchverlauf.

7. Wenn Sie die Option **Desktop-Ansicht** aktivieren, erscheint die Webseite so, wie sie auf einem Desktop dargestellt wird, und nicht in der speziellen Ansicht für mobile Geräte, vorausgesetzt, beide Ansichten stehen zur Verfügung. Normalerweise erkennt der Internetserver, den Sie mit einer Webadresse ansprechen, dass die Anfrage von einem mobilen Gerät ausgeht, und liefert die Webseite in der dafür optimierten Form aus, um die Datenmenge bei der Übertragung zu reduzieren.

8. Wenn es mit den vielen Tabs unübersichtlich wird, können Sie mit **Alle beenden** den Browser ganz zurücksetzen und dann mit der Schaltfläche **NEUER TAB** von vorne beginnen.

9. Über die Option **Einstellungen** werden zahlreiche Optionen angeboten, mit deren Hilfe Sie Ihre Ausflüge ins Web möglichst komfortabel und, soweit es möglich ist, auch einigermaßen sicher unternehmen können. Ich drücke mich hier vage aus, weil die Sicherheitslage im Internet momentan eigentlich als katastrophal eingeschätzt werden müsste; wenn uns nicht der Komfort, den uns das Netz zweifellos bietet, immer wieder dazu verführen würde, die Gefahren zu vergessen. Ich gehe auf dieses Thema näher in Kapitel 13, »Das Tablet und die Daten schützen«, ein.

Welche Einstellungen lassen sich nun im Browser vornehmen? Gehen wir sie einmal der Reihe nach durch:

Unter **Startseite** legen Sie fest, was als Startseite des Browsers verwendet werden soll.

Sie haben die Wahl zwischen einer von Samsung vorgegebenen Standardseite, der aktuellen Seite, der Seite für den angesprochenen Schnellzugriff oder einer Übersicht über häufig besuchte Seiten. Über die Option **Andere Webseite** können Sie aber auch eine ganz bestimmte Seite wählen, deren Adresse Sie dann eingeben und mit **OK** bestätigen.

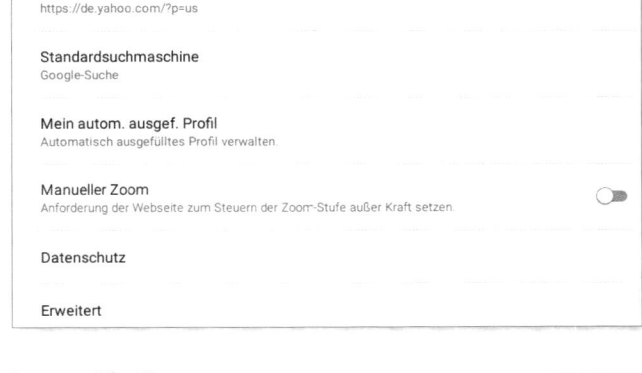

Mit welcher Suchmaschine der Browser arbeiten soll, wird unter **Standardsuchmaschine** ausgewählt.

Unter **Mein autom. ausgef. Profil** können Sie Profile anlegen mit den Daten, die typischerweise in Webformularen abgefragt werden. Benutzen Sie **Eigenes Profil festlegen**, um die Daten einzugeben und mit **Speichern** zu sichern. Die Einträge stehen zur Verfügung, wenn ein Webformular ausgefüllt werden soll. Das kann eine Menge Arbeit sparen.

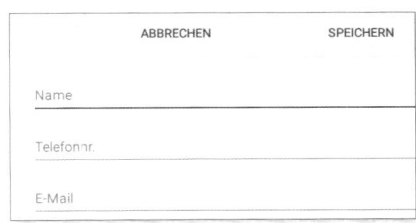

Es ist kein Geheimnis, dass die Kriminalität im Internet in den letzten Jahren eher zugenommen hat. Wenn Sie Ihre Internetausflüge möglichst ohne Ärgernisse genießen wollen, lohnt es sich, bei den Optionen zum Thema **Datenschutz** möglichst sorgfältig auszuwählen, was Sie zulassen und was Sie unterbinden wollen.

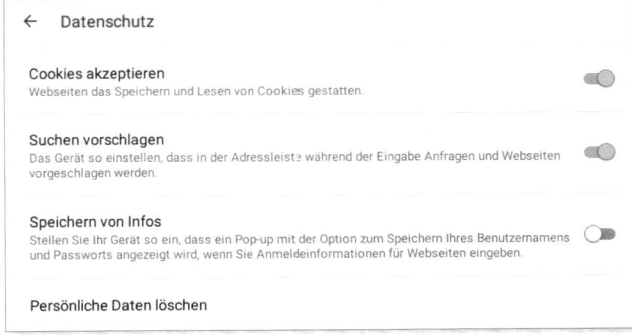

Zunächst haben Sie dort die Möglichkeit, Cookies zu akzeptieren oder nicht. Darüber, ob Cookies gefährlich sind, ist viel gestritten worden. Wenn Sie misstrauisch sind, können Sie verhindern, dass Website-Betreiber die kleinen Datenstückchen auf Ihrem Tablet ablegen, damit Sie beim nächsten Besuch dieser Seite als bekannt betrachtet werden.

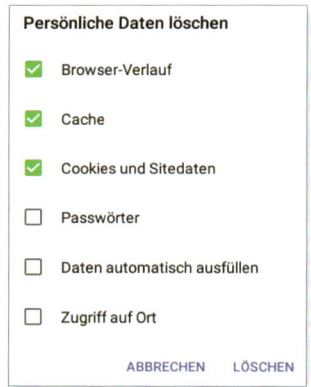

Die Option **Speichern von Infos** betrifft die Frage, ob Zugangsdaten wie Benutzernamen und Passwörter auf dem Gerät gespeichert werden dürfen. Hier haben Sie die Wahl zwischen Bequemlichkeit und mehr Sicherheit, denn es gibt Schadsoftware, die versucht, die gespeicherten Passwörter auszuspionieren.

Wenn Sie **Persönliche Daten löschen** antippen, können Sie den Browser-Verlauf, den *Cache*, *Cookies* und *Sitedaten* oder Passwörter löschen und so Spuren beseitigen, die Ihre Webaktivitäten automatisch hinterlassen haben.

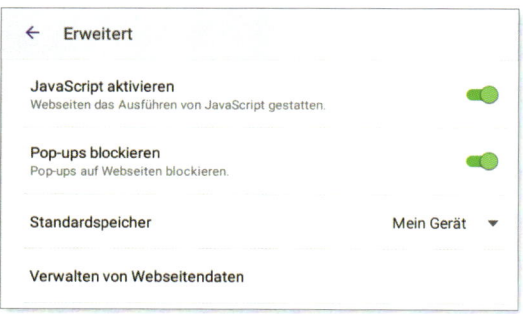

Unter **Erweitert** finden Sie noch einige Optionen, die das Browsen stark beeinflussen. JavaScript sollte aktiviert bleiben, die Webdesigner arbeiten zunehmend mit Scripts, um die Seiten lebendiger und attraktiver zu machen. Dagegen macht es oft Sinn, die eher lästigen Popups, die ja meist nur für die Werbung verwendet werden, zu blockieren.

Tipps für effektives Suchen

Die **Internet**-App unterstützt Sie auf vielfältige Weise bei dem Ziel, möglichst schnell die für Sie interessanten Informationen oder Medien zu finden. Häufig bietet Ihnen die App, sobald Sie anfangen, in die Adresszeile eine Zeichenfolge einzutippen, schon Webadressen an, die eventuell dem entsprechen, was Sie suchen. Ein Tipp auf den entsprechenden Eintrag öffnet die Seite.

1. Wenn Sie nicht wissen, welche Website Ihnen Infos zu einem bestimmten Thema anbietet, geben Sie in der Adresszeile des Browsers anstelle einer kompletten Webadresse einfach ein zum Thema gehörendes Stichwort an.

2. Beim Eintippen der ersten Buchstaben ist das Angebot vielleicht noch weit gestreut, mit jedem weiteren Buchstaben wird die Auswahl aber akkurater.

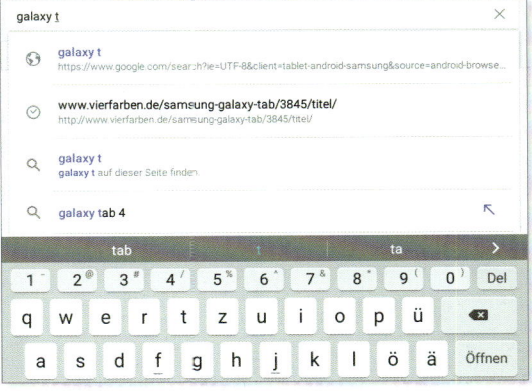

3. Statt weitere Zeichen einzugeben, können Sie sich auch direkt in der Liste bewegen, um das gesuchte Ziel schneller zu finden. Die Liste in der Abbildung zeigt hinter einem Globus komplette Webadressen, die per Tipp sofort geöffnet werden, oder hinter einer Lupe mögliche Suchbegriffe, die Sie mit einem Tipp auf den Pfeil dahinter in das Adressfeld übernehmen.

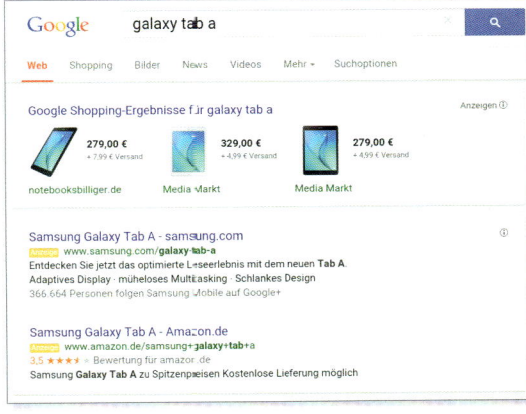

4. Wenn Sie den Suchbegriff mit der Taste **Öffnen** bestätigen, erhalten Sie eine Ergebnisseite der Suchmaschine, die Sie als Standardsuchmaschine gewählt haben, in unserem Fall ist es also die Google-Suchmaschine.

Tippen Sie den Link zu der Seite an, die Ihnen die besten Ergebnisse verspricht.

INFO

Suchtricks

Die verschiedenen Suchmaschinen haben unterschiedliche Mechanismen, mit denen die Suche beeinflusst werden kann. Für Google gilt, dass ein +-Zeichen vor einem Suchwort dazu führt, dass der Suchbegriff auf jeden Fall vorkommen muss. Setzen Sie mehrere Wörter in Anführungszeichen, wird exakt diese Zeichenfolge gesucht.

Wenn Ihnen das Eintippen zu lästig ist, versuchen Sie es mit der Spracheingabe.

1. Tippen Sie auf das Mikrofonsymbol am Ende des Adressfeldes.

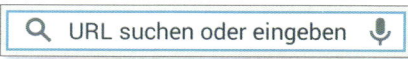

2. Sie werden aufgefordert, zu sprechen. Nennen Sie
dem Tablet also Ihren Suchbegriff.

3. Die App übersetzt das gesprochene Suchwort in
Buchstaben im Adressfeld. Wurden Sie verstan-
den, tippen Sie auf **Öffnen**.

Oft kommt es vor, dass Sie eine Seite, die Sie vor einigen Tagen angesehen
haben, erneut besuchen wollen. In diesem Fall hilft es oft, die Verlaufsliste
zu nutzen, die die App über die von Ihnen vorgenommenen Eingaben in der
Adressleiste führt.

1. Tippen Sie in der Adressleiste **FA-
VORITEN** an.

2. Wählen Sie das Register **VERLAUF**
❶. In der Liste öffnen Sie mit den
kleinen Pfeilen ❷ am rechten
Rand die Listen für **Heute**, **Ges-
tern**, **Letzte 7 Tage** oder **LETZTER
MONAT**, um die entsprechenden
Links aufzulisten. Ziehen Sie
bei Bedarf mit dem Finger nach
oben, bis die gewünschte Adresse
erscheint.

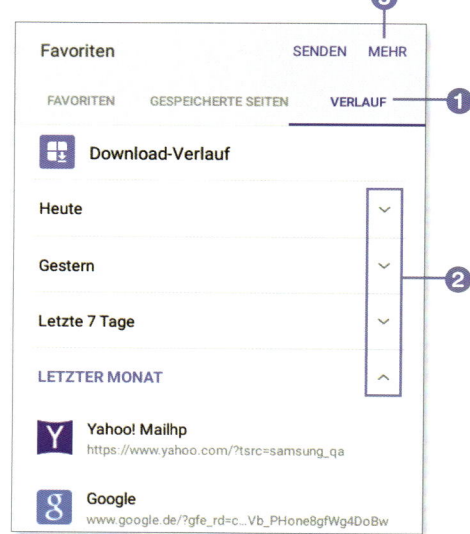

3. Ein Tipp darauf öffnet die Seite
erneut.

Über **MEHR** ❸ können Sie den Verlauf entweder komplett löschen oder einzelne Seiten zum Löschen markieren, wenn Sie nicht wollen, dass jemand
sieht, wo Sie herumgesurft sind.

Schnell suchen mit Google

Um die Suche nach Webseiten zu einem bestimmten Thema zu beschleunigen, finden Sie auf der Startseite des Tablets als Vorgabe in der Mitte eine Eingabezeile für den Suchdienst Google. Stattdessen können Sie auch das App-Symbol für Google auf den Startbildschirm ziehen und die Suche mit einem Tipp darauf starten.

1. Wenn Sie die Zeile antippen, können Sie gleich einen Suchbegriff entweder eintippen oder nach dem Weckruf »Ok Google« ins Mikrofon sprechen.

2. Sofort wird Ihnen eine Ergebnisliste angezeigt. Sie müssen in diesem Fall also nicht erst die App **Internet** öffnen.

3. Die Suche lässt sich mit den Schaltflächen am unteren Bildrand ❶ auch auf **Maps**, **Bilder**, **Videos** oder über die Schaltfläche **Mehr** auch auf **News**, **Shopping**-Angebote, **Bücher**, **Apps** oder das Tablet selbst umlenken.

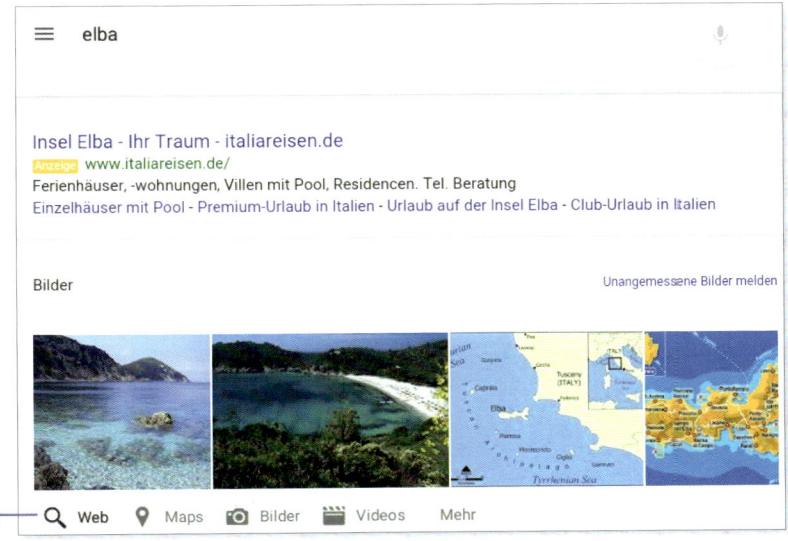

INFO

Das Tablet als wandelndes Lexikon

Wenn Sie in diesem Buch irgendein Wort finden, das nicht aus dem Zusammenhang verständlich ist oder dessen Erklärung Sie nicht im Glossar am Ende dieses Buches vorfinden, geben Sie es doch einmal in der Such-App ein.

Google Now – Ihr elektronischer Butler

Google Now ist eine Erweiterung der Google-Such-App. Die Bezeichnung »intelligenter persönlicher Assistent« ist vielleicht etwas hochgegriffen, aber immerhin kann diese App eine ganze Menge.

Zunächst ist es praktisch, dass Ihnen immer sofort die örtlichen Wetterdaten und auch eventuelle Warnungen angezeigt werden, wenn Sie Google Now damit beauftragen.

Wenn Sie in der Kalender-App **S Planner** eine terminierte Aufgabe unter Ihrem Google-Konto notiert haben, finden Sie hier eine entsprechende Erinnerung.

Nehmen wir weiter an, Sie haben sich an diesem Tag in einem Restaurant verabredet und wollen mit dem öffentlichen Nahverkehr dorthin gelangen. Das Tablet sucht Ihnen die entsprechenden Verbindungen mit Zeitangaben heraus.

Finden an diesem Tag noch Ereignisse statt, über die Sie gerne informiert werden wollen, etwa bestimmte Sportergebnisse oder Bewegungen an der Börse, die für Ihr Depot von Bedeutung sind, lässt sich auch das in das Informationsangebot einbinden.

Browsen Sie im Internet mit einem Google-Konto, legt Google ein Protokoll Ihrer Aktivitäten an, es kann dann vorkommen, dass Google Now neue Infos zu einem Thema anzeigt, das Sie zuletzt gegoogelt haben.

Im Folgenden zeige ich Ihnen, wie Sie Google Now handhaben:

1. Halten Sie die **Home**-Taste gedrückt, um den Bildschirm von **Google Now** einzublenden.

2. Google sucht Ihnen tagesaktuelle Informationen zusammen und legt sie auf einer Reihe sogenannter Karten ab, die Sie durch Wischen nach oben sichtbar machen.

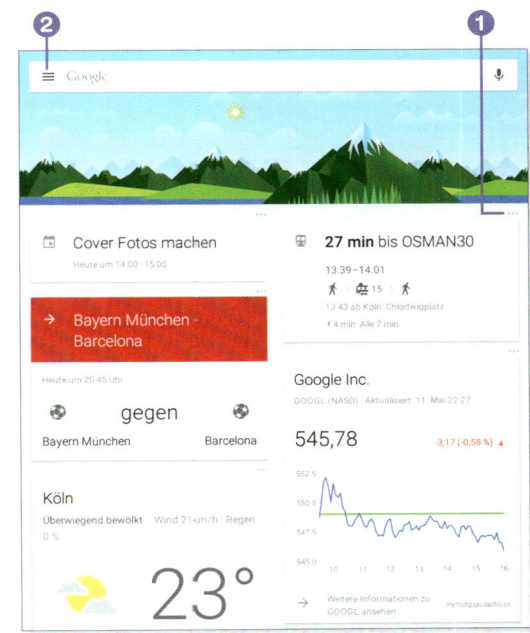

3. Viele Karten sind gleichzeitig Links zu Webseiten oder Apps, die Sie durch Antippen öffnen. Die **Zurück**-Schaltfläche Ihres Tablets führt dann wieder zu Google Now zurück.

4. Bei den meisten Karten finden Sie über der rechten Ecke eine Schaltfläche mit drei Punkten ❶. Diese führen meist zu Abfragen, ob Sie an dem Thema generell interessiert sind oder nicht. Sie können auf diese Weise das Angebot von Google Now auf das konzentrieren, was für Sie wesentlich ist.

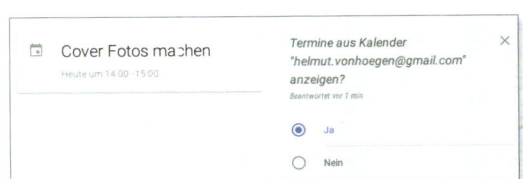

5. Wollen Sie eine Karte nicht mehr sehen, wischen Sie sie einfach zur Seite.

6. Am Anfang der Suchzeile erscheinen drei kleine Balken ❷, die ein Menü öffnen.

7. **Erinnerungen** erlaubt Ihnen die Eingabe neuer Termine, auch per Spracheingabe.

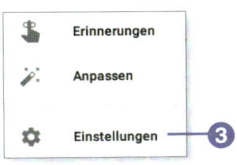

8. Über **Anpassen** können Sie unter **Sport** Teams hinzufügen, deren Ergebnisse Sie interessieren, unter **Aktienkurse** Tickersymbole, unter **Orte** neben dem Wohnort noch den Arbeitsort.

9. Unter **Alles andere** legen Sie Informationen fest, die auf den Karten sonst noch erscheinen sollen.

10. Über **Einstellungen** ❸ (Seite 91) finden Sie noch einen umfangreichen Dialog, um die Arbeitsweise von Google Now festzulegen.

11. Unter **Tablet-Suche** wählen Sie aus, ob beispielsweise die Daten der App **Kontakte** für Google Now ausgewertet werden dürfen.

12. Unter **Sprache** aktivieren Sie das Hotword »OK Google«, das die Spracheingabe startet. Wenn Sie **Sprachausgabe** anschalten, werden Erinnerungen etc. vorgelesen.

13. Bei **Now-Karten** haben Sie immerhin Gelegenheit, die Anzeige der Karten abzuschalten ❶, womit **Google Now** deaktiviert wird. Wird die **Home**-Taste gehalten, erscheint nur noch die Standardversion der Google-Suche.

Kurz gesagt, es hängt einiges von den gewählten Einstellungen ab, ob der Suchdienst Google Now einen Nutzen für Sie hat oder doch nur eine eher lästige Infoflutung darstellt, die nach einiger Zeit meist auch keine Beachtung mehr findet.

INFO

Apropos Webprotokoll

Googles Webprotokoll speichert über Jahre hinweg alle Ihre Suchabfragen. Wenn Sie sich ein Bild davon machen wollen, gehen Sie auf die Webseite *history.google.com* und melden sich in Ihrem Google-Konto an. Wie ein solches Webprotokoll aussieht, sehen Sie in der Abbildung rechts. Sie haben dort auch die Möglichkeit, die Protokollierung abzuschalten.

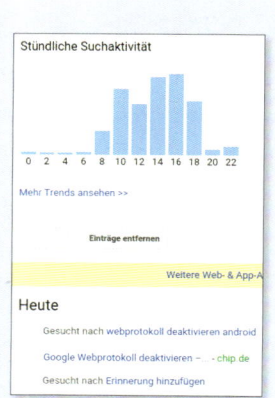

Lesezeichen anlegen und verwalten

Nichts spart beim Surfen mehr Zeit als eine gute Organisation Ihrer Lesezeichen. Wenn Sie sich auf einer Website befinden, die Sie häufiger besuchen wollen, nehmen Sie sie in die Liste Ihrer Favoriten auf.

1. Gehen Sie mit der Internet-App zu der Seite, die Sie mit einem Lesezeichen versehen wollen. Bei einer kleinen Website mag das die Startseite sein, bei umfangreichen Portalen können Sie gleich den speziellen Bereich auswählen, der Sie interessiert.

2. Tippen Sie in der Adressleiste auf die Schaltfläche **FAVORITEN**.

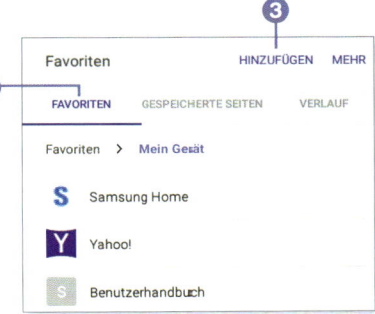

3. Tippen Sie, wenn es nicht schon angezeigt wird, auf **FAVORITEN** ❷ und dann auf **HINZUFÜGEN** ❸.

4. Geben Sie einen griffigen Titel ❹ für das Lesezeichen an, damit Sie sofort wissen, wofür es steht. Die Adresse der Seite wird automatisch übernommen.

5. Das Dialogfeld zeigt den Ordner ❺ an, dem die Favoritenliste zugeordnet ist, und als Vorgabe den Ordner **Mein Gerät** ❻. Führen Sie alle Lesezeichen in einem einzigen Ordner, können Sie diese Vorgabe übernehmen.

6. Wollen Sie die Lesezeichen nach Themen geordnet in verschiedenen Ordnern ablegen, tippen Sie den Ordner an und wählen aus der dann angebotenen Ordnerliste den gewünschten Ordner aus.

7. Soll ein Ordner neu angelegt werden, tippen Sie auf **Erstellen** ❼ und verge-

ben einen passenden Namen. Unter **Speicherort ⑤** (Seite 93) wählen Sie dazu den übergeordneten Ordner aus, in dem Sie den neuen Ordner als Unterordner anlegen möchten.

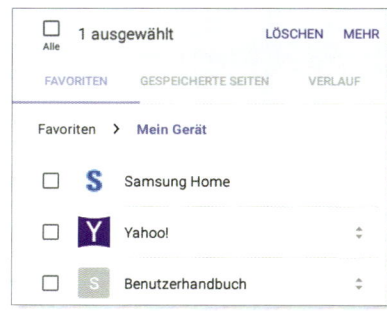

Die Favoritenverwaltung, die Sie mit einem Tipp auf **FAVORITEN** in der Adressleiste öffnen, zeigt oben die aktuelle Ordnerhierarchie, darunter die Lesezeichen des mit einem Tipp markierten Ordners.

Über **MEHR** und **Bearbeiten** blenden Sie Auswahlkästchen ein, um Links anzutippen, die Sie über **LÖSCHEN** entfernen oder über **MEHR** in einen anderen Ordner verschieben oder beispielsweise per E-Mail versenden können.

Die Lesezeichen erscheinen zunächst einfach in der Reihenfolge, in der Sie sie anlegen. Sind die Auswahlkästchen eingeblendet, lassen sich die Links an den kleinen Pfeilen am Ende an andere Positionen ziehen.

Lesezeichen benutzen

Es gibt mehrere Wege, Lesezeichen zu benutzen. Wenn Sie Verknüpfungen auf den Startbildbildschirm legen, reicht ein Tipp darauf, um die entsprechende Seite zu öffnen.

Innerhalb der **Internet**-App geht der Aufruf so:

1. Tippen Sie in der Adressleiste die Schaltfläche **FAVORITEN** an.

2. Unter **Favoriten** wählen Sie in der oberen Zeile den Ordner, in dem das Lesezeichen zu finden ist.

3. Ein Tipp auf das entsprechende Lesezeichen in der Liste darunter öffnet die Seite im Browser.

Manchmal wollen Sie zu einer Seite zurück, zu der Sie aber kein Lesezeichen angelegt haben. Wenn es noch nicht so lange her ist, benutzen Sie das Verlaufsprotokoll, wie im Abschnitt »Webseiten finden und aufrufen« auf Seite 77 bereits beschrieben.

Copy & Paste

Eines der positivsten Urteile über das Internet ist, dass es sich dabei um eine gigantische Wissensverbreitungsmaschine handelt. Texte aus dem Mittelalter, die früher nur Spezialisten an ganz bestimmten Orten für kurze Zeit einsehen konnten, stehen heute im Prinzip jedem jederzeit und überall zur Verfügung. Das andere Extrem sind »wissenschaftliche« Arbeiten, die ohne Erlaubnis oder ohne korrekte Quellenangaben aus fremden Dokumenten zusammenkopiert sind.

Im Alltag ist es in jedem Fall eine große Erleichterung, dass ein paar Tipps auf dem Tablet genügen, um einen interessanten Abschnitt auf einer Webseite oder ein Bild darauf festzuhalten, beispielsweise um es einem Freund oder einer Freundin in einer E-Mail als beachtenswert zu schicken. Wie das geht? Mit den Fingern ist es jedenfalls auch nicht viel schwieriger als mit einer Maus oder Tastatur.

1. Halten Sie den Finger kurz auf das erste Wort in dem Abschnitt einer Webseite, aus der Sie Text kopieren wollen.

2. Die App blendet zwei Anfasser vor und hinter der Markierung und dazu ein Kontextmenü mit Schaltflächen ein.

3. Ziehen Sie den zweiten Anfasser bis zum Ende des Textteils, und tippen Sie auf **Kopieren** ❶. Die Textpassage wird in die Zwischenablage kopiert.

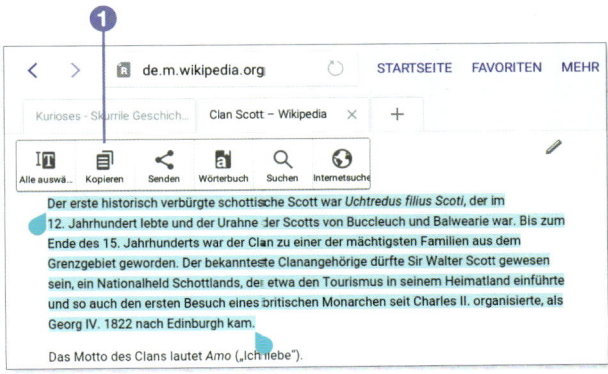

4. Nun können Sie eine andere App aufrufen, beispielsweise die **E-Mail**-App. Wie Sie dort ein Konto einrichten, lesen Sie in Kapitel 4, »E-Mails senden und empfangen«.

5. Wenn Sie dort das Fähnchen an der Eingabestelle der Nachricht antippen, erscheint die Schaltfläche **Einfügen**, mit der Sie die Textpassage in die E-Mail übernehmen.

Wenn Sie ein Bild von einer Webseite auf dem Tablet speichern wollen, um es beispielsweise per E-Mail einer anderen Person zu schicken, ist die Vorgehensweise ähnlich.

1. Halten Sie den Finger kurz auf dem Bild auf der Webseite, bis das Kontextmenü erscheint.

2. Benutzen Sie **Speichern**. Das Bild wird in dem Album **Downloads** gespeichert.

3. Wechseln Sie in die **E-Mail**-App, um bei unserem Beispiel zu bleiben.

4. Tippen Sie auf **ANHÄNGEN**, und wählen Sie **Eigene Bilder** und anschließend **Galerie** als die App, die das Bild liefern soll.

5. Wählen Sie das Bild im Album **Downloads** aus, und bestätigen Sie mit **Fertig**.

Das Bild kann nun als Anhang der E-Mail versendet werden.

Der alternative Browser Chrome

Wie schon angesprochen, steht Ihnen auf dem Tablet als Vorgabe auch der von Google entwickelte Browser *Chrome* zur Verfügung.

Wenn Sie diesen Browser lieber als den von Samsung angepassten Internetbrowser verwenden wollen, können Sie das Symbol der App **Internet** auch von der ersten Seite des Startbildschirms verschieben und an diese Stelle das Symbol einer App einfügen, die Sie ständig nutzen wollen. Es ist allerdings nicht schlecht, zwei Browser auf dem Tablet zu haben. Es kommt vor, dass sich eine Website auf dem einen Browser ohne Probleme öffnen lässt, auf dem anderen aber nicht. Im Folgenden zeige ich Ihnen, wie Sie auch in Chrome ganz einfach Seiten und neue Tabs öffnen und Favoriten speichern.

1. Öffnen Sie den Browser per Tipp auf das **Chrome**-Symbol. Ist das Symbol noch, wie es die Vorgabe ist, in dem Ordner **Google**, tippen Sie erst auf den Ordner, dann auf die App.

2. Tippen Sie das Adressfeld ❶ unter der Leiste mit den Tabs an, um die Webadresse einzugeben.

3. Benutzen Sie **Öffnen** auf der Tastatur, um die Webseite einzulesen.

4. Um noch eine Seite parallel zu öffnen, tippen Sie auf den leeren Tab ❷ am Ende der Tab-Leiste und geben eine weitere Webadresse ein.

5. Um ein Lesezeichen zur aktuellen Webseite abzulegen, tippen Sie auf den Stern ❸ am Ende des Adressfeldes und bestätigen mit **Speichern**.

6. Soll nun eine Seite mit einem Lesezeichen geöffnet werden, benutzen Sie ⋮ ▶ **Lesezeichen** und tippen die gewünschte Seite auf dem Register **Lesezeichen** ❹ an.

Auch bei Chrome können Sie anstelle von Webadressen Suchbegriffe eintippen oder per Spracheingabe eingeben.

Die Optionen, die über ⧉ angeboten werden, sind sehr ähnlich denen in der Internet-App. Hinzukommen bei Chrome aber insbesondere **Lesezeichen** und **Verlauf**, die in der Internet-App über die Schaltfläche **FAVORITEN** zugängig sind.

Wenn Sie unter **Einstellungen** ▸ **Grundeinstellungen** das angezeigte Konto antippen, können Sie über **Synchronisieren** veranlassen, dass beispielsweise Ihre Lesezeichen oder die geöffneten Tabs auch auf anderen Geräten angezeigt werden, die das gleiche Konto verwenden.

Über **Einstellungen** ▸ **Website-Einstellungen** regeln Sie, ob Sie Cookies, JavaScript oder Popups zulassen und ob auf Ihre Standorteinstellungen zugegriffen werden darf. Auch die praktische Übersetzerfunktion, die Google für Webseiten anbietet, wird an dieser Stelle an- oder ausgeschaltet.

Facebook, Twitter, Google+: die digitale Lebensart

Auf dem Tablet haben Sie die Wahl, an sozialen Netzwerken über die entsprechenden Webseiten im Browser teilzunehmen oder über spezielle, an das Tablet angepasste Apps. Die Apps stellen die Dinge in einer etwas kompakteren Form dar. Das ist insbesondere auf den kleineren Tablets meist praktischer, als durch die entsprechenden Webseiten zu navigieren.

Facebook ist ein Netzwerk für den Austausch von Nachrichten, Bildern und Videos, das einerseits über Freundschaftsbeziehungen, andererseits über Vorlieben verknüpft ist. Die Webadresse ist *www.facebook.de*. Voraussetzung für die Nutzung der App ist nur eine kostenlose Anmeldung beim ersten Start. Die App finden Sie im App-Store, sie ist also nicht vorinstalliert, siehe dazu Kapitel 10, »Apps finden und installieren«, ab Seite 243.

Manche haben Hunderte von Freunden und Freundinnen und lassen sie ungeniert an ihrem eigenen Leben teilnehmen.

1. Wenn Sie etwas posten wollen, tippen Sie auf die **Status**-Schaltfläche mit dem Stift ❶ und verfassen Ihre Neuigkeit.

2. Unter **An** ❷ legen Sie fest, wer davon erfahren soll. Die Einstellung **Öffentlich** gibt die Mitteilung für alle frei, Sie können die Sichtbarkeit aber auch auf die **Freunde** oder die Familie eingrenzen.

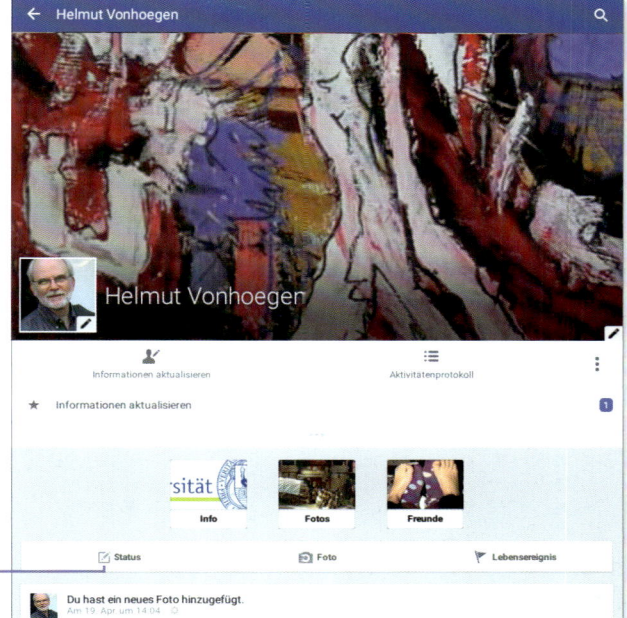

3. Über die Schaltfläche für Bilder ❸ können Sie ein Bild aus der Galerie auswählen, um es auf Facebook auszustellen.

4. Mit **Posten** ❹ stellen Sie Ihren Beitrag ins Netz.

5. Über die **Gefällt mir**-Schaltfläche ❺ loben Sie einen Beitrag eines Ihrer Freunde oder Freundinnen. Mit dieser Schaltfläche bauen Sie aber auch Verbindungen zu Firmen und Organisationen auf. Indem Sie deren Postings abonnieren, werden Sie über alle Neuigkeiten informiert.

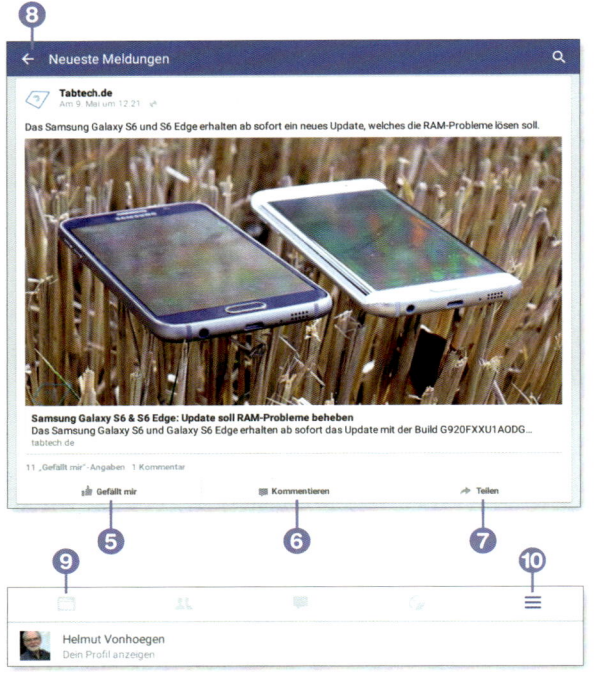

6. Wollen Sie einen Kommentar zu etwas abgeben, tippen Sie auf die Schaltfläche **Kommentieren** ❻.

7. Sollen auch andere ein Bild, ein Video oder eine Äußerung sehen, benutzen Sie **Teilen** ❼ und geben an, wer davon erfahren soll.

8. Der Pfeil in der obersten Zeile ❽ führt in das Menü zurück.

Die erste Schaltfläche in der Menüleiste ❾ zeigt immer die Neuigkeiten an. Die Schaltfläche mit den drei Balken ❿ führt in die Übersicht über die verschiedenen Bereiche der App.

Twitter ist ein Netz für den Sofortaustausch von kurzen Nachrichten. Sie werden *Tweets* genannt, Schwatzhäppchen von maximal 140 Zeichen. Das Netz ist nach dem Prinzip verknüpft, »Ich folge dir« und »Du folgst mir«. Der Inhalt der Tweets reicht von banalen Scherzen bis zu hochpolitischen Nachrichten.

Die Startseite der App Twitter mit einigen Tweets

Insbesondere in Ländern, die keine Pressefreiheit haben, ist Twitter oft die einzige Möglichkeit, sich über Ereignisse auszutauschen. Allerdings haben die »Bösen« längst entdeckt, dass man dieses Medium auch gut für die Verbreitung von Gerüchten und Lügen nutzen kann. Interessant ist Twitter aber auch für den schnellen Austausch auf bestimmten Fachgebieten. Die Adresse der Website ist *www.twitter.com*.

Auch die App **Twitter**, die Sie aus dem Play Store installieren können, erwartet beim ersten Start die kostenlose Anmeldung mit einem entsprechenden Konto. Eine E-Mail-Adresse oder ein eindeutiger Nutzername und ein Kennwort genügen dafür.

1. Sobald die Anmeldung erfolgt ist, können Sie über die Lupe ❶ in der Menüleiste Tweets zu bestimmten Themen suchen. Eine große Rolle spielen dabei die sogenannten *Hashtags*, Suchbegriffe, die mit dem vorangestellten Rautensymbol # gekennzeichnet werden. Links auf Webseiten werden automatisch in eine Kurzform umgewandelt, um nicht zu viele Zeichen zu verbraten.

2. Wenn Sie über die zum Thema angezeigten Tweets jemanden finden, dessen Meinungen Sie auch sonst interessieren, benutzen Sie die Schaltfläche mit dem Kopf und dem Pluszeichen, um ihm zu folgen.

3. Über die Schaltfläche mit den drei Punkten ❷ und den Namen Ihres Kontos finden Sie Ihre letzten eigenen Tweets.

4. Unter **Folge ich** ❸ sehen Sie die Liste derer, denen Sie folgen. Unter **Follower** ❹ erscheint die Liste derer, die Ihnen folgen.

Vielleicht einmal eine Zahl zu Twitter: Zur Fußball-WM in Brasilien gab es weltweit 672 Millionen Tweets.

Google+ ist mehr oder weniger eine Kopie von Facebook. Eine Besonderheit ist, dass Sie bestimmte Kreise ziehen können um die, die Bestimmtes von Ihnen erfahren dürfen. Allerdings hat es Google+ trotz aller Anstrengungen schwer, sich gegenüber Facebook und Twitter zu behaupten.

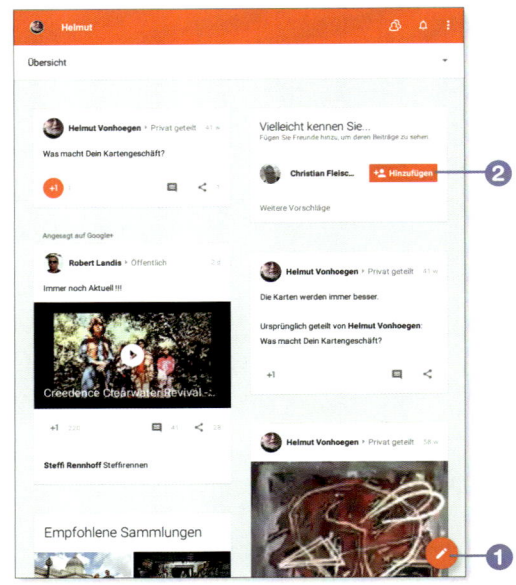

Eine besondere Anmeldung ist nicht notwendig, mit Ihrem Google-Konto haben Sie automatisch Zugang zu Google+. Die Abbildung zeigt die Startseite der App mit einigen Beiträgen. Das Symbol mit dem Stift ❶ öffnet das Dialogfeld, um eigene Beiträge einzugeben. Über **Hinzufügen** ❷ übernehmen Sie angebotene Kontakte in Ihren Kreis.

Infos über Wetter, Kultur, Finanzen und Gesundheit

Ich will Ihnen im Folgenden noch ein paar Beispiele aus verschiedenen Bereichen vorstellen, die Online-Verbindungen nutzen, um Sie mit nützlichen Informationen zu versorgen. Diese Apps setzen natürlich voraus, dass eine Netzverbindung vorhanden ist.

Das **Wetter**-Widget auf der Startseite gibt zwar schon einige Wetterinfos zu Ihrem Ort, aber wenn Sie mehr wissen wollen, sollten Sie sich noch eine der zahlreichen Wetter-Apps installieren. Ich nehme hier als Beispiel die kostenlose **WetterApp** von WetterOnline.

Die App erlaubt Ihnen, das Wetter für mehrere Orte parallel zu beobachten. Sie bietet neben aktuellen Infos und Vorhersagen auch einen speziellen Regenradar, mit dem Sie beispielsweise das Aufkommen von Starkregen auf der Karte eines Gebiets ziemlich genau beobachten können.

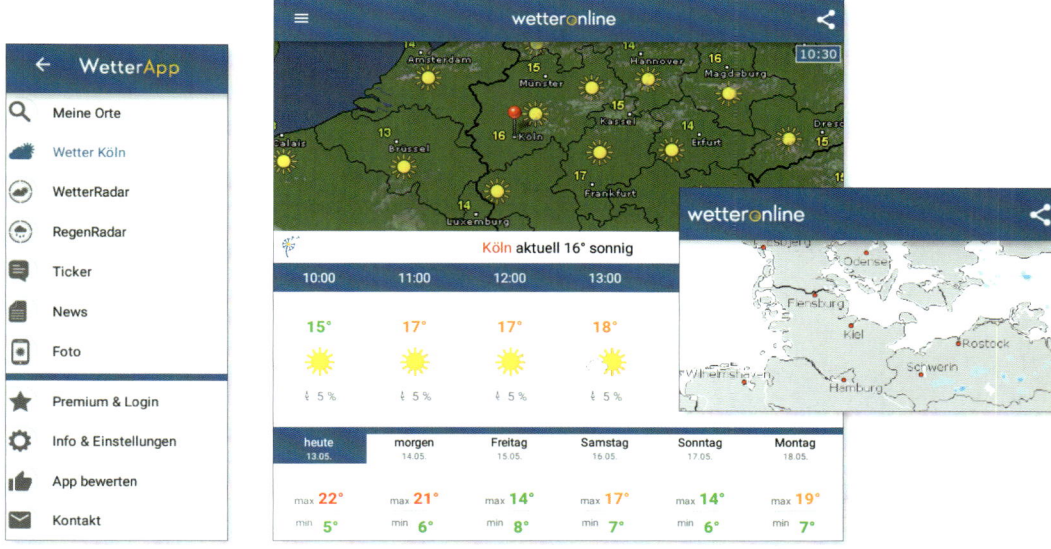

Das Hauptmenü der App WetterOnline (links), die Tagesdaten für einen Ort (Mitte) und ein Regengebiet, das in der Karte farblich gekennzeichnet ist (rechts)

Wenn Sie ständig aktualisierte Informationen über die Entwicklung an den Finanzmärkten brauchen, sollten Sie die App **finanzen.net** ausprobieren. Sie können sich dort kostenlos anmelden und erhalten fortlaufend die Notierungen zu Aktien, Anleihen, Rohstoffen und Devisen. Über das Lupensymbol geben Sie die WKN-Nummer oder den Namen von einzelnen Papieren ein, um die Notierungen zu erhalten. Sie können auch Depots und Watchlists anlegen. Neue Nachrichten von den Finanzmärkten werden fortlaufend eingeblendet.

☰ Startseite			★ 🔍
MÄRKTE	HOTSTUFF	HOTSTUFF NEWS	REALTIMEKURSE
INDIZES			
DAX		11.554,00	0,71%
		10:47:38	81,59
TecDAX		1.666,50	0,72%
		10:47:05	12,03
Dow Jones		18.140,00	0,40%
		10:45:30	71,77
MDAX		20.572,00	1,23%
		10:47:20	254,05
SDAX		8.599,01	1,11%
		10:32:00	94,01

Liste der Indizes in finanzen.net

*Startseite der App des Schauspiel-
hauses in Köln*

Theater, Konzerthallen oder Museen stellen neben Websites zu ihren Programmen auch Apps für die mobilen Geräte zur Verfügung. Ich zeige Ihnen hier als Beispiele die App des Schauspielhauses in Köln.

Das Schauspielhaus bietet neben Infos zum Programm insbesondere **Fotos** und **Videos** zu den einzelnen Stücken, sodass Sie sich schon vor dem Besuch einen ersten Eindruck verschaffen können.

Die **Kölner Philharmonie**-App zeigt Ihnen eine Liste mit Konzerten. Tippen Sie ein Konzert an, erhalten Sie Details und eine kurze Beschreibung.

Wenn Sie Tickets buchen wollen, können Sie das direkt aus der App per Telefon oder per Skype.

Gesundheitsinfos

Neben Tausenden von Websites zu Themen rund um Gesundheit, gesunde Ernährung, Fitness etc. gibt es in den App-Stores auch immer mehr Apps, die Daten aus dem Netz für Sie aufbereiten.

 Zu den Online-Apps mit erwiesenem Nutzen zählt in diesem Bereich die App *Apotheke vor Ort*, die der Wort und Bild Verlag herausgegeben hat.

Die Apotheker in Ihrer Nähe können Ihnen unter Umständen angepasste Versionen der Apps per QR-Code anbieten, diesen seltsamen Quadraten aus schwarzen und weißen Punkten. Ansonsten werden Ihnen alle Apotheken in Ihrer Nähe zur Auswahl Ihrer Stammapotheke angeboten, wenn Sie die Auswertung Ihres eigenen Ortes zulassen. Die Adresse und die Öffnungszeiten sind dann immer parat. Für Notfälle werden stets die Adressen der Notdienste in Ihrem Bereich angeboten. Die App verwendet einen integrierten Barcode-Reader, mit dem Sie die häufiger verwendeten Medikamente notieren.

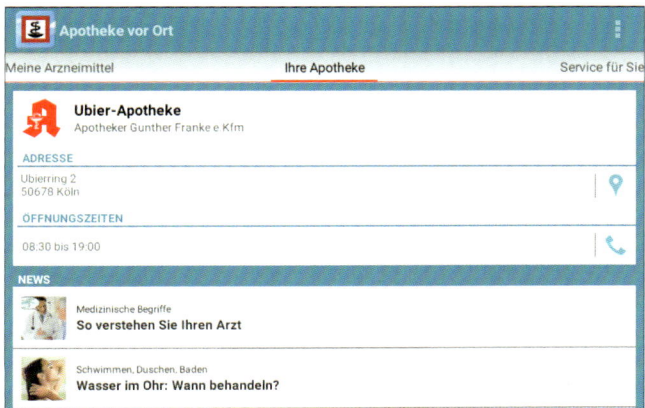

Wenn Sie ein Medikament in der Liste auswählen, können Sie sich anschließend mittels der Links über Inhaltsstoffe und Darreichungsform informieren. Per E-Mail bestellen Sie das Medikament entweder sofort in Ihrer Stammapotheke, oder Sie stoßen eine telefonische Rückfrage an.

Als zusätzlicher Service wird unter anderem ein Wechselwirkungs-Check angeboten. Sie können also prüfen lassen, ob es zwischen den in Ihrer Medikamentenliste aufgeführten Medikamenten Wechselwirkungen geben könnte, die Sie beachten sollten.

Außerdem liefert die App fortlaufend neue Informationen aus dem Bereich der Heilkunde, Ratgeber zu zahlreichen Beschwerden und Infos über Heilpflanzen. Sehr nützlich ist eine ausführliche Beschreibung zur Bedeutung von Laborwerten. Damit verstehe ich die dann wenigstens mal.

Kapitel 3
Telefonieren und Kontakte verwalten

Wenn Sie ein Tablet in der LTE-Version erworben und eine entsprechende SIM-Karte, wie im ersten Kapitel ab Seite 68 beschrieben, eingebaut haben, lässt sich mit dem Tablet wie mit einem Smartphone telefonieren.

Es ist ratsam, die dafür vorgesehene App **Telefon** auf der ersten Seite des Startbildschirms zu lassen, damit Sie diese Funktion mit einem einzigen Tipp starten können.

Gespräche führen

Der Ablauf eines Telefongesprächs ist nicht viel anders als bei Ihrem Handy oder Smartphone:

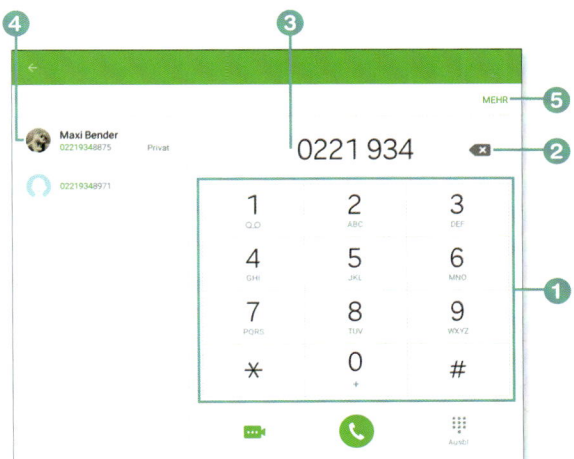

1. Öffnen Sie die App **Telefon**. Tippen Sie in dem Tastenfeld ❶ die Rufnummer ein. Mit der Rücktaste ❷ löschen Sie falsche Eingaben.

2. Die eingetippten Nummern erscheinen über dem Tastenfeld ❸. Schon nach Eingabe der ersten Ziffern werden vermutete Treffer angeboten ❹, die Sie mit einem Tipp übernehmen können.

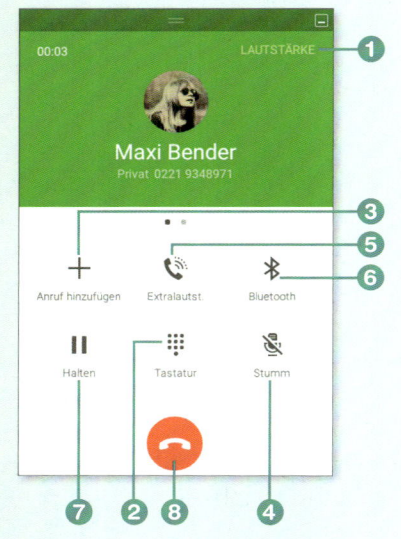

3. Nur wenn Sie eine ganz neue Nummer eingeben, wird automatisch die Option **Zu Kontakten hinzufügen** angeboten.

4. Tippen Sie auf das grüne Symbol mit dem Telefonhörer, um den Anruf zu starten.

5. Kommt das Gespräch zustande, wird ein kleines Fenster mit mehreren Schaltflächen und einem Bild des Kontakts eingeblendet, falls ein solches Bild zugeordnet ist. Über **LAUTSTÄRKE** ❶ ändern Sie dieselbe mit dem dann erscheinenden Schieberegler.

6. Die Schaltfläche für die Tastatur ❷ blendet diese wieder ein, damit Sie während des Gesprächs Daten eingeben können, falls es nötig ist.

7. Mit dem Pluszeichen ❸ lassen sich weitere Anrufe hinzufügen, wobei das aktuelle Gespräch gehalten wird.

8. Mit der Taste für die Stummschaltung ❹ schalten Sie den Ton vorübergehend ab. **Extralautst.** ❺ erhöht dagegen die Lautstärke. **Bluetooth** ❻ aktiviert einen drahtlos verbundenen Kopfhörer.

9. Mit dem Symbol **Halten** ❼ rücken Sie das Gespräch in die Warteschleife, wenn Sie vorübergehend mit einem anderen Teilnehmer sprechen wollen.

10. Das rote Hörersymbol ❽ stoppt das Gespräch.

Die App unterstützt auch die Nutzung von Kurzwahlnummern. Dabei werden Nummern Ihrer Kontakte verwendet, Sie müssen also erst die jeweiligen Kontakte mit den Telefonnummern anlegen, wie es weiter unten beschrieben wird.

1. Um Kurzwahlnummern festzulegen, benutzen Sie in der Menüleiste der App **Mehr** ❺ (Seite 107) ▸ **Kurzwahl**.

2. Tippen Sie eine der freien Nummern an, wird Ihnen Ihre Kontakteliste zur Auswahl angeboten.

3. Ein Tipp auf den entsprechenden Kontakt ordnet die komplette Telefonnummer zu.

4. Wollen Sie eine Zuordnung entfernen, tippen Sie auf das Minuszeichen ❾ am Ende der Zeile.

5. Um nun eine der Kurzwahlnummern beim Wählen zu nutzen, brauchen Sie die entsprechende Nummer in der Wähltastatur nur einen Moment festzuhalten.

Um Anrufe in andere Länder zu tätigen, halten Sie einen Moment den Finger auf der Null, bis das Pluszeichen angezeigt wird. Geben Sie anschließend den Ländercode, die Vorwahl und die lokale Nummer ein.

Adressbuch inklusive

Es gab Zeiten, in denen eine Menge Zeit verloren ging, weil das Notizbuch mit den Adressen und Telefonnummern gerade wieder nicht zur Hand war. Bei einer sehr großen Zahl von Kontakten dauerte manchmal auch das Blättern in so einem Buch seine Zeit. Um Ihnen hier entgegenzukommen, ist die App **Telefon** mit den Daten verknüpft, die über die App **Kontakte** gepflegt werden. Darauf gehe ich weiter unten noch ausführlich ein.

In der Menüleiste der App finden Sie neben der Option PROTOKOLL, über die Sie die Daten Ihres Telefonverkehrs finden, auch die Optionen FAVORITEN und KONTAKTE.

Details zum Telefonprotokoll

Das Telefonprotokoll, das die App automatisch führt, gibt Ihnen fortlaufend Auskunft über die ein- und ausgehenden Anrufe, geordnet nach dem Datum. Tippen Sie einen Eintrag an, so finden Sie jeweils die Details dazu.

Über **MEHR** ❶ erscheint ein kleines Kontextmenü: **Kontakte anzeigen** bringt die Detaildaten des Kontakts. **Hinzufügen zur Sperrliste** rückt die Nummer in die Liste der Leute, von denen Sie nicht angerufen werden wollen.

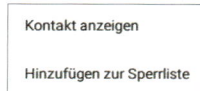

BEARBEITEN ❷ erlaubt die Auswahl der einzelnen Protokolleinträge, um sie zu löschen.

Um jemanden erneut anzurufen, tippen Sie auf das Telefonsymbol ❸. Daneben finden Sie ein Symbol, um einen Videoanruf ❹ zu starten oder um eine SMS ❺ zu versenden.

Anrufe empfangen

Geht ein Anruf auf dem Tablet ein, wird ebenfalls ein eigenes Fenster dafür geöffnet. Sie sehen, wenn die Gegenseite es nicht unterdrückt, die Nummer oder den Namen.

1. Geht ein Anruf auf Ihrem Tablet ein, ziehen Sie das Telefonsymbol aus dem grünen Kreis **6** in Richtung der grünen Pfeile.

2. Wollen Sie das Gespräch nicht annehmen, ziehen Sie den roten Hörer aus dem Kreis **7** in Richtung der roten Pfeile.

3. Um abgewiesenen Anrufern wenigstens eine Nachricht zu senden, ziehen Sie die Leiste zum Abweisen **8** nach oben und tippen auf einen der vorgegebenen Textbausteine oder auf **Neue Nachricht verfassen**, um etwas anderes anzugeben.

Um diese Bausteine zu bearbeiten, benutzen Sie über die Menüleiste der **Telefon**-App **MEHR** ▶ **Einstellungen** ▶ **Anruf ablehnen** ▶ **Abweisungsbenachrichtigungen**.

Werden Sie von Stalkern belästigt, lässt sich hier auch eine **Liste für automatisches Abweisen** anlegen.

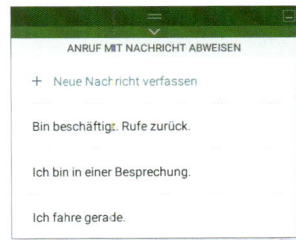

Verpasste Anrufe werden in der Statusleiste mit einem Symbol ☒ angezeigt. Wenn Sie die Leiste herunterziehen, finden Sie die einzelnen Anrufe. Über **RÜCKRUF** können Sie sofort zurückrufen oder mit **NACHRICHT** wenigstens eine SMS senden. Hinweise auf unbeantwortete Anrufe finden Sie praktischerweise auch auf dem Sperrbildschirm.

Wenn während eines Gesprächs ein weiterer Anruf eingeht, haben Sie die Möglichkeit, das neue Gespräch anzunehmen, aber das erste Gespräch noch zu halten und später mit **Fortsetzen** wieder aufzunehmen **9**.

Dreiergespräche und Konferenzen

Die Schaltfläche mit dem Pluszeichen, die bei einem laufenden Gespräch in der Telefon-App angeboten wird, siehe ❸ in der Abbildung auf Seite 110, erlaubt Ihnen, über das Tastenfeld oder direkt über die Kontaktliste einen weiteren Gesprächspartner anzuwählen.

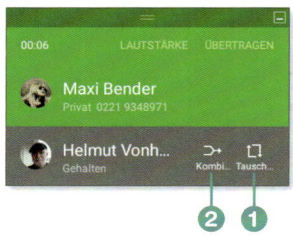

In diesem Fall wird der bisherige Teilnehmer automatisch gehalten, wie in der Abbildung zu sehen ist. Außerdem können Sie zwischen zwei Schaltflächen wählen:

Mit **Tauschen** ❶ wechseln Sie zwischen zwei Gesprächen. Möchten Sie eine Konferenz abhalten, bei der sich alle gleichzeitig hören, benutzen Sie **Kombi...** ❷, um eine Konferenz zu starten. Das setzt allerdings voraus, dass der mit der SIM-Karte verknüpfte Tarif diese Funktion unterstützt.

Optionen beim Telefonieren

In der Menüleiste der App **Telefon** führt **MEHR ▸ Einstellungen** zu einer umfangreichen Reihe von Einstellungsmöglichkeiten, die ich hier nicht alle im Detail vorstellen kann.

Die Option **Für Anruf/Nachrichten streichen** sollten Sie eingeschaltet lassen. Mit einem Wisch nach rechts oder links über einen Eintrag im Protokoll

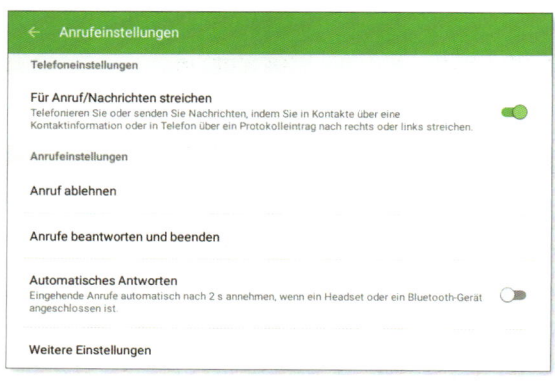

oder in der Kontaktliste stoßen Sie sofort ein Gespräch oder den Versand einer Nachricht an.

Die Optionen zum Ablehnen eines Gesprächs wurden oben schon kurz angesprochen. Unter **Anrufe beantworten und beenden** lässt sich noch einstellen, dass alternativ die Home-Taste zur Annahme und der Ein-Aus-Schalter zum Beenden verwendet wird.

Wenn Sie zum Telefonieren ein Headset benutzen, sorgt die Option **Automatisches Antworten** dafür, dass das Gespräch nach 2 Sekunden automatisch angenommen wird.

Eine Reihe unterschiedlicher Optionen finden Sie über **Weitere Einstellungen**.

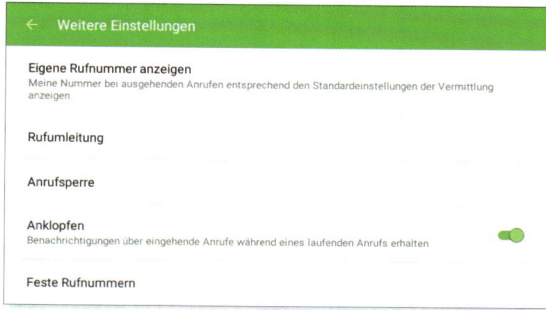

1. Hier finden Sie auch die Möglichkeit, eine **Rufumleitung** einzurichten.

2. Um internationale Anrufe zu blockieren, benutzen Sie die Option **Anrufsperre** und wählen den Anruftyp aus, den Sie sperren wollen. Bestimmen Sie die Sperroption, und geben Sie zur Absicherung noch ein Passwort an.

3. Unter **Anklopfen** lassen Sie zu, ob während eines Gesprächs ein anderes Gespräch empfangen werden kann.

4. Wenn Sie den Missbrauch Ihres Tablets durch Unbefugte erschweren wollen, können Sie eine Liste von Rufnummern anlegen, die ausschließlich Ziel eines Anrufs sein dürfen. Dies geschieht über **Feste Rufnummern**. Benutzen Sie im eingeblendeten Dialogfeld **FDN aktivieren**. *FDN* steht für *Fixed Dialing Number*. Sie müssen dabei die vom Provider bereitgestellte PIN2 eingeben. Anschließend tippen Sie **FDN-Liste** an und geben die Nummern ein. Voraussetzung ist auch hier, dass die SIM-Karte dies unterstützt.

Nicht zu vergessen, der Klingelton; für einige vielleicht das Wichtigste überhaupt, wenn Sie sich die Umsätze der Klingeltonindustrie anschauen. Sie wählen ihn aus über **Einstellungen ▸ Gerät ▸ Töne und Benachrichtigungen ▸ Klingeltöne und Sounds** unter **Klingelton**.

Kontakte anlegen und verwalten

Der Komfort, den ein Tablet Ihnen beim Umgang mit Ihren Kontaktdaten bieten kann, ist vielseitig. Zunächst hilft Ihnen die dafür zuständige App **Kontakte** bei der Eingabe und Pflege der Daten. Gleichzeitig unterstützt die App den Zugriff auf diese Daten von verschiedenen Geräten, die Weitergabe an andere Personen, die Synchronisierung zwischen Adressbüchern und die Sicherung beispielsweise über das Internet.

Der Umgang mit Ihren Kontakten ist in der Regel an Konten gebunden. Zwar lässt sich auch ein Adressbuch anlegen, das nur lokal auf dem Tablet verwendet werden kann, aber damit verzichten Sie auf eine Synchronisation mit anderen Geräten.

Es ist sicher etwas einfacher zu organisieren, Ihre Kontakte vorrangig an das Konto zu binden, mit dem Sie auch den größten Teil Ihres E-Mail-Verkehrs abwickeln. Es ist aber ohne Weiteres möglich, Adressbücher für mehrere Konten parallel anzulegen und über die App **Kontakte** zu verwalten und bei Bedarf auch zu synchronisieren. Neben Konten bei Google, Samsung, Yahoo, Outlook.com oder einem anderen E-Mail-Provider lassen sich auch Konten bei den sozialen Netzwerken wie Facebook oder Google+ einbeziehen.

Der erste Schritt nach dem Aufrufen der App **Kontakte** ist in jedem Fall die Anlage mindestens eines Kontos, sofern es nicht bereits vorhanden ist.

1. Tippen Sie auf ▦ ▸ Einstellungen ▸ Persönlich ▸ Konten und benutzen **Konto hinzufügen**.

2. Wählen Sie aus der Liste der möglichen Kontentypen den gewünschten Typ aus. Bereits eingerichtete Konten sind mit einem grünen Punkt markiert.

3. Geben Sie die angeforderten Kontodaten an.

Alle Konten, die Sie in dieser Weise anlegen, erscheinen in der Liste der Konten. Tippen Sie ein Konto an, um bei Bedarf die Einstellungen dazu zu bearbeiten.

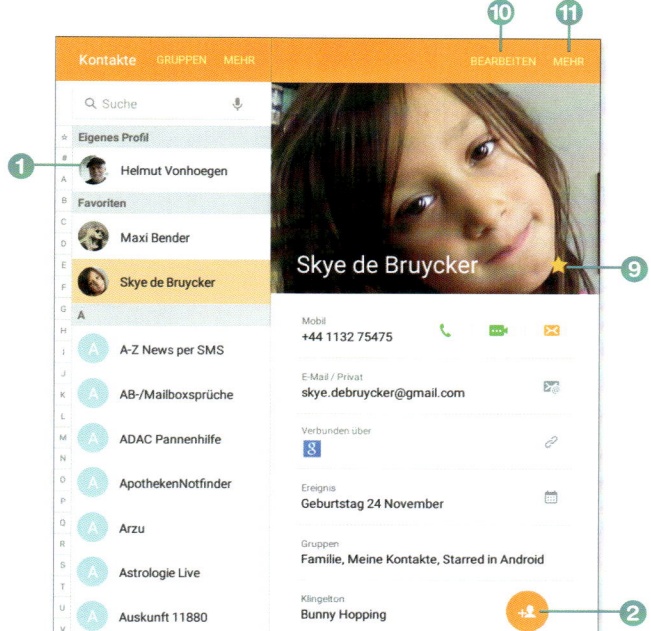

1. Um nun Kontakte zu einem Konto anzulegen, öffnen Sie die **Kontakte**-App über den Startbildschirm.

2. Wenn in der Menüleiste das Register **Kontakte** aktiv ist, erscheinen in der linken Spalte die alphabetisch sortierten Kontakte, Sie selbst am Anfang der Liste ❶ unter **Eigenes Profil**. In der rechten Spalte erscheinen die Daten zu dem Kontakt, der gerade – per Tipp – ausgewählt ist.

3. Tippen Sie auf die Schaltfläche mit Kopf und Pluszeichen ❷, um das Eingabeformular für einen neuen Kontakt zu öffnen.

4. Wenn Sie vorher verschiedene Konten angelegt haben, sollten Sie zuerst entscheiden, für welches Konto der neue Kontakt gelten soll. Die Option **Gerät** würde den Kontakt lediglich lokal auf dem Tablet speichern. Wir nehmen hier als Beispiel die Option **Google**.

5. Geben Sie in das erste Textfeld ❶ (auf Seite 116) den Namen ein. Soll die Eingabe auf mehrere Felder verteilt werden, tippen Sie den Pfeil am

Ende ❷ an. Für die Groß-/Kleinschreibung sorgt das Tablet freundlicherweise automatisch.

6. Bei **Telefon** ❸ und **E-Mail** ❹ geben Sie die Daten ein und tippen die Bezeichnung dahinter an, um den passenden Begriff über das dann angebotene Listenfeld auszuwählen. Mit dem daneben erscheinenden Pluszeichen lassen sich auch mehrere Nummern oder E-Mail-Adressen anlegen.

7. Wenn möglich, weisen Sie dem Kontakt per Tipp auf die Schaltfläche mit der Kamera ❺ ein passendes Bild zu. **Bilder** öffnet zur Auswahl die App **Galerie**.

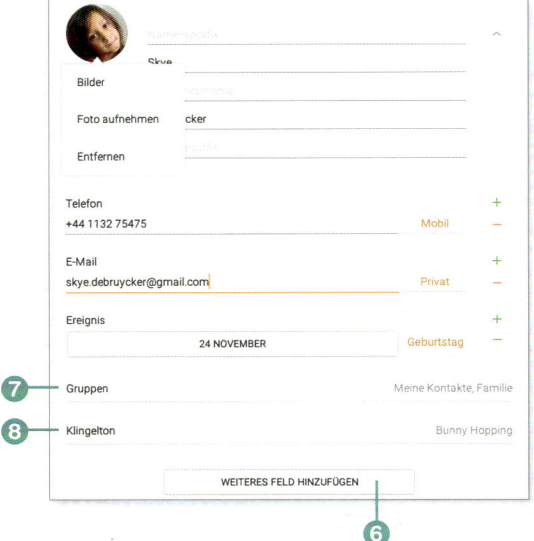

8. Bei Bedarf fügen Sie über die unterste Schaltfläche ❻ weitere Felder ein. Wenn Sie beispielsweise **Ereignis** nehmen, lässt sich unter **Geburtstag** das entsprechende Datum ablegen. (Diese Daten erscheinen automatisch in dem Kalender **Geburtstage der Kontakte**, siehe den Abschnitt »Wiederkehrende Ereignisse anlegen« ab Seite 164.)

9. Außerdem können Sie den neuen Kontakt gleich einer Gruppe ❼ zuordnen. Einige Gruppen sind vorgegeben, wie **Arbeitskollegen**, **Familie**, **Freunde**, über die Schaltfläche **Gruppe erstellen** legen Sie neue Gruppen an.

10. Unter **Klingelton** ❽ können Sie dem Kontakt auch einen ganz bestimmten Ton zuordnen, wenn Sie gleich am Ton erkennen wollen, wer anruft.

11. Geben Sie alle nötigen Daten ein, und bestätigen Sie in der Menüleiste mit **Speichern**.

Der neue Kontakt erscheint in der Liste Ihrer Kontakte. Nun können Sie die Kontaktdaten auf vielfältige Weise nutzen. Handelt es sich um einen Kontakt, mit dem Sie besonders gern oder besonders oft zu tun haben, tippen Sie den Kontakt kurz an und anschließend auf den kleinen Stern im Bildbereich ❾ (siehe Seite 115). Damit nehmen Sie den Kontakt in die Liste Ihrer Favoriten auf.

Ändert sich später etwas an den Daten eines Kontakts, wählen Sie den Kontakt in der Übersicht aus und benutzen in der Menüleiste die Schaltfläche **BEARBEITEN** ❿. Zum Löschen eines ausgewählten Kontakts benutzen Sie **MEHR** ⓫ und **Löschen**. Die Option **Shortcut zu Startbildschirm hinzufügen** legt eine Verknüpfung zu dem ausgewählten Kontakt auf den Startbildschirm. Das ist eine besonders schnelle Lösung für tägliche oder gar stündliche Kontaktaufnahmen.

Kontakte finden und nutzen

Gehen Ihre Kontakte in die Hunderte, ist es von Belang, dass sie schnell zu finden sind. Zunächst hilft eine praktikable Sortierung. Vorgegeben ist die aufsteigende alphabetische Reihenfolge nach dem Vornamen.

1. Mit der Buchstabenleiste ganz links bringen Sie immer die Kontakte nach vorne, die mit dem angetippten Buchstaben beginnen.

2. Außerdem finden Sie über der Liste noch ein Suchfeld ❶. Sobald Sie dort die ersten Zeichen eingeben, liefert die App schon mögliche Treffer. Mit dem Andreaskreuz im Suchfeld löschen Sie die aktuelle Suchzeichenfolge, sodass alle Kontakte wieder eingeblendet werden.

3. Über die erste Schaltfläche **MEHR** ❷ in der Menüleiste der App finden Sie dazu die Option **Einstellungen ▸ Anzeige ▸ Sortieren nach** ❸ und können stattdessen auch nach dem Nachnamen sortieren. Unter **Namens-format** ❹ legen Sie hier auch fest, ob der Vorname oder der Nachname zuerst angezeigt werden soll.

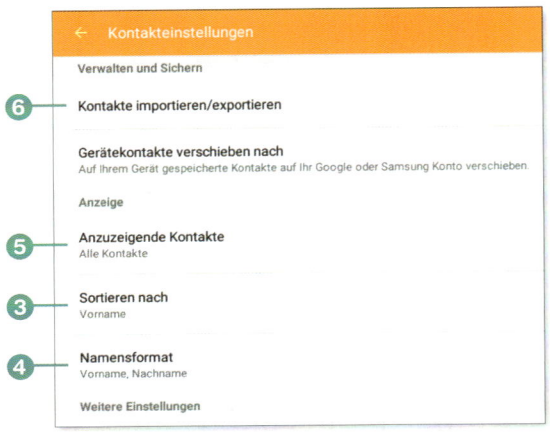

4. Arbeiten Sie mit mehreren Konten, ist es möglich, die Anzeige auf einzelne Konten zu reduzieren. Über **Anzuzeigende Kontakte** ❺ wählen Sie entweder **Alle Kontakte**, nur die Kontakte einzelner Konten oder eine **Benutzerdefinierte Liste**.

5. Über **Kontakte importieren/exportieren** ❻ sorgen Sie für den Austausch von Kontaktdaten, beispielsweise mit der SD-Karte.

Das Menü zu **MEHR** ❷ bietet noch weitere hilfreiche Optionen an:

- **Bearbeiten** stellt die Liste der Kontakte mit Auswahlkästchen zur Verfügung. Versehen Sie diejenigen Kontakte, die Sie aus dem Adressbuch entfernen möchten, mit einem Häkchen, und bestätigen Sie mit **Löschen** in der Menüleiste.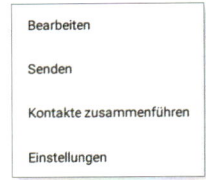

- Wenn Sie Kontaktdaten an andere Personen weitergeben wollen, nutzen Sie **Senden**. Hier werden gleich mehrere Apps angeboten, über die Sie die dabei automatisch erzeugte Visitenkarten-Datei versenden können. Mehr dazu im Abschnitt »Bilder, Videos und andere Dateien versenden« ab Seite 145.

Die Menüleiste in der Übersicht der Kontakte-App zeigt neben dem Register **Kontakte** noch das Register für **Gruppen** an.

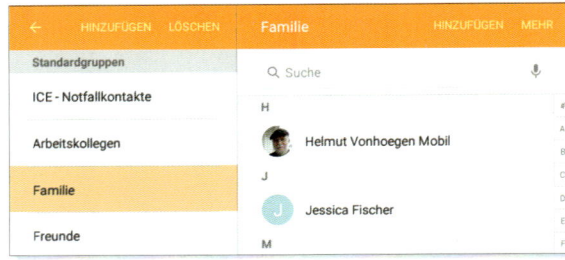

Das Register **Gruppen** listet die Kontakte, die Sie einer Gruppe zugeordnet haben, nach Gruppen geordnet auf. Das Menü zu **MEHR** enthält dann Optionen, mit deren Hilfe Sie die Gruppe bearbeiten können.

In vielen Fällen werden Sie die Kontakte von anderen Apps aus nutzen, beispielsweise von den Apps, die mit dem E-Mail-Verkehr zu tun haben. Sie können aber auch direkt aus der **Kontakte**-App den Versand einer E-Mail anstoßen:

1. Tippen Sie in der Kontakteliste auf den Namen des Kontakts.

2. Benutzen Sie im Datenblatt des Kontakts unter **E-Mail** die Schaltfläche mit dem Briefumschlag.

3. Wählen Sie die App, die Sie verwenden wollen, und bestätigen Sie am besten mit **Immer**. Bei der nächsten E-Mail an diesen Kontakt wird automatisch diese App verwendet.

4. Geben Sie die Kopfdaten, Empfängeradresse und Betreff, und die Nachricht ein, und bestätigen Sie mit **Senden**.

Anschließend haben Sie wieder die Kontakteliste vor sich.

> **INFO**
>
> **E-Mail an mehrere Personen senden**
>
> Wenn Sie eine E-Mail an Mitglieder einer Gruppe senden wollen, wählen Sie zunächst die Gruppe aus und benutzen dann **MEHR ▶ Nachricht oder E-Mail senden**. Wählen Sie dann **Alle** oder nur die Mitglieder, die die E-Mail erhalten sollen. **Fertig** ruft die E-Mail-App auf, mit der Sie die E-Mail verfassen wollen.

Kontakte verknüpfen

Wenn Sie mit mehreren Konten arbeiten, ist es möglich, dass einige Kontakte bei mehreren Konten vorkommen. In diesem Fall sollten Sie die Kontakte verknüpfen, damit die Daten zu einer Person zusammen angezeigt werden.

1. Wählen Sie den Kontakt aus, der verknüpft werden soll.

2. Benutzen Sie **MEHR ▶ Kontakt verknüpfen**.

3. Tippen Sie Kontakte an, die mit dem ausgewählten Kontakt verknüpft werden sollen.

4. Bestätigen Sie die Verknüpfung mit **LINK**.

Bei allen betroffenen Kontakten erscheint unter **Verbunden über** ein Verknüpfungssymbol, das die Liste der verknüpften Kontakte öffnet.

Nachrichten versenden

Wenn Sie mit Ihrem Tablet telefonieren können, lassen sich auch Kurznachrichten (SMS) und Multimedianachrichten (MMS) versenden. In einer SMS haben Sie zwar nur 160 Zeichen Platz für Ihre Nachricht, aber vieles lässt sich sogar noch kürzer sagen.

Auf den LTE-fähigen Geräten wird dafür die App **Nachrichten** als Vorgabe schon auf dem Startbildschirm angeboten.

1. Starten Sie mit einem Tipp die App **Nachrichten**. Die App zeigt die letzten Konversationen.

2. Tippen Sie das Symbol mit Blatt und Stift ❶ an.

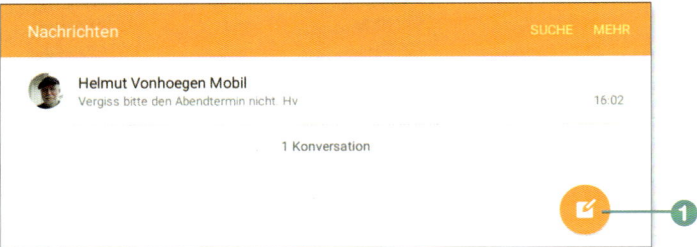

3. Geben Sie die Telefonnummer des Empfängers ein, oder wählen Sie den Empfänger über das Symbol der App **Kontakte** ❷.

4. Geben Sie in dem unteren Textfeld Ihre Nachricht ❸ ein. Über das kleine Gesicht ❹ werden auch Emoticons zum Einfügen angeboten.

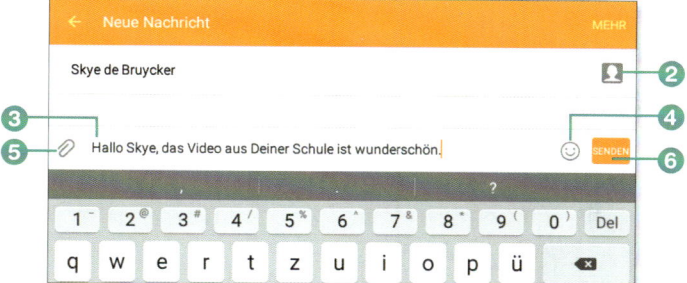

5. Soll die Nachricht mit einem Bild, einem Video, einer Visitenkarte oder einem Termineintrag erweitert werden, tippen Sie die Büroklammer ❺ an, wählen die entsprechende App, wählen dort die Daten aus und fügen sie als Anhang hinzu. In diesem Fall wird aus der SMS eine MMS.

6. Starten Sie den Versand per Tipp auf das Symbol **SENDEN** ❻.

> **INFO**
>
> **Terminversand**
>
> Wenn Sie die Nachrichten zu einem späteren Zeitpunkt verschicken wollen, verwenden Sie **MEHR ▶ Nachricht planen**. Geben Sie Datum und Uhrzeit an, und bestätigen Sie mit **Fertig**. Das funktioniert allerdings nur, wenn das Tablet zu diesem Zeitpunkt auch mit dem Netz verbunden ist.

Um eingehende Nachrichten anzusehen, wählen Sie zunächst den Kontakt aus, da die Nachrichten nach Kontakten gruppiert sind.

Wenn Sie eine Nachricht noch an eine andere Person weiterleiten wollen, halten Sie den Finger kurz auf der Nachricht und wählen im Kontextmenü **Weiterleiten**. Nun brauchen Sie nur noch den zweiten Empfänger anzugeben.

In diesem Menü finden Sie auch den Befehl zum **Löschen** einer Nachricht. Probieren Sie ruhig auch die anderen Nachrichtenoptionen aus – viele der Möglichkeiten erklären sich dann von selbst.

Nachrichtenoptionen
Löschen
Text kopieren
Weiterleiten
Senden
Schützen
Auf die SIM-Karte kopieren
Details anzeigen

Die Alternative WhatsApp

Je nach dem von Ihnen gewählten Tarif kann der häufige Versand von SMS und insbesondere von MMS ganz schön ins Geld gehen – Grund genug, um Ausschau nach preiswerteren Alternativen zu halten.

Die derzeit beliebteste Kommunikationsform ist zweifelsohne **WhatsApp**. Das erste Jahr ist kostenlos, in den Folgejahren muss nur eine minimale Benutzungsgebühr von 89 Cent pro Jahr gezahlt werden. Ein weiterer Vorteil: Die Anwendung steht auf allen Betriebssystemen zur Verfügung. Die App **WhatsApp Messenger** können Sie aus dem **Play Store** herunterladen.

Für die Einrichtung sind nur ein paar Schritte erforderlich:

1. Nach dem ersten Start der App bestätigen Sie die Lizenzvereinbarungen mit der Schaltfläche **Zustimmen und Fortfahren**.

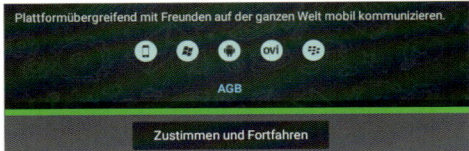

2. Nun geben Sie Ihre Mobilfunknummer ein. Wählen Sie den Ländercode aus dem Listenfeld, und geben Sie die Vorwahl ohne führende Null ein.

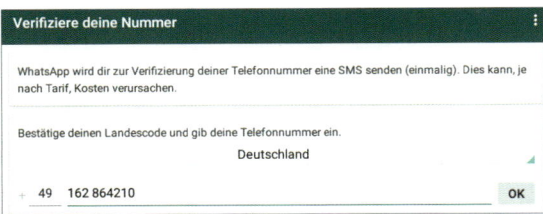

3. Wenn Sie diese Nummer mit **OK** bestätigt haben, prüft die App, ob es eine gültige Nummer ist. Dazu wird ausnahmsweise eine SMS an diese Nummer mit einem Bestätigungscode verschickt, den Sie in der **Nachrichten**-App finden.

4. Im nächsten Schritt geben Sie Ihren Namen an. Ein Profilbild ist optional. Mit **Weiter** schließen Sie die Ersteinrichtung ab.

5. Sie landen auf der Seite **Chats**, auf der Ihre Unterhaltungen angezeigt werden. Um eine erste zu beginnen, tippen Sie auf das Symbol mit der Liste ❶. Damit öffnen Sie die Liste derjenigen Ihrer Kontakte, die ebenfalls WhatsApp installiert haben.

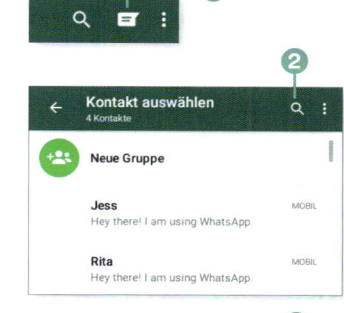

6. Mit der Lupe ❷ suchen Sie gezielt nach einem Kontakt, wenn er nicht gleich in der Liste zu finden ist.

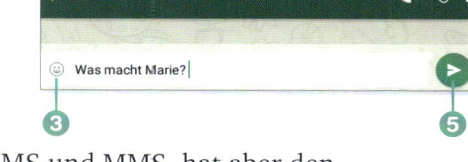

7. Tippen Sie den Namen des gewünschten Kontakts an, finden Sie ein Eingabefeld ❸ für Ihre Nachricht, die im Gegensatz zur SMS nicht in der Länge begrenzt ist.

8. Wenn Sie für eine Verabredung beispielsweise noch ein Bild anhängen wollen, tippen Sie auf die Büroklammer ❹ und wählen das entsprechende Foto aus der Galerie aus.

9. Mit dem Pfeil ❺ geht die Post ab.

WhatsApp ist nicht die einzige Alternative zu SMS und MMS, hat aber den Vorteil, sehr weit verbreitet zu sein. Auch mit **Hangouts** und **Skype**, die ich beide gleich noch vorstelle, können Sie Nachrichten austauschen.

Videotelefonieren

Wenn Sie mit einem Gesprächspartner Kontakt aufnehmen, der ein Smartphone mit einer Frontkamera hat oder ein ähnliches Tablet wie Sie, steht einem Videotelefonat nicht viel im Wege, es sei denn, er oder sie möchte nicht ins Bild gerückt werden.

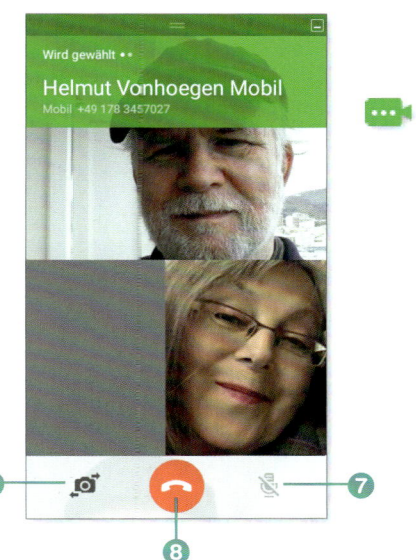

1. Um einen Videoanruf zu tätigen, geben Sie wie bei einem normalen Anruf die Nummer ein oder verwenden eine Nummer aus der Kontakteliste und tippen auf die Schaltfläche für Videoanrufe.

2. Während des Anrufs können Sie mittels der Schaltfläche, die eine Kamera und zwei Pfeile ❻ zeigt, zwischen der Front- und der Hauptkamera wechseln.

3. Mit der Schaltfläche rechts ❼ schalten Sie – vorübergehend – das Mikrofon ab, sodass der andere Teilnehmer Sie nicht hören kann.

4. Am Ende des Gesprächs benutzen Sie die rote Schaltfläche ❽ zum Beenden.

Obwohl die Telefon-App also Videotelefonie kann, spricht einiges dafür, es doch lieber anders zu machen. Es gibt ja kostenlose Lösungen dafür, die ich Ihnen in den folgenden Abschnitten vorstelle.

Skype für alle

Warum Telefongebühren zahlen, wenn es auch ohne geht. Wenn beide Seiten eine Verbindung über WLAN haben, telefonieren sie einfach über das Internet. Auch Videokonferenzen mit mehreren Personen lassen sich so veranstalten, ohne Angst, dass die Kosten aus dem Ruder laufen.

Die am weitesten verbreitete Alternative für das Telefonieren über das Internet ist *Skype*. Die inzwischen von Microsoft gepflegte Anwendung steht für alle Betriebssysteme zur Verfügung. Auch hier können Sie zwischen Sprachanruf und Videoanruf wählen. Für Ihr Tablet finden Sie die kostenlose App im **Play Store**.

1. Starten Sie **Skype** über das App-Symbol. Wenn Sie Skype bereits auf einem anderen Gerät verwenden, melden Sie sich mit Ihrem Skype-Namen oder mit einem Microsoft-Konto an, anderenfalls benutzen Sie **Konto erstellen**. Sie müssen einen Skype-Namen festlegen, ein Kennwort mit mindestens 6 Stellen und eine E-Mail-Adresse.

2. Die App bietet Ihnen im oberen Teil das Telefonsymbol ❶, es öffnet das Tastenfeld für Nummern im Festnetz.

3. Mit dem Personensymbol ❷ fügen Sie Kontakte oder Rufnummern zu Ihrer Kontaktliste hinzu, die dann unter **Kontakte** ❸ zum Antippen angeboten werden.

4. Für Telefonate über das Internet brauchen Sie entweder den Skype-Namen oder die E-Mail-Adresse. Tippen Sie in der Zeile mit der Lupe den Namen oder die Adresse ein, werden Ihnen schon nach den ersten Zeichen mögliche Treffer angeboten.

5. Um ein Gespräch zu starten, tippen Sie die Kachel eines Kontakts an ❹ und dann das Telefon- ❺ oder Videosymbol ❻.

6. Sie können die App im Hintergrund weiterlaufen lassen, wenn Sie nach einem Gespräch eine andere App öffnen.

Mit Skype können Sie auch Leute im Festnetz anrufen. Diese Anrufe sind zwar nicht kostenlos, aber in der Regel preiswert. Sie müssen ein Guthaben anlegen oder ein Abo erwerben, per Kreditkarte oder Überweisung. Tippen Sie auf das Symbol Ihres Kontos ❼, sehen Sie Ihr Guthaben. Ein Tipp darauf führt zur Verwaltung des Guthabens ❽.

Hangouts

Solange Sie sich in Kreisen bewegen, die alle über ein Google-Konto verfügen, können Sie es mit Google *Hangouts* probieren.

1. Laden Sie Ihren Gesprächspartner ein, mit Ihnen gemeinsam die App **Hangouts** aus dem Ordner der Google-Apps auf dem Startbildschirm zu starten.

2. Mit der Plusschaltfläche ❶ in der Menüleiste starten Sie ein neues Hangout, hängen sich also mal aus dem Fenster, um zu plaudern.

3. Im ersten Textfeld geben Sie die Gmail-Adresse (siehe Abschnitt »Mailen mit Gmail« ab Seite 151) ein oder tippen in der Liste Ihrer Telefonkontakte den entsprechenden Eintrag an.

4. Soll noch eine weitere Person an dem Gespräch teilnehmen, tippen Sie einfach auf die Schaltfläche **Noch jemand?** ❷ und geben eine weitere Adresse an.

5. Die Videokonferenz starten Sie mit der Schaltfläche **Videoanruf** ❸ in der Menüleiste.

6. Die Gesprächsteilnehmer erhalten die Anfrage, ob sie den Anruf annehmen wollen. Wenn die Teilnehmer annehmen, zeigt der Bildschirm die Bilder der Teilnehmer.

7. Ein Tipp auf den Bildschirm blendet die Steuerelemente ein. Mit der roten Schaltfläche ❹ stoppt der einzelne Teilnehmer seine Teilnahme.

8. Wollen Sie nur eine Nachricht senden, tippen Sie sie in das am unteren Rand des App-Fensters angebotene Textfeld ❺ und verschicken sie mit der dann eingeblendeten Pfeilschaltfläche.

Kapitel 4
E-Mails senden und empfangen

Es gibt inzwischen viele Möglichkeiten, sich über das Internet mit anderen Leuten auszutauschen. Soziale Netzwerke, Messenger- oder Chat-Apps decken einen großen Teil der Verständigung über das Web ab. Dennoch bleiben E-Mails, inzwischen bereits als traditionell eingestuft, wohl immer noch die am weitesten verbreitete Form der Netzkommunikation.

Daran hat auch die leider offenbar nicht beherrschbare *Spam*-Plage nichts geändert. Dass Sie auf Ihrem Tablet zu jeder Zeit und überall auf Ihre E-Mails zugreifen können, statt wie bei einem Tischgerät an einen Ort gebunden zu sein, macht die Sache sogar besonders attraktiv.

ACHTUNG

E-Mail-Account beim Internet Service Provider

Der E-Mail-Verkehr wird von *Internet Service Providern* (ISP) betrieben. Um ihn nutzen zu können, müssen Sie sich ein Konto, einen Account, bei einem dieser Provider besorgen. Einige dieser Konten sind kostenlos, etwa GMX oder Yahoo, andere sind es nicht. Der Provider stellt Ihnen entsprechende Zugangsdaten zur Verfügung. Diese sollten Sie an einem sicheren Ort aufbewahren, damit Sie im Notfall ein Konto auch wieder neu einrichten können. Unbefugte sollten diese Daten möglichst nicht finden, damit sie nicht in Ihrem Namen etwas anstellen, wofür Sie zahlen müssen.

In den folgenden Abschnitten erfahren Sie, wie Sie E-Mail-Konten auf dem Tablet einrichten und Ihre elektronische Post möglichst reibungslos betreiben. Das Galaxy Tab A stellt Ihnen für E-Mails zwei eingebaute Apps zur Verfügung:

E-Mail ist die App für beliebige E-Mail-Konten, die Sie bei Providern angemeldet haben. Sie können mehrere Konten parallel betreiben, wobei jedes Konto mit eigenen Einstellungen arbeiten kann.

 Gmail verwenden Sie hauptsächlich für Gmail-Konten, die Sie bei Google registriert haben.

E-Mail-Konten einrichten

Die **E-Mail**-App finden Sie als Vorgabe auf der zweiten Seite des Startbildschirms. Wenn Sie einen Account bei einem Provider erworben (siehe auch den Kasten »Provider-Apps für E-Mails« auf Seite 155) und die entsprechenden Zugangsdaten zur Hand haben, genügen ein paar Eingaben, um das Konto auf dem Tablet einzurichten. Da es unterschiedliche Kontentypen gibt, beschreibe ich deren Einrichtung nacheinander.

> **ACHTUNG**
>
> **POP3 oder IMAP?**
>
> POP3 – Kürzel für *Post Office Protocol* – ist ein einfaches Protokoll für den Abruf von E-Mails von einem Mail-Server, der die übergebenen Nachrichten normalerweise nur vorübergehend aufbewahrt. Die Alternative IMAP – Abkürzung für *Internet Message Access Protocol* – ist dagegen ein komplexeres Protokoll, das das Anlegen einer hierarchischen Ordnerstruktur auf dem Webserver erlaubt. Auf dem sogenannten Client, in diesem Fall Ihrem Tablet, werden immer nur Kopien der E-Mails abgelegt. E-Mails verbleiben so lange auf dem Server, bis Sie sie löschen. Das erleichtert auch den parallelen Zugriff von mehreren Geräten aus.

Einrichten eines POP3-Kontos

Da die Provider unterschiedliche Kontentypen anbieten, je nachdem, was als Posteingangsserver verwendet wird, beginne ich mit dem weitverbreiteten POP3-Konto. Hier ist häufig eine manuelle Einrichtung des Kontos notwendig, aber das sollte Sie nicht schrecken.

1. Öffnen Sie die App **E-Mail** mit einem Tipp. Wenn für diese App noch kein Konto eingerichtet ist, wird Ihnen zunächst die Einrichtung eines ersten Kontos angeboten.

2. Geben Sie die mit dem Provider vereinbarte E-Mail-Adresse **1** ein, und bestätigen Sie diese auf der Tastatur mit **Weiter**.

3. Anschließend geben Sie das beim Provider hinterlegte Passwort **2** ein und bestätigen es mit **OK**.

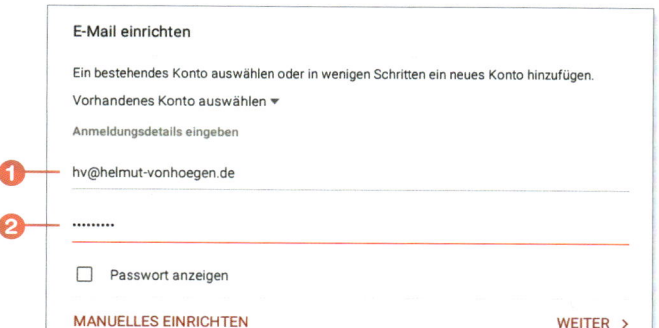

4. Im nächsten Schritt entscheiden Sie über die Art des Kontos. In diesem Fall ist die richtige Option **POP3-Konto** **3**. Tippen Sie die entsprechende Schaltfläche an.

5. Die App zeigt nun ein Formular, in dem Sie die Daten eingeben, die Ihnen Ihr Provider zur Verfügung gestellt hat. Dazu gehören zunächst der Benutzername **4** und noch einmal das Passwort **5**. Unter **POP3-Server** **6** geben Sie die Webadresse des Mail-Servers an. Die Angaben zu **Sicherheitstyp** **7** und **Port** **8** – hier 110 – können Sie in der Regel übernehmen.

6. Unter **E-Mails von Server löschen** **9** wählen Sie, ob die E-Mails beim Löschen aus Ihrem Posteingang auch auf dem Server gelöscht werden sollen oder nicht. Wenn Sie sicherstellen wollen, dass E-Mails von verschiedenen Geräten parallel abgerufen werden können, sollten Sie hier die Einstellung **Niemals** wählen.

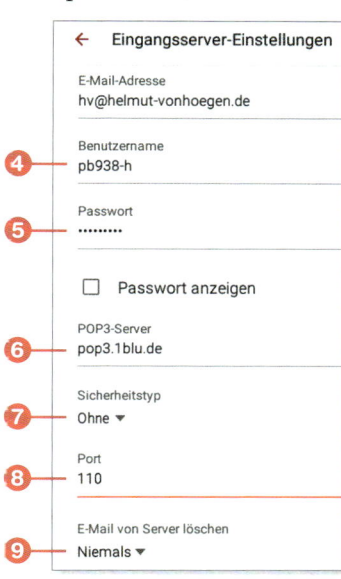

7. Auf der nächsten Seite des Formulars geben Sie die Daten des SMTP-Servers ein, also des Postausgangsservers.

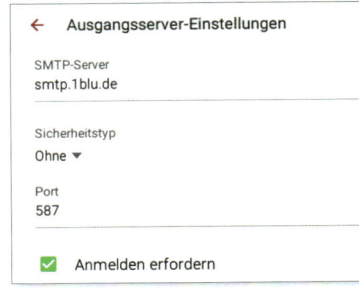

8. **Weiter** führt zu den Optionen zur Synchronisierung. Sie geben hier an, wie häufig neue E-Mails abgerufen werden, und ob Sie beim Eingang neuer E-Mails eine Benachrichtigung erhalten.

9. Auf der letzten Seite können Sie dem Konto noch einen freundlichen Namen geben. Das ist insbesondere dann sinnvoll, wenn Sie mit mehreren Konten arbeiten und diese gut unterscheiden wollen. Im zweiten Feld geben Sie noch an, wie Ihr Name auf einer E-Mail angezeigt werden soll. Bestätigen Sie mit **OK**.

Wenn das Konto komplett eingerichtet ist, zeigt die App die Ansicht an, in der Sie Ihre E-Mails senden und empfangen.

Die E-Mail-App mit einer Liste von E-Mails

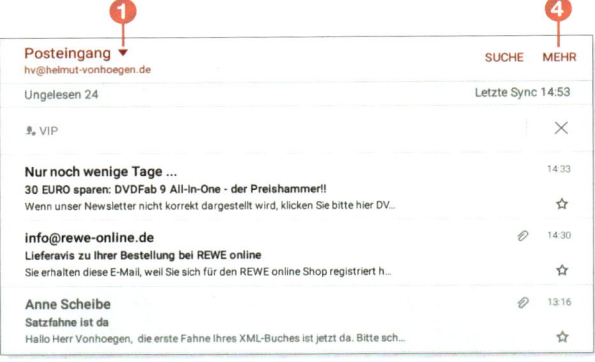

Was ist, wenn die Zugangsdaten nicht stimmen?

ACHTUNG

Sie erhalten die Nachricht, dass die Einrichtung nicht abgeschlossen wurde. Über **Abbrechen** landen Sie wieder auf der vorherigen Seite. Fehlerquellen sind häufig Tippfehler, die Missachtung der korrekten Schreibweise oder falsche Portnummern für einen der beiden Server. Der Eingangsserver verwendet ja eine andere Portnummer als der Ausgangsserver.

Der Pfeil hinter **Posteingang** ❶ führt zu verschiedenen Ordnern: **Postein-gang**, **Entwürfe**, **Gesendet** etc. Im Fenster werden jeweils die Nachrichten des ausgewählten Ordners aufgelistet.

Unter **Konten** ❷ finden Sie hier jeweils das Konto, mit dem Sie aktuell arbeiten. Haben Sie mehrere Konten, öffnen Sie die Liste mit einem Tipp auf den Pfeil hinter dem Kontennamen ❸ und wählen das gewünschte Konto.

Bevor Sie mit dem Mailen beginnen, sollten Sie noch prüfen, ob die vorgegebenen Einstellungen für den elektronischen Postverkehr passen. Diese Einstel-lungen finden Sie über **MEHR** ❹ ▶ **Einstellungen**.

Filtern nach öffnet eine Auswahlliste, mit deren Hil-fe Sie festlegen, was in der Listenansicht erscheinen soll. Sie können beispielsweise die Anzeige auf **Un-gelesen** beschränken.

Optionen der E-Mail-App in der Listen-ansicht

Die Option **Bearbeiten** setzt Auswahlkästchen vor die Listenelemente. In der Menüleiste erscheint die Option **LÖSCHEN**. Unter **MEHR** finden Sie dann **Stern hinzufügen**, um E-Mails als wichtig zu kennzeichnen, und die Mög-lichkeit, E-Mails als gelesen oder wieder als ungelesen zu markieren.

Ein IMAP-Konto einrichten

Bei der Einrichtung eines IMAP-Kontos verwendet die **E-Mail**-App weitge-hend die gleichen Formulare wie beim POP3-Konto, um die erforderlichen Daten abzufragen. Statt der POP3-Server-Adresse geben Sie die IMAP-Ser-ver-Adresse an. Als **Port** wird in der Regel eine andere Nummer verwendet. Zusätzlich können Sie hier noch ein IMAP-Pfad-Präfix ange-ben, wenn der Provider Ihnen ein solches mitgeteilt hat.

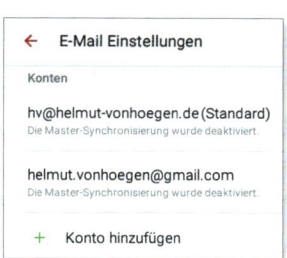

1. Wenn Sie ein weiteres Konto hinzufügen wollen, wählen Sie in der **E-Mail**-App über **MEHR** die Option **Einstellungen**.

2. Unter **Konten** tippen Sie auf **Konto hinzufügen**.

3. Geben Sie die E-Mail-Adresse und das Passwort ein.

4. Benutzen Sie anschließend die Schaltfläche für das **IMAP-Konto**.

5. Geben Sie die vom Provider bereitgestellten Daten wie oben beschrieben ein.

Mit einem Exchange Server verbinden

Der E-Mail-Verkehr im professionellen Bereich wird häufig über *Microsoft Exchange Server* abgewickelt, die eine komfortable Verwaltung umfangreicher Konten- und Datenmengen erlauben. Um in der E-Mail-App ein Konto dafür anzulegen, beantworten Sie die Frage nach der Art des Kontos mit der Schaltfläche **Microsoft Exchange Activesync**.

Wenn die Zugangsdaten korrekt sind, kann die App einen Teil der Informationen über den entsprechenden Mail-Server automatisch auslesen und auf den folgenden Seiten anzeigen. Ansonsten füllen Sie das Formular zu den Exchange-Server-Einstellungen mit den Daten aus, die Ihnen Ihr Systemadministrator dafür zur Verfügung stellt. Unter Umständen müssen Sie die Option **Client-Zertifikat verwenden** aktivieren und das Zertifikat über die Schaltfläche **Client-Zertifikat** anfordern. Kann die App mit den Zugangsdaten arbeiten, geben Sie wie bei den anderen Konten noch die Kontoeinstellungen an.

Konten bei Yahoo oder Google

Vielleicht haben Sie ja noch ein Konto bei *Yahoo*. In diesem Fall ist die Einrichtung besonders einfach, weil die App sich automatisch die dafür benötigten Daten über den Webserver holt. Sie brauchen nur Ihre E-Mail-Adresse und das entsprechende Passwort.

1. Benutzen Sie, wie in Schritt 2 der obigen Anleitung beschrieben, die Schaltfläche **Konto hinzufügen**.

2. Geben Sie Ihre Yahoo-E-Mail-Adresse ein und das Passwort dazu.

3. Mit **WEITER** werden die Infos über die zugehörigen Mail-Server von Yahoo automatisch übernommen. Sie brauchen nur noch die übrigen Kontooptionen anzugeben, also die Abrufeinstellungen und einen freundlichen Namen für das Konto.

Wenn Sie anschließend die Einstellungen für dieses Konto prüfen, Sie tippen dazu das Konto unter **E-Mail Einstellungen** an, sehen Sie, dass es sich beim Eingangsserver von Yahoo um einen IMAP-Server handelt und dass für **Sicherheitstyp** die Option **SSL** aktiviert ist, die Übertragung Ihrer Zugangsdaten findet also immer verschlüsselt statt.

In der gleichen Weise, wie Sie das Yahoo-Konto einrichten, können Sie auch verfahren, um ein Google-Konto einzurichten. Auch hier handelt es sich um einen Eingangsserver vom Typ IMAP. Für das Mailen über ein Google-Konto stellt Ihnen Android aber, wie eingangs schon angesprochen, als Alternative die **Gmail**-App zur Verfügung, die im Abschnitt »Mailen mit Gmail« ab Seite 151 dieses Kapitels behandelt wird.

E-Mails schreiben und senden

Und wie schreiben Sie jetzt mithilfe der **E-Mail**-App eine E-Mail? Hier die Abfolge der Schritte:

1. Tippen Sie auf dem Startbildschirm **E-Mail** an, um die App zu öffnen.

2. Das Blatt mit dem Stift ist die Schaltfläche, die die Eingabe einer neuen Nachricht startet.

3. Die App blendet den Bereich ein, in dem Sie die Kopfdaten und die Nachricht eingeben: Unter **An** ❶ geben Sie zunächst die Empfängeradresse ein.

4. Sobald Sie den ersten Buchstaben über die automatisch eingeblendete Tastatur eingeben, wird Ihnen meist schon eine Liste der Personen angeboten, deren E-Mail-Adresse mit diesem Buchstaben beginnt. Ein Tipp wählt die Adresse aus. Ist die Adresse ganz neu, tippen Sie einfach die komplette Adresse ein. Wollen Sie mehrere Adressen eingeben, fügen Sie als Trennzeichen jeweils ein Komma ein.

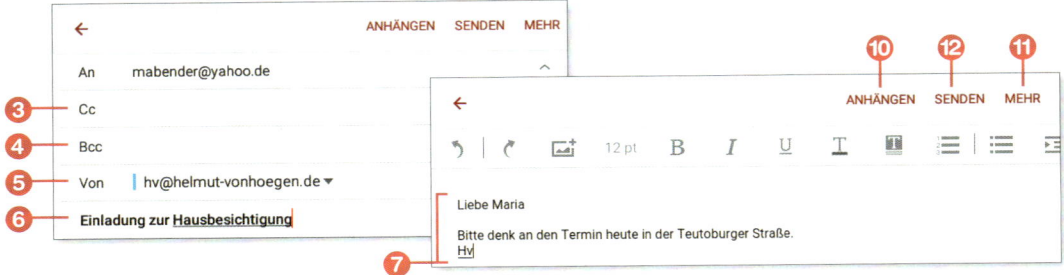

5. Soll eine Kopie noch an andere Personen geschickt werden, tippen Sie den Pfeil am Ende der Zeile ❷ (Seite 133) an, um die weiteren Adressfelder einzublenden.

6. Verfahren Sie in den Feldern **Cc** ❸ und **Bcc** ❹ entsprechend. Die Abkürzungen stehen für *Carbon Copy* und *Blind Carbon Copy*. Die Bcc-Adresse wird den anderen Empfängern nicht angezeigt.

7. Unter **Von** ❺ ist die Adresse Ihres aktuellen Kontos bereits eingetragen. Notfalls können Sie das hier aber noch über den Pfeil am Ende ändern und einen anderen Absender bestimmen.

8. Nicht vergessen sollten Sie den **Betreff** ❻. E-Mails ohne Betreff gelten manchen schon per se als verdächtig. Außerdem ist ein Stichwort im **Betreff** immer auch ein präzises Suchkriterium, um später bestimmte E-Mails wiederzufinden. Der Inhalt von **Betreff** überschreibt die Beschriftung des Eingabefeldes.

9. In dem großen Feld ❼ darunter geben Sie nun Ihre Nachricht ein. Tippen Sie in das Feld, werden die Kopfdaten vorübergehend ausgeblendet, sodass Sie mehr Platz für eine übersichtliche Eingabe haben. Ein Wisch nach unten zeigt sie wieder an.

10. Wenn Sie Ihre Nachricht etwas formatieren wollen, blenden Sie über **MEHR ▶ Rich-Text aktivieren** die Leiste mit den Formatsymbolen ❽ ein. Um etwa ein Wort farbig anzuzeigen,

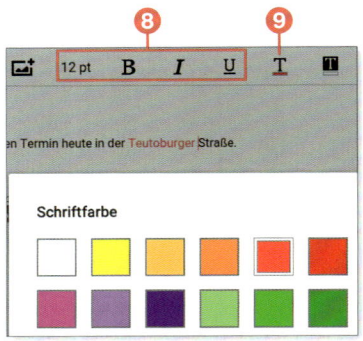

halten Sie kurz den Finger darauf, bis es ganz markiert ist, und tippen auf das Symbol für die Textfarbe ❾. In der Farbpalette tippen Sie das gewünschte Farbmuster an und bestätigen dies mit **OK**.

11. Wenn Sie beim Schreiben einen Fehler in einer Nachricht entdecken, tippen Sie auf die Stelle, um die Einfügestelle zu bestimmen. Soll ein Wort oder mehrere ersetzt werden, halten Sie wieder den Finger auf die Stelle, um sie zu markieren. Dehnen Sie die Markierung mithilfe der Anfasser aus. Jedes Zeichen, das Sie dann eintippen, ersetzt die Markierung. Markierte Texte lassen sich über die Zwischenablage auch an andere Stellen kopieren oder verschieben. Benutzen Sie dazu in der Menüleiste die Optionen **AUSSCHNEIDEN**, **KOPIEREN** und **EINFÜGEN**.

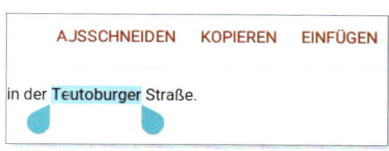

12. Wenn Sie an die Nachricht noch etwas anhängen wollen, zum Beispiel ein Bild, tippen Sie in der Menüleiste auf **ANHÄNGEN** ❿. Wählen Sie unter **Anhängen** die Quelle für den Anhang. Auf dieses Thema gehe ich im Abschnitt »Bilder, Videos und andere Dateien versenden« noch ab Seite 145 näher ein.

13. Wollen Sie dem Empfänger signalisieren, dass Ihre Nachricht wichtig ist, nehmen Sie **MEHR** ⓫ ▸ **Priorität** ▸ **Hoch**. Der Empfänger findet dann ein rotes Ausrufezeichen vor der Betreffzeile.

14. Zum Abschluss tippen Sie in der Menüleiste auf **SENDEN** ⓬. Ist der Versand erfolgreich, erscheint die Nachricht in dem Ordner **Gesendet**. Ist im Moment keine Internetverbindung verfügbar, bleibt die Nachricht so lange im Ordner **Postausgang**, bis sie gesendet werden kann. Das geschieht automatisch, wenn wieder eine Netzverbindung besteht.

INFO

Kopie für mich

Wollen Sie von Ihrer E-Mail immer eine Kopie im eigenen Posteingang behalten, wählen Sie unter **E-Mail Einstellungen** das Konto mit einem Tipp aus und schalten die Einstellung zu **Mich immer auf Cc/ Bcc setzen** auf **Cc** oder **Bcc**.

Wenn Sie die E-Mail nicht gleich abschicken wollen, etwa weil die Nachricht noch unvollständig ist, tippen Sie in der Menüleiste **MEHR ▸ In Entwürfe** speichern an. Die Nachricht wird dann in dem Ordner für Entwürfe **1** abgelegt. Ein Tipp auf die Nachricht in diesem Ordner, und Sie können diese fertigstellen.

Vielleicht haben Sie eine Nachricht verfasst und stellen am Ende fest, dass sich das so nicht sagen lässt, oder Sie sind aus anderen Gründen mit Ihren Ausführungen unzufrieden. Dann bitte einfach in der Menüleiste den Pfeil nach links **2** antippen. Sie werden noch gefragt, ob die Nachricht nicht wenigstens als Entwurf gespeichert werden soll. In diesem Fall tippen Sie auf **Speichern 3**. Ansonsten tippen Sie auf **Verwerfen 4**, um die Nachricht komplett zu löschen.

Unfertige Nachricht im Ordner »Entwürfe«

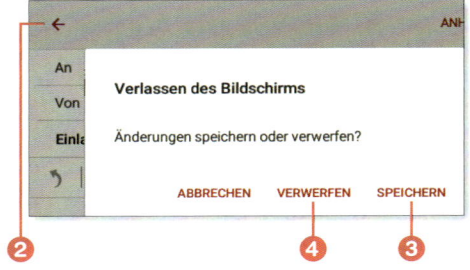

INFO

Entwürfe als Vorlage nutzen

Der Entwurfsordner kann auch ganz gut für Vorlagen verwendet werden, wenn Sie an verschiedene Leute Nachrichten schicken wollen, die sich nur in Details unterscheiden.

E-Mails empfangen und lesen

Über den Eingang von E-Mails werden Sie sofort in der Statusleiste mit einem Briefumschlagsymbol informiert.

Wenn Sie die Leiste mit dem Finger herunterziehen, finden Sie eine entsprechende Benachrichtigung. Ein Tipp darauf öffnet die E-Mail-App sofort.

	7 neue E-Mails	05:06
	hv@helmut-vonhoegen.de	

Auch auf dem Symbol der E-Mail-App im Startbildschirm erscheint fortlaufend die Zahl der ungelesenen Nachrichten.

1. Um Ihre E-Mails anzusehen, öffnen Sie die **E-Mail**-App. Die Anwendung zeigt eine Liste mit den Kopfzeilen der Nachrichten des Ordners, den Sie per Tipp auf den Pfeil in der Menüleiste auswählen. Die eingegangenen Nachrichten finden Sie zunächst in dem Ordner **Posteingang**.

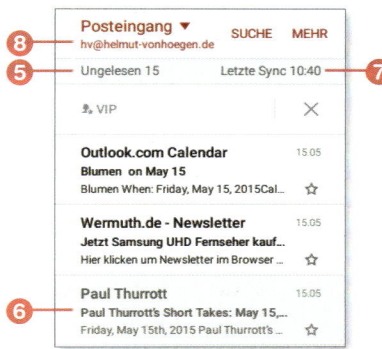

2. Noch ungelesene Nachrichten sind an dem weißen Hintergrund zu erkennen. Die Anzahl der ungelesenen Nachrichten wird in der zweiten Zeile **5** angezeigt. Gelesene Nachrichten **6** werden grau hinterlegt.

3. Über der Liste mit den Kopfdaten zeigt die App unter **Letzte Sync** fortlaufend an, wann zuletzt E-Mails abgerufen worden sind **7**.

4. In der Menüleiste erscheint als Vorgabe der Name des Kontos **8** anzeigt, das Sie als Standardkonto bestimmt haben. Wie Sie ein Standardkonto festlegen, lesen Sie im Abschnitt »Einstellungen für die E-Mail-App« ab Seite 148. Wollen Sie die E-Mails eines anderen Kontos sehen, tippen Sie das angezeigte Konto an und dann das gewünschte Konto.

5. Als Alternative können Sie hier auch die Optionen unter **Kombinierte Ansicht** **9** wählen. In diesem Fall werden die E-Mails aller Konten in den verschiedenen Ordnern in zeitlicher Abfolge angezeigt, wobei unterschiedlich eingefärbte Balken erkennen lassen, zu welchem Konto eine Nachricht gehört.

6. Die Kopfdaten der E-Mails sind in der Standardansicht nach dem Datum gruppiert.

7. Wenn Sie die Nachrichtenliste und die jeweils ausgewählte Nachricht in zwei Hälften des Fensters sehen wollen, drehen Sie das Tablet einfach ins Querformat.

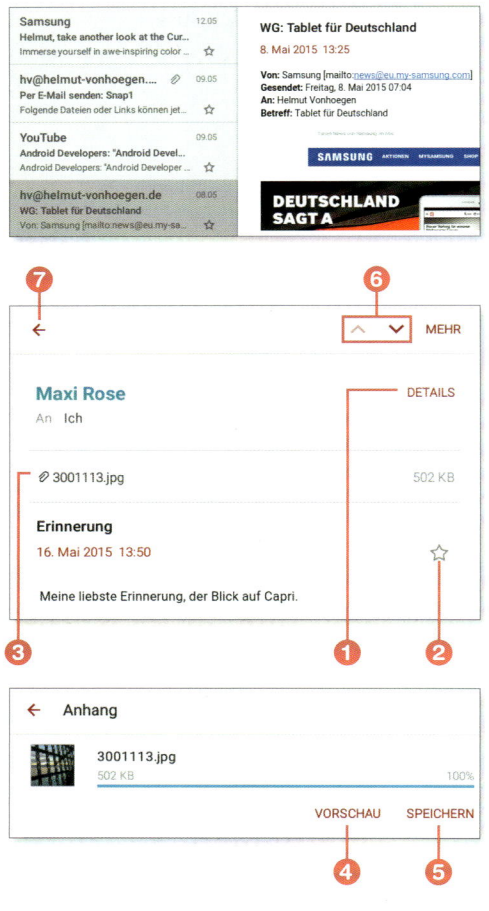

8. Um die E-Mail zu lesen, tippen Sie auf die Kopfdaten. Die App blendet die komplette Nachricht ein. Wenn die Datenmenge größer ist, etwa durch einen Anhang, tippen Sie auf **Weitere laden**, um die Nachricht komplett anzuzeigen.

9. Da Sie selbst der Empfänger sind, wird Ihre Adresse ausgeblendet, ein Tipp auf **DETAILS ❶** blendet sie ein.

10. Rechts zeigt die Nachricht einen kleinen Stern ❷. Wenn Sie ihn antippen, wird die Nachricht als bedeutend markiert. In der kombinierten Ansicht finden Sie diese Nachrichten dann unter **Markiert**.

11. Ist die Nachricht länger als der Bildschirm, ziehen Sie mit dem Finger nach oben, um weiterzulesen.

12. Enthält eine Nachricht einen Anhang, tippen Sie auf den Link mit der Büroklammer ❸. Wenn Sie ein Bild in der Vorschau sehen wollen, tippen Sie auf **Vorschau ❹**.

13. Mit **Speichern ❺** legen Sie das Bild auf dem Tablet in dem Ordner */download/* ab, den Sie in der App **Eigene Dateien** vorfinden.

14. Die App stuft die Nachricht anschließend als gelesen ein.

15. Es wäre sicher lästig, nach dem Lesen einer Nachricht immer wieder in die Ordneransicht zu wechseln, um dort die nächste Nachricht anzutippen. Deshalb finden Sie in der Menüleiste der Nachricht bequeme Pfeilschaltflächen ❻, um zur nächsten oder vorherigen Nachricht zu navigieren.

16. Wenn Sie mit dem kleinen Pfeil ❼ am Anfang der Menüleiste oder der **Zurück**-Taste wieder in die Listenansicht wechseln, wird die Nachricht mit einem grauen Hintergrund angezeigt.

ACHTUNG

Bilder erst nach Prüfung der E-Mail anzeigen

Wenn Sie bei den Einstellungen für das Konto die Anzeige von Bildern aus Sicherheitsgründen nicht aktiviert haben, erscheint in einer Nachricht, die Bilder als Inhalt und nicht als Anhang enthält, eine Schaltfläche **Bilder anzeigen**, die genau dies dann tut.

Das Menü zu einer geöffneten Nachricht, das die Schaltfläche **MEHR** öffnet, enthält noch einige weitere Optionen, die ich hier kurz erläutern werde:

Verschieben wird verwendet, um die Nachricht in einen anderen Ordner zu verlegen. Die Liste der Ordner wird angeboten, ein Tipp auf den Zielordner verschiebt die Nachricht dorthin.

| Als ungelesen markieren |
| Verschieben |
| E-Mail als Datei speichern |
| Erinnerung festlegen |
| Als VIPs hinzufügen |
| Neue E-Mail verfassen |
| Drucken |

E-Mail als Datei speichern erlaubt Ihnen, die Nachricht unter einem angegebenen Namen zu speichern.

Erinnerung festlegen lässt Sie eine Zeitspanne wählen, nach der Sie an diese Nachricht erinnert werden.

Als VIPs hinzufügen kennzeichnet eine Adresse mit dem Symbol 👤 als bevorzugt. Um die Hervorhebung wieder zu entfernen, nehmen Sie die Option **Von VIP-Liste entfernen**, die dann angeboten wird. E-Mails von diesen Personen erscheinen in der **Kombinierten Ansicht** in einem eigenen Ordner **VIP**.

Drucken stößt den Ausdruck der Nachricht an. Mehr dazu im Abschnitt »Drucken per WLAN oder Bluetooth« auf Seite 281.

INFO

Mit den Fingern zoomen

Macht Ihnen eine zu kleine Schrift in einer Nachricht zu schaffen, lassen sich, wie bei den Webseiten, Bereiche mit dem Spreizen der Finger leicht zoomen.

Lästig wäre, wenn Sie sich die E-Mail-Adresse eines neuen Senders irgendwie manuell notieren müssten, um sie in die Liste Ihrer Kontakte aufzunehmen. Stattdessen:

1. Tippen Sie in der Nachricht auf den Namen des Absenders.

2. Tippen Sie auf **Neuer Kontakt**.

3. Die **Kontakte**-App wird geöffnet, und die aus der Nachricht verfügbaren Daten werden schon in das Formular für einen neuen Kontakt übertragen.

4. Wählen Sie aus der Liste das Konto aus, dem der Kontakt zugeordnet werden soll.

5. Ergänzen Sie die Angaben, soweit es notwendig ist.

6. Schließen Sie die Anlage des Kontakts mit **Speichern** in der Menüleiste ab.

Weitere Informationen zum Umgang mit Kontakten finden Sie in Kapitel 3, »Telefonieren und Kontakte pflegen«.

E-Mails beantworten oder weiterleiten

Sie antworten auf eine Nachricht in der gleichen Weise, wie Sie eine Nachricht schreiben. Die App leitet Sie aber direkt zur Beantwortung und übernimmt dabei als Vorgabe die Nachricht, auf die Sie antworten, sodass bei einem mehrfachen Hin und Her am Ende die gesamte Kommunikation in der letzten Nachricht zusammengehalten wird.

1. Wenn Sie auf eine geöffnete Nachricht antworten wollen, benutzen Sie in der Leiste am unteren Rand die Schaltfläche **Antworten** ❶.

2. Die App übernimmt die Absenderadresse als Empfängeradresse ❷.

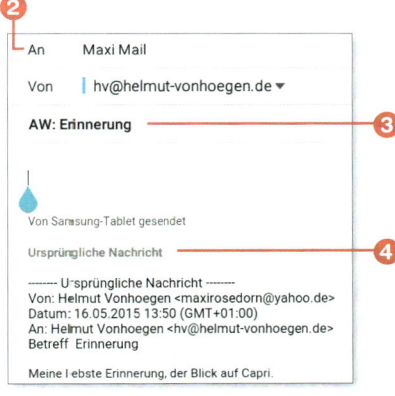

3. Im **Betreff** ❸ wird hinter dem Kürzel **AW** der Betreff der ersten Nachricht automatisch übernommen. Das können Sie natürlich ändern.

4. Die App blendet den Kopfbereich der E-Mail zunächst aus, sodass Sie die Nachricht sofort eintippen können. Ein Wisch nach unten blendet den Kopf wieder ein.

5. Unterhalb des Bereichs für Ihre Antwort wird unter **Ursprüngliche Nachricht** ❹ noch einmal die Nachricht angezeigt, auf die Sie antworten.

6. Ansonsten schreiben Sie Ihre Antwort wie gehabt und schicken sie mit **Senden** ab.

Ähnlich wie das Antworten funktioniert auch das Weiterleiten einer Nachricht:

1. Tippen Sie über der geöffneten Nachricht in der unteren Leiste auf die Schaltfläche **Weiterleiten** ❺.

2. Wenn die Nachricht einen Anhang hat, können Sie zunächst entscheiden, ob diese ebenfalls weitergeleitet werden soll.

3. Geben Sie unter **An** und bei Bedarf auch unter **Cc** und **Bcc** die Adressen an, an die die Nachricht weitergeleitet werden soll.

4. Wenn Sie noch etwas zu der Nachricht hinzufügen wollen, schreiben Sie es über der Kopie der Originalnachricht.

5. Mit **Senden** leiten Sie die Nachricht weiter.

Normalerweise wird beim Weiterleiten ein eventueller Anhang komplett mitübertragen. Sie können vorhandene Anhänge aber vorher auch einzeln lö-

schen, dazu reicht ein Tipp auf das rote Minuszeichen ❻ hinter dem jeweiligen Dateinamen. Soll ein zusätzlicher Anhang eingefügt werden, benutzen Sie wie gehabt das Symbol mit der Büroklammer.

141

E-Mails löschen

Nachrichten, die Sie entweder gar nicht anschauen wollen, etwa uner-
wünschte Werbung, oder Nachrichten, die Sie zwar lesen, aber nicht archivieren wollen, um Speicherplatz auf Ihrem Tablet zu sparen, können Sie
ganz einfach löschen.

1. Ist die Nachricht geöffnet, tippen Sie auf den Papierkorb in der Leiste am
unteren Rand.

2. Wollen Sie mehrere E-Mails in der Listenansicht löschen, tippen Sie in
der Menüleiste auf **BEARBEITEN**, haken die E-Mails in der Liste ab und
tippen dann auf **LÖSCHEN**.

Die gelöschten Nachrichten landen in dem Ordner **Papierkorb**, sodass Sie
die Chance haben, eine Nachricht im Notfall wieder in den Ordner **Posteingang** zurückzuschieben. Tippen Sie den Ordner **Papierkorb** an, und öffnen
Sie eine Nachricht, die Sie zurückholen wollen. Benutzen Sie **MEHR ▸ Verschieben**, und geben Sie **Posteingang** als Zielordner an.

Um dagegen alle Nachrichten im Papierkorb endgültig loszuwerden, tippen
Sie den Ordner an und benutzen **MEHR ▸ Alles löschen**.

INFO

Weg damit!

Können Sie an den Kopfdaten gleich sehen, dass es sich um E-Mails
handelt, die Sie nicht interessieren, oder gar um Spam, reicht ein
Wisch über die Kopfdaten nach links oder rechts, um sie zu löschen.

Ordner anlegen

Wenn es sich um ein IMAP-Konto handelt, lassen sich auf dem Mail-Server beliebige Ordnerstrukturen aufbauen.

Sie haben dann die Möglichkeit, Nachrichten nach ihrem Inhalt oder auch nach Absendern auf unterschiedliche Ordner zu verteilen. Das Yahoo-Konto oder das Gmail-Konto geben beispielsweise eine Reihe von Ordnern vor.

1. Um zusätzliche Ordner für ein solches Konto anzulegen, wählen Sie es zunächst in der Ordneransicht aus und benutzen **MEHR ▸ Ordner erstellen**.

2. Wählen Sie zuerst den Ordner aus, innerhalb dessen der neue Ordner angelegt werden soll.

3. Geben Sie einen passenden Namen ein. Es dauert vielleicht ein wenig, bis der neue Ordner auf dem Server angelegt ist.

4. Um nun Nachrichten in diesen Ordner zu verschieben, wählen Sie die Nachrichten durch Abhaken aus und benutzen dann **MEHR ▸ Verschieben**.

5. Tippen Sie den neuen Zielordner an.

Bei einem POP3-Konto unterstützt die **E-Mail**-App das Anlegen eigener Ordner allerdings nicht, Sie müssen dort mit der vorgegebenen Struktur aus **Posteingang**, **Entwürfe**, **Postausgang**, **Gesendet** und **Papierkorb** auskommen.

Nach E-Mails suchen

Sie wollen noch einmal in einer früheren Nachricht etwas nachsehen, wissen aber nicht mehr, wer Ihnen wann etwas zu dem Thema geschickt hat? Da hilft vielleicht die Suche mit einem entsprechenden Stichwort.

1. Wählen Sie in der Ordneransicht der **E-Mail**-App entweder ein bestimmtes Konto oder **Kombinierter Posteingang**, falls Sie die Suche auf alle Konten ausdehnen wollen.

2. Benutzen Sie in der Menüleiste **SUCHE** ❶, um das Suchfeld ❷ zu öffnen.

3. Geben Sie das Suchwort oder auch nur die ersten Buchstaben davon ein, und bestätigen Sie die Eingabe über die Tastatur.

4. Alle Nachrichten, in denen die gesuchte Zeichenfolge vorkommt, werden aufgelistet, die Fundstellen zeigen die Zeichenfolge mit roter Schrift.

5. Wenn Sie eine Nachricht antippen, finden Sie die Fundstellen darin markiert.

6. Über **MEHR ▸ Alle Ordner auf Gerät durchsuchen** lässt sich die Suche auch nachträglich ausweiten.

7. Bei Konten auf einem IMAP-Server wie bei Google oder Yahoo finden Sie noch die Option **MEHR ▸ Server suchen**. Darüber lässt sich der Suchbereich auf bestimmte Zeiträume ausdehnen.

Um wieder zur Listenansicht zu gelangen, tippen Sie auf den Pfeil nach links am Anfang der Menüleiste ❸.

Kontaktadressen verwenden

Es ist schon angesprochen worden, dass Sie beim Eingeben der Empfängeradressen für eine E-Mail auf Ihre mit der App **Kontakte** gepflegten Daten zurückgreifen können.

1. Wenn Sie die Schaltfläche **Kontakte** ❹ bei den Feldern **An**, **Cc** oder **Bcc** antippen, wird Ihnen die Liste Ihrer Kontakte in alphabetischer Gruppierung zur Auswahl angeboten. Über der Liste ist ein Suchfeld ❺, in dem Sie beispielsweise durch ein eingetipptes »J« das Angebot auf Adressen, die mit J beginnen, reduzieren.

2. Sobald Sie eine oder mehrere der Adressen mit einem Häkchen versehen haben, können Sie die Auswahl mit **OK** ⑥ bestätigen.

3. Um eine Adresse wieder zu löschen, tippen Sie einfach auf das Minuszeichen dahinter ⑦.

Statt die Auswahl aus allen Kontakten vorzunehmen, können Sie auch über den Pfeil hinter **Alle Kontakte** ⑧ die Optionen **Kürzlich** oder **Gruppen** auswählen. Die letzte Option ist sehr praktisch, um eine Nachricht beispielsweise gleich an alle Personen aus dem engeren Familienkreis oder an alle Mitglieder eines Vereins zu schicken. Wie Sie Gruppen in der **Kontakte**-App anlegen, habe ich in Kapitel 3 ab Seite 116 beschrieben.

Bilder, Videos und andere Dateien versenden

Im Abschnitt »E-Mails schreiben und senden« haben Sie bereits erfahren, wie Sie an eine Nachricht etwas anhängen können, ein Bild beispielsweise. Das Galaxy Tab bietet Ihnen hierzu zahlreiche Möglichkeiten. Ist eine App in der Lage, ein Format zu liefern, das die E-Mail-App an eine Nachricht anhängen kann, erscheint diese App auch als mögliche Quelle für einen Anhang.

1. Um an eine Nachricht etwas anzuhängen, tippen Sie in der Menüleiste die Schaltfläche **ANHÄNGEN** ⑨ an.

2. Um ein Bild anzuhängen, verwenden Sie **Eigene Bilder** ⑩, um mit der App **Galerie** das Bild auszusuchen.

3. Wählen Sie in der Galerie die gewünschten Bilder jeweils mit einem

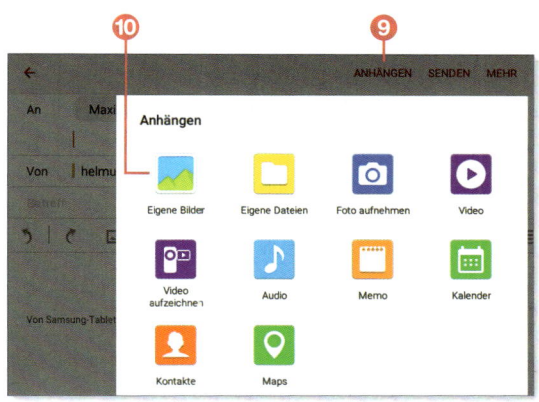

Tipp auf das Auswahlkästchen ❶ aus. Die Auswahl erscheint im oberen Teil mit Minuszeichen ❷ zur nachträglichen Korrektur. Ist die Auswahl okay, bestätigen Sie mit **Fertig** ❸.

Stattdessen können Sie auch schnell ein Foto schießen, indem Sie in der Auswahl in Schritt 2 zu **Anhängen** mit **Foto aufnehmen** die **Kamera**-App aufrufen. Nach dem Schnappschuss können Sie bei Bedarf die Dateigröße auf bis zu 10 % des Originals komprimieren, damit nicht so viele Daten übers Netz wandern müssen.

Wenn Sie ein Video verschicken wollen, werden verschiedene Quellen angeboten, sobald Sie **Video** antippen: Videos aus der **Galerie**, aus der App **Fotos** oder direkt von **OneDrive** oder einem anderen Cloud-Speicher, den Sie nutzen. Wollen Sie eine Audioaufnahme versenden, benutzen Sie **Audio** und wählen das Stück in dem Ordner aus, in dem es gespeichert ist.

Neben Bildern, Videos und Musikstücken lassen sich natürlich auch Dokumente oder sonstige Dateien wie PDF-Dateien oder gepackte Zip-Dateien anhängen. In diesem Fall gehen Sie über die Option **Eigene Dateien** zu dem jeweiligen Ordner, in dem die Datei abgelegt ist.

Auswahl eines Termins zur Weitergabe

Haben Sie in der App **S Planner** ein Ereignis zu einem bestimmten Termin notiert, können Sie diesen Termin als Anhang weiterleiten. Benutzen Sie die Option **Kalender**, und haken Sie das betreffende Ereignis dort ab. **OK** übernimmt den Termin in Form einer *vCalender*-Datei vom Typ *.vcs*.

Tippt der Empfänger diesen Anhang auf einem Android-System an, werden die Daten direkt in seiner App S Planner angezeigt. Verwendet der Empfänger dagegen beispielsweise auf einem Windows-System Outlook, wird der Anhang als Termin-Element eingelesen.

Ähnliches gilt für die Weitergabe von Kontakt-daten. Verwenden Sie unter **Anhängen** die App **Kontakte**, haken Sie den gewünschten Kontakt ab, und bestätigen Sie mit **Fertig**. Der Anhang wird als *vCard*-Datei vom Typ *.vcf* angefügt.

Wollen Sie einem Kunden eine Karte schicken, die Ihren Standort anzeigt, benutzen Sie im Menü die Option **Maps**.

Das Tablet listet die Anhänge am Ende der Nachricht auf, jeweils mit den Daten über die Dateigröße und bei Bildern mit einer Miniaturabbildung. Soll ein irrtümlich eingefügter Anhang gelöscht werden, tippen Sie einfach auf das Minuszeichen ❹ hinter dem Eintrag.

Etwas außer der Reihe ist die Option **Memo**, die auch unter **Anhänge** angeboten wird. Tatsächlich wird der Inhalt einer mit der **Memo**-App verfassten Notiz aber nicht in die Liste der Anhänge mit aufgenommen, die Notiz erscheint an der aktuellen Einfügeposition im Text der Nachricht selbst.

Eine E-Mail-Signatur verwenden

Vielleicht möchten Sie am Ende jeder Nachricht eine bestimmte Signatur mitversenden.

1. Öffnen Sie die Ordneransicht der **E-Mail**-App und tippen Sie auf **Einstellungen** und anschließend unter **Konten** auf das Konto, das Sie bearbeiten wollen.

2. Hier finden Sie die Option **Signatur** mit der Einstellung **Ein** und der Vorgabe »Von Samsung-Tablet gesendet«.

3. Wenn Sie dies ändern wollen, tippen Sie die Einstellung an und dann die Vorgabe und ändern den Text nach Ihren Wünschen.

4. Geben Sie Ihre eigene Signatur ein, und bestätigen Sie mit **OK**.

Der Umfang der Signatur ist nicht begrenzt, Sie können also beispielsweise Ihre kompletten Adressdaten dort ablegen. Da es sich um eine Einstellung für ein Konto handelt, sind Sie frei, für jedes Konto eine eigene Signatur zu erstellen.

Einstellungen für die E-Mail-App

Wie schon angesprochen, erlaubt die **E-Mail**-App, jedes einzelne Konto separat zu handhaben. Das geht bis zur Vergabe unterschiedlicher Klingeltöne beim Einlaufen von E-Mails auf verschiedenen Konten, falls Sie so etwas mögen.

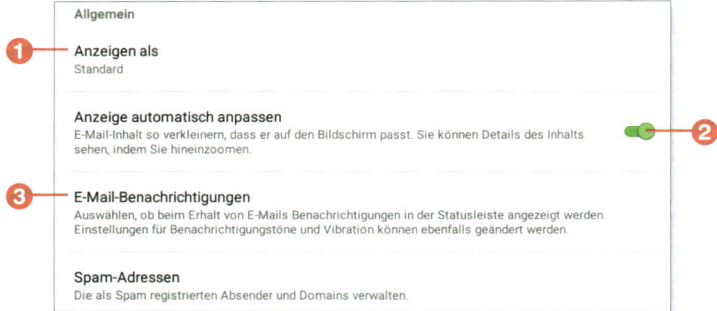

1. In der Ordneransicht finden Sie über **Einstellungen** unter der Auflistung der einzelnen Konten die Optionen unter **Allgemein**.

2. Tippen Sie auf die Einstellung unter **Anzeigen als ❶**, können Sie anstelle der Option **Standard** auch die Option

Gespräch wählen. Bei dieser Einstellung werden die E-Mails, die den

gleichen Betreff haben, zusammengefasst. In der Liste erscheint die Zahl der Nachrichten zum gleichen Betreff, ein Tipp darauf zeigt diese Gruppe dann an.

3. Die Option **Anzeige automatisch anpassen** ❷ sorgt, wenn eingeschaltet, dafür, dass der Inhalt der Nachricht an die Bildschirmgröße angepasst wird.

4. Unter **E-Mail-Benachrichtigungen** ❸ lässt sich für die einzelnen Konten wählen, ob und mit welchem **Benachrichtigungston** Sie auf den Eingang einer E-Mail aufmerksam gemacht werden.

Was die oben schon angesprochenen Einstellungen für die einzelnen Konten betrifft, finden Sie zunächst über **MEHR** noch die Option **Standardkonto festlegen**. Tippen Sie das Konto in der angebotenen Liste an, und bestätigen Sie mit **OK**.

Um die sonstigen Einstellungen pro Konto festzulegen, tippen Sie den Kontonamen unter **Konten** an.

1. Mit **Konto synchronisieren** aktivieren oder deaktivieren Sie hier die Synchronisierung dieses Kontos ❹.

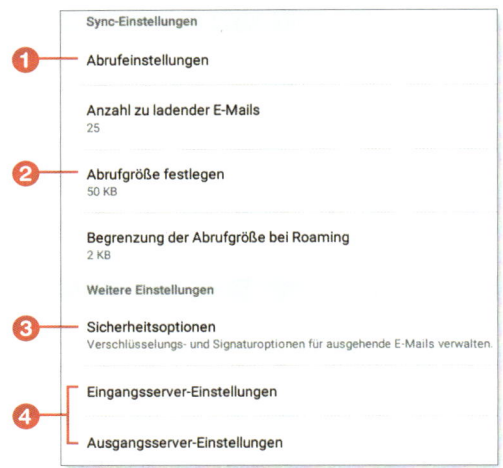

2. Unter **Kontoeinstellungen** können Sie Ihren in den Nachrichten erscheinenden Namen **5** ändern. Hinzu kommt hier noch der Schalter, mit dem Sie die Anzeige der Bilder in E-Mails zunächst abschalten können **6**. Das ist empfehlenswert, weil Bilder in Spam-Mails manchmal zum Einschmuggeln von Schadsoftware benutzt werden.

3. Unter **Abrufeinstellungen 1** können Sie bei Bedarf die bei der Anlage des Kontos festgelegten Einstellungen ändern bzw. verfeinern. So ist es beispielsweise möglich, den Abruf neuer E-Mails während der Arbeitszeit und an Werktagen auf ein kürzeres Intervall festzulegen als zu den arbeitsfreien Zeiten.

4. Wollen Sie verhindern, dass Ihr Tablet mit übermäßig großen E-Mails bzw. Anhängen überflutet wird, lässt sich unter **Abrufgröße festlegen 2** ein Grenzwert festlegen.

5. Die Einstellungen zu **Sicherheitsoptionen 3** erlauben die Verschlüsselung und Signierung von E-Mails.

6. Unter **Eingangsserver-Einstellungen** und **Ausgangsserver-Einstellungen 4** finden Sie noch einmal die bei der Einrichtung des Kontos angegebenen Daten.

Auch bei der Auswahl der Einstellungen für den E-Mail-Verkehr ist es ratsam, am Anfang ein wenig Aufmerksamkeit darauf zu verwenden, ob die gewählten Einstellungen optimal auf das abgestimmt sind, was Sie brauchen. Das hängt natürlich auch von der Menge der Nachrichten ab, die tagein, tagaus bei Ihnen eingehen.

Mailen mit Gmail

Wie zu Beginn dieses Kapitels angesprochen, steht für Ihren E-Mail-Verkehr neben der App **E-Mail** auch die App **Gmail** als vorinstallierte App zur Verfügung. Diese App ist speziell auf Gmail-Konten abgestimmt, kann aber auch andere Konten nutzen. Wenn Sie für das Tablet ein Google-Konto eingerichtet haben, können Sie mit der App gleich starten.

1. Öffnen Sie **Gmail** über den Startbildschirm mit einem Tipp auf den Ordner **Google** und dann auf **Gmail**.

2. Sie sehen den Posteingang mit den zuletzt eingegangenen Nachrichten. Die ungelesenen haben hier fett formatierte Überschriften, die gelesenen blassere.

3. Die vorgegebene Auflistung orientiert sich an sogenannten *Konversationen*. Zur Kennzeichnung werden Symbole oder Absenderbilder verwendet. Verschiedene E-Mails zum gleichen Thema lassen sich dadurch als *Thread*, also als hierarchische Abfolge von Beiträgen, behandeln, wie Sie es vielleicht aus Internetforen kennen. Ein Tipp auf ein bestimmtes Symbol oder Absenderbild ❺ wählt die entsprechende Konversation aus.

4. Wenn Sie das Drei-Balken-Symbol in der Übersicht ❻ antippen, wird eine Übersicht über die dem Konto zugehörigen Kategorien und Labels angezeigt. Nachrichten werden in Gmail über Kategorien und zugeordnete Labels – Etiketten – gruppiert, die teils vorgegeben, teils frei definierbar sind. Ein Tipp zeigt jeweils die Liste der dazu gehörenden Nachrichten.

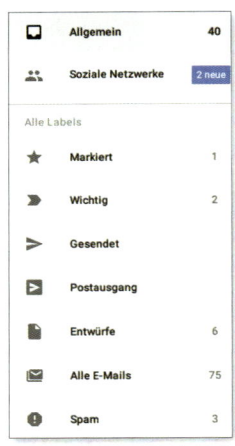

5. Um im Nachrichtenbestand zu suchen, verwenden Sie in der Menüleiste das Lupensymbol **7**.

6. Um eine neue Nachricht zu verfassen, tippen Sie auf das rote Symbol mit dem Stift **8**.

7. Sie geben die Adressdaten und den Betreff ein und darunter die eigentliche Nachricht. Ist die Adresse dem Tablet bekannt, brauchen Sie meist nur die ersten Buchstaben einzutippen und übernehmen dann die komplette Adresse aus der eingeblendeten Liste.

8. Um etwas an die Nachricht anzuhängen, tippen Sie die Büroklammer **1** an und wählen den Anhangstyp.

9. Ist alles komplett, schicken Sie die Nachricht mit dem Sendenpfeil **2** in der Menüleiste ab.

Anschließend zeigt die App wieder die Übersicht über die eingegangenen E-Mails. Um eine eingegangene Nachricht zu lesen, können Sie mit dem Finger in der angezeigten Liste navigieren.

1. Ein Tipp auf die Kopfzeilen einer Nachricht öffnet diese. Bei umfangreichen E-Mails navigieren Sie wieder mit dem Finger oder zoomen mit einem Doppeltipp oder durch Spreizen zweier Finger.

2. Wollen Sie weitere Nachrichten sehen, ziehen Sie mit dem Finger nach links oder rechts.

3. Um auf eine E-Mail zu antworten, benutzen Sie in der Leiste unter der Nachricht das Pfeilsymbol **Antworten** oder **Allen antworten**, wenn es mehrere Absender sind **3**. Zum Weiterleiten nehmen Sie den Pfeil nach rechts **4**. Die Symbole im rechten Teil der Menüleiste dienen zum Archivieren **5** oder Löschen **6** der Nachricht, zum Markieren als ungelesen **7** oder zum Verschieben in einen anderen Ordner **8**. Über ⁞ **9** stehen noch zusätzliche Optionen zur Verfügung.

4. Um die Nachrichten thematisch zu ordnen, können Sie ihnen Labels zuweisen. **Label hinzufügen 10** bietet die Liste der bisherigen Labels an. Ein Tipp ordnet die Nachricht dem Label zu.

Ein Tipp auf den Pfeil links **11** in der Menüleiste führt wieder in die Nachrichtenliste zurück.

> **INFO**
>
> **Neue Labels**
>
> Ändern können Sie die Zusammensetzung der Labels nur, wenn Sie sich auf der Internetseite von Gmail anmelden und dort über das Zahnradsymbol die Option **Einstellungen ▶ Labels** benutzen.

Wenn Sie in der Nachrichtenübersicht das Symbol mit den drei Balken antippen, finden Sie unter der Labelliste die Option **Einstellungen**, über die Sie die Arbeitsweise von Gmail vielfältig beeinflussen können. In der Tabelle auf Seite 154 sind die Optionen für **Allgemeine Einstellungen** aufgeführt:

Gmail-Standardaktion	Sie wählen hier, ob die Symbole **Archivieren** oder **Löschen** in der Menüleiste erscheinen.
Konversations-ansicht	Bestimmt, ob die Nachrichten als Konversation angeordnet werden.
Aktionen beim Wischen	Wenn aktiviert, genügt eine Wischbewegung, um eine Nachricht in der Übersicht zu archivieren oder zu löschen.
Bild des Absenders	Zeigt jeweils ein Bild neben dem Namen in der Konversationsliste.
Allen antworten	Auf Nachrichten von mehreren Absendern wird allen geantwortet.
Nachrichten auto-matisch anpassen	Optimiert die Bildschirmanzeige einer Nachricht.
Automatisch weiter	Bestimmt, wie es nach dem Löschen oder Archivieren in einer Konversationsliste weitergeht.
Aktions-bestätigungen	Hier legen Sie fest, ob die Aktionen **Löschen**, **Archivieren** oder **Senden** bestätigt werden müssen.

Die andere Gruppe von Einstellungen betrifft das einzelne Konto, kann also bei mehreren Konten unterschiedlich eingerichtet werden.

Art des Posteingangs	Wahl zwischen **Standard-Posteingang** und **Sortierter Eingang** (nach Labels).
Kategorien des Posteingangs	Neben dem normalen E-Mail-Verkehr können hier Nachrichten aus sozialen Netzwerken oder Foren etc. eingebunden werden.
Benachrich-tigungen	Können aktiviert oder deaktiviert werden.

Ton und Vibration für Posteingang	Jedem Konto können Sie einen eigenen Klingelton zuordnen.
Signatur	Hier geben Sie Text ein, der automatisch am Ende der Nachricht erscheint.
Abwesenheitsnotiz	Erlaubt Ihnen, für einen definierten Zeitraum eine Abwesenheitsmeldung zu veranlassen.
Gmail synchronisieren	Aktiviert oder deaktiviert die Synchronisierung mit dem Webserver.
E-Mails: zu synchronisierende Tage	Legt die Anzahl der Tage fest, für die, wenn die Verbindung zum Netz besteht, Nachrichten heruntergeladen werden.
Labels verwalten	Zeigt den Synchronisierungsstatus der verschiedenen Labels. Erlaubt die Synchronisierung für einzelne Labels.
Anhänge herunterladen	Wenn aktiviert, werden Anhänge über WLAN heruntergeladen.
Bilder	Bietet die Optionen **Immer anzeigen** oder **Vor dem Anzeigen erst fragen**.

INFO

Provider-Apps für E-Mails

Wenn Ihnen beide Apps nicht gefallen, suchen Sie im **Google Play Store**, ob es vielleicht eine spezielle App Ihres Providers gibt. Für ein GMX-Konto finden Sie dort beispielsweise die App *GMX Mail*. Auch Yahoo hat eine eigene *Yahoo Mail*, um nur diese beiden zu nennen.

155

Kapitel 5

Kalender, Termine und Erinnerungen

Zeit ist Geld, so heißt es. Wenn das stimmt, ist gutes Zeitmanagement einiges wert. Das Tablet ist eine echte Hilfe dabei, weil es überall zur Hand sein kann. Die vorinstallierte App **S Planner** bietet zudem eine übersichtliche Kalenderanwendung.

Sie können dabei wählen, ob Sie Ihre Terminplanung nur lokal auf dem Tablet, über ein Google-Konto oder über ein Samsung-Konto abwickeln. Über den lokalen Kalender lassen sich keine Daten mit anderen Geräten austauschen. Wenn Sie dagegen mit einem der Konten arbeiten, lagern Sie Ihre Daten automatisch auch auf den entsprechenden Servern, sodass Sie von allen Geräten, die Kontakt mit diesen Servern aufnehmen können, darauf zugreifen können.

Natürlich hat die NSA-Affäre hier die Frage akut werden lassen, ob Sie diesem weltweiten Datenfluss Ihre Daten anvertrauen können. Es ist sicher ratsam, an diesem Punkt nüchtern abzuwägen. Daten, die nicht brisant oder besonders intim sind, können anders behandelt werden als etwa Dokumente, die Betriebsgeheimnisse enthalten, um nur ein Beispiel zu nennen. Es ist aber auch überhaupt kein Problem, in der App parallel mit lokalen und *Cloud*-gestützten Kalendern zu arbeiten.

Einen Kalender einrichten

Wenn Sie ein Konto verwenden möchten, spricht einiges für das Google-Konto; es macht Sie unabhängiger von dem Gerätehersteller Samsung. Es könnte ja sein, dass Ihnen irgendwann einmal ein Android-Tablet von einem anderen Hersteller besser gefällt. Ich gehe im Folgenden deshalb davon aus, dass Sie mit einem Google-Konto arbeiten. Wie Sie ein solches einrichten, lesen Sie im Abschnitt »Konten einrichten« ab Seite 57.

1. Wenn Sie die App **S Planner** öffnen, erhalten Sie ein Kalenderblatt, das als Vorgabe die aktuelle Monatsansicht zeigt.

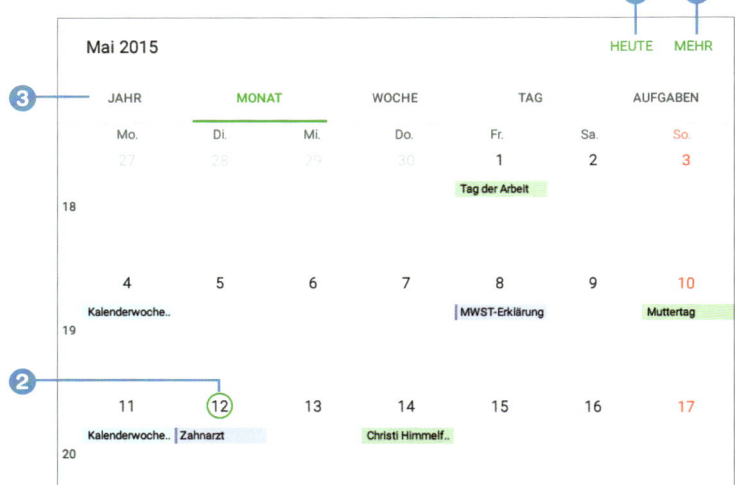

2. Mit **Heute** ❶ wählen Sie das aktuelle Datum aus. Dieses Datum wird mit einem grünen Kreis ❷ markiert.

3. Über die erste Zeile unter der Menüleiste ❸ wählen Sie die gewünschte Ansicht.

4. Über **MEHR** ④ und **Suche** blenden Sie die Liste der Aufgaben und Ereignisse ein und können gezielt darin mit einem Stichwort suchen.

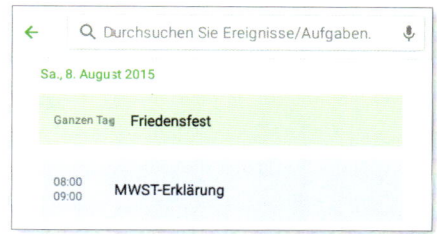

5. Der grüne Kreis mit dem Pluszeichen im Kalender unten rechts ⑤ startet die Eingabe eines Termins. Dazu gleich mehr im Abschnitt »Termine eintragen« ab Seite 161.

6. Mit **MEHR** ▸ **Kalender verwalten** öffnen Sie die Liste der angelegten Kalender. Sie können mit den Schaltern bestimmen, aus welchen Kalendern Aufgaben und Ereignisse in den angezeigten Blättern erscheinen sollen. Wenn Sie also beispielsweise einen Kalender mit einem Google-Konto und parallel einen privaten Kalender nur auf dem Tablet führen wollen, können die Termine trotzdem im gleichen Blatt angezeigt werden. Über **Konto hinzufügen** ⑥ lassen sich weitere Konten einbeziehen.

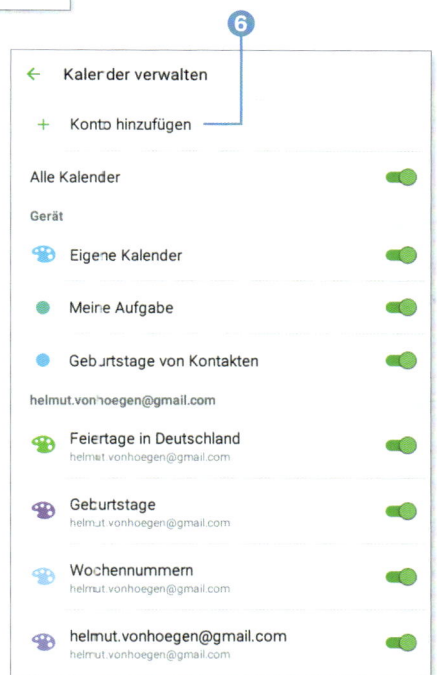

7. Mit **MEHR** ▸ **Einstellungen** finden Sie noch einige Optionen für die Darstellung der Kalenderblätter.

8. **Erster Tag der Woche** ist für Deutschland der Montag.

9. Eine sehr praktische Angelegenheit ist in der Regel die Option **Wochennummern anzeigen**.

10. Um Ihre Terminlisten übersichtlicher zu halten, können Sie abgelehnte Ereignisse ausblenden.

11. Mit den Optionen zu **Benachrichtigung** legen Sie fest, wie Sie auf bevorstehende Termine hingewiesen werden, ob per Alarm, per Vibration oder nur über eine Benachrichtigung in der Statusleiste. Den Klingelton wählen Sie aus einer Liste zu **Benachrichtigungston**.

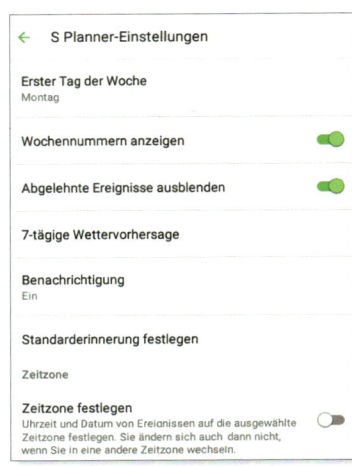

12. Tippen Sie **Standarderinnerung festlegen** an, um festzulegen, wann Sie an ein bevorstehendes Ereignis erinnert werden sollen.

13. Die App übernimmt die Zeitzone, die für das Tablet eingestellt ist. Sie können mit der Option **Zeitzone festlegen** den Bezug auf diese Zeitzone fixieren, auch für den Fall, dass Sie in eine andere Zeitzone wechseln.

Alle beschriebenen Einstellungen lassen sich jederzeit ändern, wenn sich herausstellt, dass sie nicht dem entsprechen, was Sie haben wollen.

Wahl der Kalenderansicht

Mit den Schaltflächen unter der Menüleiste der App wechseln Sie zu den verschiedenen Ansichten, die die App anbietet:

Jahr: Kalenderblatt für das ganze Jahr

Monat: Monatsblatt mit Wochenzeilen und Tageszellen. Ereignisse und Aufgaben werden unter dem Kalenderblatt noch einmal aufgelistet.

Woche: Wochenblatt mit Stundenzellen für die einzelnen Tage

Tag: Blatt mit Zellen pro Stunde. Infos zu ganztägigen Ereignissen erscheinen unter der Tageszahl.

Aufgaben: In dieser Ansicht lassen sich unter **Eingabe einer neuen Aufgabe** tagesaktuell oder für bestimmte Termine Aufgaben direkt notieren.

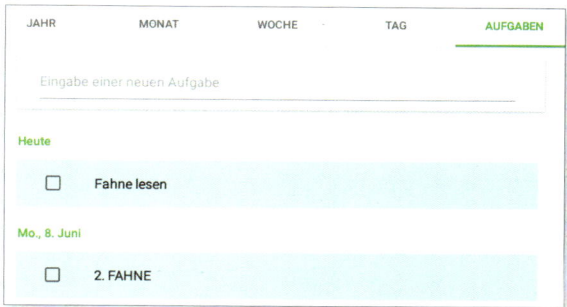

Bei allen Ansichten außer **Aufgaben** können Sie mit einem Wisch nach links oder rechts eine andere Periode auswählen.

Termine eintragen

Angenommen, Sie haben Ende des Monats eine Verabredung zu einem Gespräch über ein neues Projekt und möchten diesen Termin nun in Ihren Kalender eintragen. Das funktioniert wie folgt:

1. Tippen Sie in der Monatsansicht den Tag an, um ihn auszuwählen. Die Tageszahl wird grün eingekreist.

2. Tippen Sie erneut auf diesen Tag, um das Formular für die Termineingabe zu öffnen. Oder tippen Sie auf das Pluszeichen in dem grünen Kreis.

3. Geben Sie im ersten Textfeld ❶ dem Ereignis einen kurzen Titel, hier beispielsweise »Projektbesprechung«.

4. Falls das Ereignis den **Ganzen Tag** in Anspruch nimmt, aktivieren Sie die entsprechende Option ❷.

5. Ansonsten wählen Sie unter **Beginn** ❸ und **Ende** ❹ die entsprechenden Termine über die beiden Schaltflächen aus. Wenn Sie die vorgegebenen Zeitangaben antippen, erscheinen wieder kleine Pfeilschaltflächen zur Einstellung der Zeit, die Sie mit **OK** übernehmen.

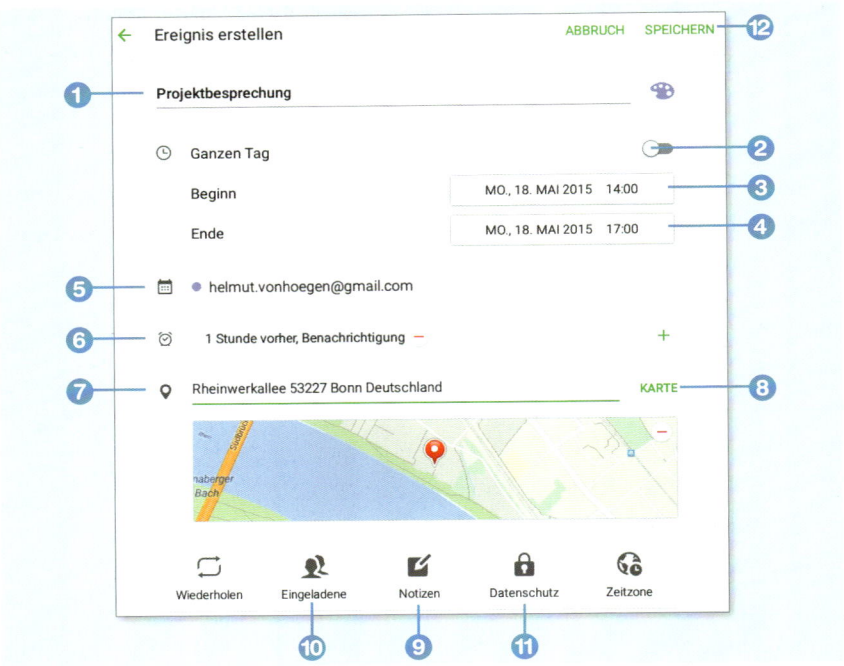

6. Darunter wählen Sie per Fingertipp den Kalender **5** aus, den Sie verwenden wollen, falls er nicht bereits angezeigt wird. Wir nehmen hier den Kalender für ein Google-Konto.

7. Tippen Sie das Pluszeichen mit dem Weckersymbol **6** am Ende der Zeile an, um einen Alarm einzurichten. Wählen Sie per Tipp beispielsweise **1 Stunde vorher**. Das heißt, Sie wollen am Tag des Termins zu diesem Zeitpunkt eine Benachrichtigung auf dem Tablet erhalten.

8. Unter **Ort** **7** geben Sie den Treffpunkt an. Alternativ wählen Sie ihn über **KARTE** **8** aus. Dabei wird die **Maps**-App aufgerufen, die in Kapitel 9, »Karten und Navigation«, beschrieben ist.

9. Über die Schaltfläche **Notizen** **9** können Sie weitere Details zum Termin hinterlegen.

10. Bei einem Google-Konto finden Sie davor noch die Schaltfläche **Eingeladene** **10**. Hier können Sie beispielsweise die E-Mail-Adressen der Teilnehmer an der Besprechung eintragen oder über die Schaltfläche zur **Kontakte**-App auswählen.

11. Bei dem Punkt **Datenschutz** ⑪ führt die Option **Sichtbarkeit ▸ Öffentlich** dazu, dass jeder, der in Ihren Kalender hineinsehen darf, auch diesen Termin findet. Die Einstellung **Privat** dagegen verhindert dies.

12. Über **Zeitzone** lässt sich noch eine andere Zone wählen, wenn ein Termin im Ausland stattfindet.

13. Benutzen Sie **Speichern** ⑫ in der Menüleiste, um den Termin in dem aktuellen Kalender zu fixieren.

14. Sind in einem Kalenderblatt bereits Termine eingetragen, reicht ein Tipp darauf, um die Details anzusehen.

15. Wenn Sie noch etwas ändern müssen, tippen Sie **BEARB.** ⑬ an. **SENDEN** ⑭ öffnet zusätzlich noch ein Menü, das Ihnen auch die Weiterleitung des Termins, etwa per E-Mail, erlaubt. Soll der Termin dagegen gelöscht werden, benutzen Sie **LÖSCH.** ⑮.

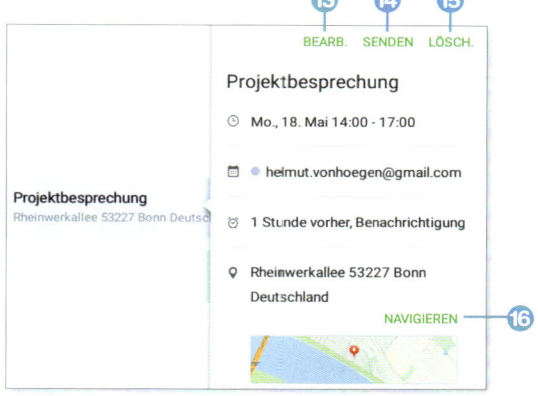

16. Per Tipp auf **NAVIGIEREN** ⑯ und **NAVIGATION STARTEN** ⑰ finden Sie eine Route für den Weg von Ihrem Standort zu dem Ort der Besprechung.

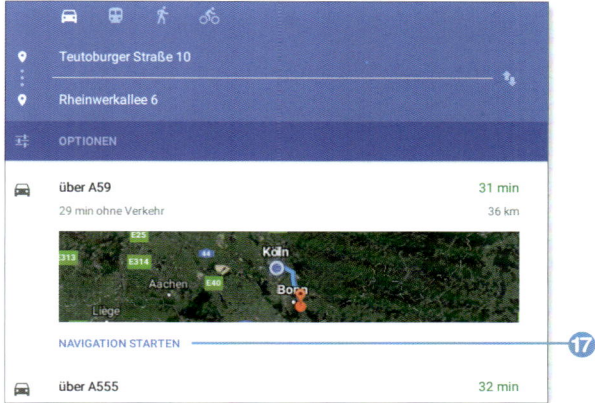

Wenn der Zeitpunkt für die Erinnerung gekommen ist, finden Sie einen entsprechenden Hinweis in der Statuszeile und eventuell ein akustisches Signal.

Sie können dann mit dem Finger von der Statuszeile aus nach unten ziehen, um die Benachrichtigung zu sehen.

Wiederkehrende Ereignisse anlegen

Es muss ja nicht immer ein Geburtstag sein, den Sie gerne vergessen. Auch bei anderen periodisch wiederkehrenden Terminen, etwa bei der monatlichen MwSt-Erklärung, ist eine Erinnerung hilfreich.

1. Sie legen einen solchen Termin beispielsweise für den 8. des ersten Monats wie gewohnt an.

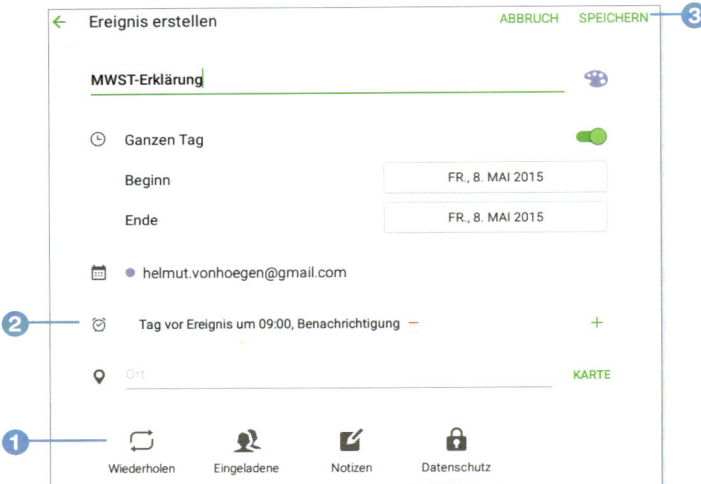

2. Zusätzlich benutzen Sie die Optionen in dem Listenfeld zu der Schaltfläche **Wiederholen** ❶.

3. In diesem Fall hilft die Option **Monatlich**.

4. Geben Sie anschließend noch an, wie lange die Wiederholung für den Termin gelten soll.

5. Legen Sie bei dem Symbol mit dem Wecker ❷ fest, zu welchem Zeitpunkt Sie alarmiert werden.

6. Mit **Speichern** ❸ schließen Sie den Vorgang ab.

Um noch einmal auf die Geburtstage zurückzukommen, hier können Sie natürlich so verfahren wie in Schritt 1 bis 6, nur dass Sie eben die jährliche Wiederholung angeben.

Solange es sich aber um die Geburtstage von Kontakten handelt, nimmt Ihnen die **Kontakte**-App die Arbeit weitgehend ab. Wenn Sie dort das Geburtstagsdatum zu einem Kontakt hinterlegen – siehe dazu Kapitel 3, »Telefonieren und Kontakte pflegen« –, übernimmt die **S-Planner**-App diese Termine automatisch in den Kalender **Geburtstage des Kontakts**, den Sie – wie auf Seite 116 schon beschrieben – über **MEHR ▸ Kalender verwalten** ein- oder ausblenden können.

Einen anderen Kalender übernehmen

Weitverbreitet auf den Windows-PCs sind Kalender, die mit Outlook gepflegt werden. Die Übernahme eines solchen Kalenders auf das Tablet ist relativ einfach:

1. Benutzen Sie in Outlook das Register **Kalender**, um Termine einzutragen.

2. Um die Kalenderdaten zu exportieren, nehmen Sie auf dem Register **Datei** die Option **Kalender speichern**.

3. Geben Sie einen passenden Dateinamen an, und übernehmen Sie den bereits vorgegebenen Dateityp **iCalender-Format**.

4. Über **Weitere Optionen** lassen sich der Zeitraum und der Detailreichtum eingrenzen. **Vollständiger Kalender** und **Alle Details** übernehmen alle Daten.

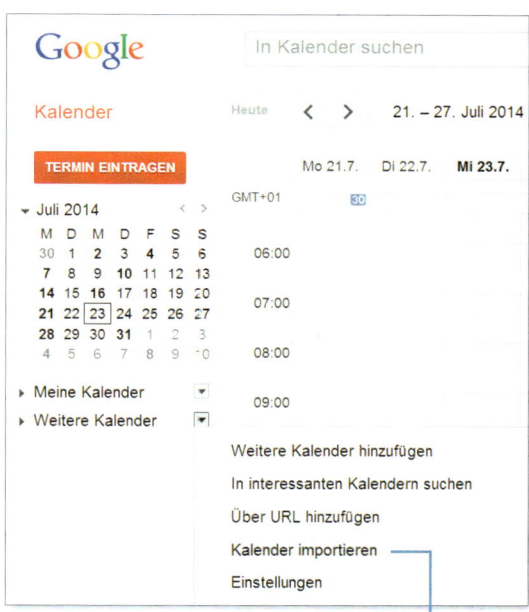

5. Um die exportierten Daten auf dem Tablet zu nutzen, übernehmen Sie diese zunächst in den Google-Kalender auf dem PC. Melden Sie sich dazu im Browser über *www.google.com* mit Ihrem Google-Konto an, und benutzen Sie im Kalenderbereich unter **Weitere Kalender** die Option **Kalender importieren** ❹.

6. Wählen Sie unter **Datei** die iCalender-Datei aus und unter **Kalender** den Kalender, in den die Daten eingelesen werden sollen.

7. Mit **Importieren** werden die Termine eingelesen. Nun haben Sie über Ihr Google-Konto auch Zugriff auf die Termine auf Ihrem Tablet.

Dieses Verfahren ist brauchbar, wenn Sie von einem Outlook-Kalender auf einen Google-Kalender umsteigen wollen. Für einen ständigen Abgleich zwischen dem Kalender auf Ihrem Tablet und einem Outlook-Kalender auf dem PC ist es natürlich nicht ausreichend. Hier werden Sie auf Lösungen anderer Apps zurückgreifen müssen, beispielsweise die *Google Apps Sync for Microsoft Outlook*, die Sie auf *https://tools.google.com/dlpage/gapps-sync* herunterladen können. Noch besser funktioniert Samsungs PC-Software *Smart Switch*, die ich Ihnen im Abschnitt »Mit Samsung Smart Switch verbinden« ab Seite 291 vorstelle.

Memos

Vielleicht sind Sie ja noch ein Anhänger der Zettelwirtschaft. Für die kleinen, oft gelben Zettel, die gerne für schnelle Notizen verwendet werden, gibt es eine elektronische Entsprechung über die im ersten Kapitel schon kurz angesprochene App **Memo**.

1. Tippen Sie das Symbol **Memo** in der Anwendungsübersicht an.

2. Bevor Sie die App nutzen, ist es sinnvoll, ein paar Kategorien zu definieren, die für Ordnung sorgen. Benutzen Sie **MEHR ▸ Kategorien verwalten ▸ HINZUFÜGEN** ➊ beispielsweise für **Privat**, **Arbeit** und **Dringend**.

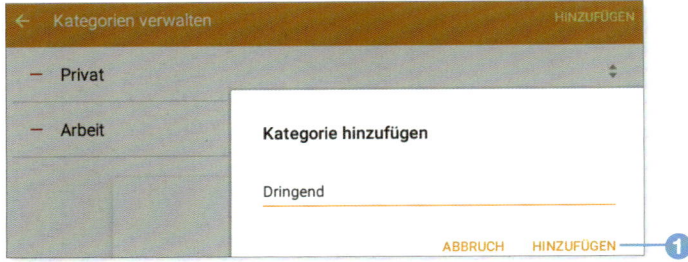

3. Um eine Notiz zu verfassen, tippen Sie auf das Pluszeichen.

4. Tippen Sie das Symbol für die Kategorien an ➋, und wählen Sie die Kategorie aus. Überschreiben Sie die Dummy-Texte **Titel eingeben** und **Geben Sie ein Memo ein**. Die Tastatur wird automatisch eingeblendet.

5. Wenn Sie eine Liste zu Abhaken produzieren wollen, tippen Sie vor jeder Position zunächst auf die Schaltfläche **Aufgaben** ➌.

6. Wenn Sie noch ein Bild beifügen wollen, tippen Sie auf **Bild** ➍. Sie können ein Bild direkt aufnehmen oder aus der **Galerie** übernehmen.

7. Anstelle einer Textnotiz können Sie auch eine Sprachnotiz aufnehmen, wenn Sie auf **Sprache** ➎ tippen. Sichern Sie die Notiz mit der Schaltfläche **Speichern** ➏.

8. Die Memos erscheinen in einer Liste. Ein Tipp auf einen Eintrag öffnet das Memo erneut zur Bearbeitung.

9. Mit **MEHR** ▸ **Bearbeiten** werden Ausfüllkästchen zum Markieren eingeblendet.

10. Sind Memos markiert, erscheinen in der Menüleiste die Optionen **LÖSCHEN** und **VERSCHIEBEN**. Letzteres erlaubt das Verschieben in eine andere Kategorie.

11. Über **MEHR** ▶ **Senden** schicken Sie ausgewählte Memos an eine App wie Facebook oder Google+, an einen Cloud-Speicher oder auch einen Drucker.

Als Versandziel wird in diesem Fall auch **In Zwischenablage** angeboten. Das ist sehr praktisch, wenn Sie den Inhalt der Notiz an anderer Stelle übernehmen wollen, etwa in eine E-Mail.

Kapitel 6
Fotografieren und Bilder bearbeiten

Anders als bei dem aktuellen Smartphone Galaxy S6, das mit einer leistungsfähigen 16-Megapixel-Hauptkamera und immerhin 5 Megapixel für Selfies ausgerüstet ist, hat Samsung auch seine neue Tablet-Generation, was die Kameras betrifft, mit einer zwar verbesserten, aber immer noch eher bescheidenen Ausstattung belassen.

Alle Geräte bieten vorne 2 Megapixel und hinten 5 Megapixel. Mit dem Tablet zu fotografieren macht aber trotzdem Spaß, insbesondere weil vor dem Klick das Bild in großem Format zu sehen ist.

Hinzu kommt, dass die meisten auch ein Smartphone nutzen, und da liegt es nahe, das Tablet als elektronischen Bilderrahmen für die mit dem Smartphone aufgenommenen Fotos zu nehmen oder die Nachbearbeitung von Bildern vom Smartphone auf das Tablet zu verlagern. Für Fotos bringt das Tab A gleich mehrere vorinstallierte Apps mit: eine **Kamera**-App für das Fotografieren und für Videoaufnahmen, eine **Galerie**-App für das Anzeigen und Verwalten der Bildbibliothek und von Google eine **Fotos**-App, die hauptsächlich für die Übertragung von Fotos auf Google+ interessant ist.

Im **Google Play Store** werden noch zahlreiche Apps angeboten, um Fotos zu verwalten oder zu bearbeiten, kostenlose, aber auch kostenpflichtige. Hier gehört **Adobe Photoshop Express** sicher zu den empfehlenswerten.

INFO

Das Objektiv sauber halten

Das Objektiv der Rückkamera sollten Sie sauber halten, damit das Tablet ordentliche Bilder machen kann. Insbesondere bei hohen Auflösungen machen sich Verschmutzungen deutlich bemerkbar.

Fotos aufnehmen

Der vorgegebene Startbildschirm stellt Ihnen gleich ein Symbol zur Verfügung, um mit dem Tablet eigene Bilder zu schießen. Ein neues Foto wird automatisch im internen Speicher des Tablets gespeichert. Wenn Sie zusätzlich eine Micro-SD-Karte installiert haben, können Sie es auch so einrichten, dass Ihre Bilder gleich in einem Ordner dort landen.

1. Tippen Sie das **Kamera**-Symbol an, um die **Kamera**-App zu starten.

2. Wenn Sie vorher eine SD-Karte in Ihrem Tablet installiert haben, werden Sie beim ersten Mal gefragt, ob Sie den Standardspeicherort für Fotos auf die SD-Karte verlegen wollen. Wenn Sie dies bestätigen, werden alle in der Folge aufgenommenen Bilder bis auf Weiteres dort abgelegt. Das ist in der Regel sinnvoll, weil Bilder meist eine Menge Speicher benötigen und der interne Speicher ja nicht so üppig ausgelegt ist.

3. Auf dem Bildschirm erscheinen einige Schaltflächen, oben links ein kleines Zahnrad ❶, um Kameraeinstellungen aufzurufen, als Zweites ein Symbol, um den Timer für einen Selbstauslöser einzustellen ❷.

4. Wenn Sie selbst noch schnell in ein Bild huschen wollen, das Sie vorher arrangiert haben, können Sie hier eine Verzögerung von 2 bis 10 Sekunden programmieren.

5. In der rechten Ecke wird bei aktivierter Rückkamera (siehe Schritt 8) noch ein Zauberstab ❸ eingeblendet, der ein paar einfache Effekte wie **Sepia** oder *Graustufen* anbietet. Ein Tipp auf eines der Muster ordnet den Effekt dem Bild vorweg zu. Die Effekte bleiben so lange aktiv, bis sie mithilfe der Schaltfläche **Kein Effekt** wieder abgeschaltet werden.

6. Unter der rechten Ecke finden Sie noch ein Symbol für die Speicherkarte, falls sie installiert ist ❹.

7. Die Schaltflächen am unteren Bildrand beginnen mit **MODUS** ❺; hiermit schalten Sie zwischen verschiedenen Aufnahmemodi um. Vorgegeben ist der Modus **Auto**. Der aktuelle Modus wird immer nur kurz eingeblendet, oben in der Mitte ❻.

8. Mit dem Symbol daneben ❼ wechseln Sie zwischen der Front- und der Rückkamera.

9. Um den ersten Schnappschuss in den Kasten zu bringen, tippen Sie auf die Schaltfläche mit dem Kamerasymbol ❽, das in der **Kamera**-App dem

Auslöser entspricht. Wenn Sie einen bestimmten Moment abpassen wollen, halten Sie den Finger auf der Schaltfläche und halten das Tablet ruhig auf das Motiv gerichtet. Erst wenn Sie den Finger loslassen, wird das Bild über den Sensor aufgenommen.

10. Rechts von dem Kamerasymbol finden Sie die Schaltfläche für Videoaufnahmen ❾, mehr dazu ab Seite 197.

11. Eine Vorschau des neuen Bildes erscheint in der rechten Ecke ❿. Ein Tipp darauf öffnet die App **Galerie** und zeigt das Bild dort an.

Wenn die Rückkamera ausgewählt ist, sehen Sie mit dem Bildschirmfenster gewissermaßen durch das Tablet hindurch auf alles, was von der Rückseite aus sichtbar ist. Im Gegensatz zu den kleinen Displaysuchern bei den meisten digitalen Kameras ist das eine sehr praktische Ansicht, die gut erkennen lässt, wie das spätere Bild aussehen wird. Ist die Frontkamera ausgewählt, sehen Sie sich auf dem Bildschirm wie in einem Spiegel.

Die aufgenommenen Bilder werden automatisch in dem als Standardspeicherort definierten Ordner abgelegt. Solange Sie dafür den internen Speicher verwenden, ist das der Ordner */Gerätespeicher/DCIM/Camera*, speichern Sie auf der SD-Karte, ist es der Ordner */SD card/DCIM/Camera*. Der Dateityp ist *.jpg*.

INFO

Standardspeicher

Um den Standardspeicherort für Fotos später zu ändern, benutzen Sie das Radsymbol in der **Kamera**-App, tippen im Dialogfeld noch einmal auf das Rad und wählen unter **Speicherort** die Option **SD-Karte**.

Die passenden Einstellungen finden

In der **Kamera**-App stehen Ihnen über das Zahnradsymbol eine Reihe von Einstellungsmöglichkeiten zur Verfügung. Die folgende Abbildung zeigt die Optionen für die Rück- oder Hauptkamera.

Unter **Bildgröße** ❶ wird die aktuelle Auflösung für die Hauptkamera angezeigt. Ein Tipp auf diesen Wert öffnet ein Menü für alternative Auflösungen. Ein Tipp wählt diese aus.

Die möglichen Auflösungen für die Rückkamera reichen von 1.600 × 1.200 bis zu 2.592 × 1.458 Pixel, der Speicherbedarf pro Bild ist dann 2 Megapixel bis 5 Megapixel.

Die Hauptkamera ist mit einer Autofokusfunktion ausgestattet, Sie können aber Einfluss auf die Fokussierung nehmen, wenn Sie den Finger auf den Bereich des Bildes halten, den Sie scharf haben wollen. Vorübergehend erscheint ein weißer Kreis, um die Position anzugeben.

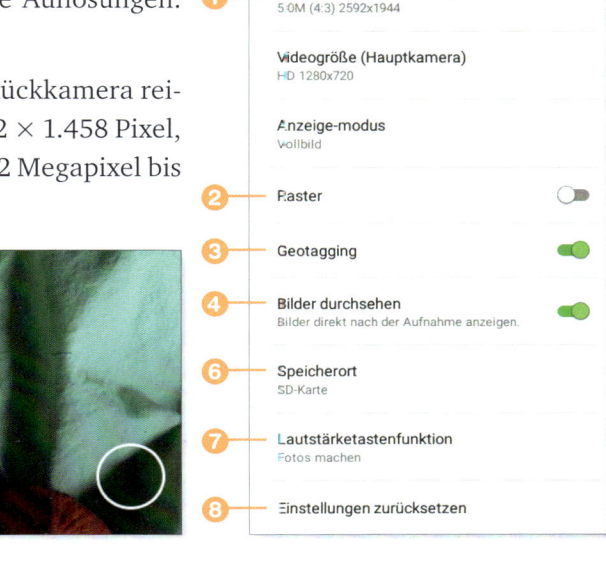

Bildaufteilung mit Hilfslinien

Ganz hilfreich für einen gezielten Motivaufbau ist die Option **Raster** ❷. Wenn Sie diese einschalten, erscheinen auf dem Display zwei horizontale und zwei vertikale Linien, die das Bild in neun Felder einteilen.

Geotagging ❸ schaltet die Übernahme der Positionsdaten in das Bild ein oder aus. Diese Daten werden in der Bilddatei abgelegt und können beispielsweise auf einem PC über den Dialog **Eigenschaften** ausgelesen werden. Bildverwaltungsprogramme können diese Infos ebenfalls auswerten.

Wenn Sie die Option **Bilder durchsehen** ❹ einschalten, wird unmittelbar nach dem Auslösen das aufgenommene Bild angezeigt, versehen mit einem Papierkorbsymbol ❺. Ein Tipp darauf löscht misslungene Schnappschüsse sofort.

Über die Option **Speicherort** ❻ können Sie noch einmal zwischen dem internen Speicher und einer SD-Karte wählen, falls eine solche installiert ist.

Die Einstellungen zu **Lautstärketastenfunktion** ❼ erlauben Ihnen, diese Taste als Zoom-Taste zu verwenden. Es gibt die Stufen 1 bis 4. Zum Zoomen reicht es aber auch, wenn Sie über dem Bild zwei Finger spreizen. Das Zoomen ist aber nur für die Rückkamera möglich.

Anzeige der Zoom-Stufe

Alternativ können Sie die Lautstärketaste auch als Kameraauslöser oder als Aufnahmetaste für ein Video verwenden.

Die Option **Einstellungen zurücksetzen** ❽ gibt Ihnen zu jedem Zeitpunkt die Möglichkeit, alle neu gewählten Einstellungen zu verwerfen und die App auf die vorgegebenen Standardeinstellungen zurückzusetzen.

Wenn die Frontkamera für Selfies eingeschaltet ist, finden Sie mit dem Zahnradsymbol etwas andere Kameraeinstellungen.

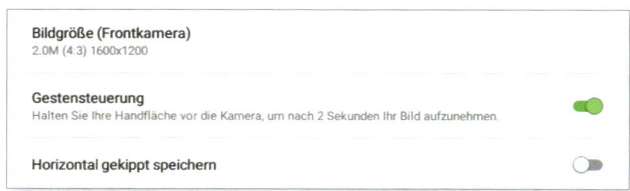

Zunächst werden für **Bildgröße** weniger Auflösungen angeboten. Die möglichen Stufen sind für die Frontkamera auf 1.600 × 1.200, 1.280 × 960 und 640 × 480 Pixel eingeschränkt, da bei dieser Kamera ja maximal nur 2 Megapixel möglich sind.

Ist **Gestensteuerung** eingeschaltet, können Sie die Aufnahme um zwei Sekunden verzögern, wenn Sie solange die Handfläche vor die Kamera halten.

Mit der Option **Horizontal gekippt speichern** können Sie das Bild vor dem Speichern horizontal kippen. Sie sehen sich auf dem Bild dann also genau so, wie Sie sich im Spiegel und auch bei der Aufnahme auf dem Bildschirm sehen.

Aufnahmemodi

Mit den Einstellungen zum Aufnahmemodus stimmen Sie die Kamera auf Besonderheiten des Motivs ab, beispielsweise die Lichtverhältnisse oder die Schnelligkeit der Bewegungen. Und so wählen Sie den passenden Modus:

Tippen Sie auf die Schaltfläche **Modus**. Die möglichen Optionen werden Ihnen als Schaltflächen zum Antippen angeboten. **Info** ❶ gibt Ihnen einen schnellen Überblick. Die Abbildung zeigt die Modi für die Hauptkamera.

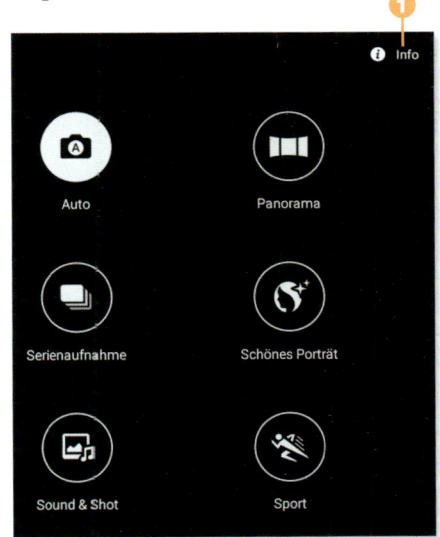

- **Auto**: Die Kamera wertet automatisch die Umgebung aus und wählt den Modus, der am besten dazu passt, um ein gutes Bild zu schießen.

- **Panorama**: In diesem Modus haben Sie die Möglichkeit, eine Folge von Bildern aufzunehmen, die automatisch zu einem Panoramabild zusammengesetzt werden. Ich beschreibe dies ab Seite 177.

Die Anzahl der Aufnahmen erscheint als Schaltfläche auf der Serienaufnahme.

- **Serienaufnahme**: Dieser Modus erlaubt es, durch Festhalten des Kamera-symbols eine Serie von Bildern anzustoßen. In der Galerie zeigt die Aufnahme eine Schaltfläche mit der Zahl der Bilder, mit der Sie die weitere Behandlung starten, mehr dazu im nächsten Abschnitt.

- **Schönes Porträt**: Die aufgenommenen Bilder werden etwas aufgehellt und weich gezeichnet.

- **Sound & Shot**: In diesem Modus können Sie nach der Bildaufnahme eine kurze Audiosequenz – maximal 9 Sekunden lang – aufnehmen, beispielsweise mit einem Kommentar zu dem Motiv. Die Sequenz wird automatisch abgespielt, wenn Sie das Bild in der App **Galerie** auswählen.

- **Sport**: Diese Einstellung ist optimiert für Motive mit schnellen Bewegungen, wie sie für Fotos von Sportereignissen typisch sind.

Ist die Frontkamera aktiviert, stehen nur vier Modi zur Verfügung. Neben **Auto**, **Schönes Porträt** und **Sound & Shot** ist es die **Intervall-aufnahme**. Dieser Modus startet eine Serie von vier Aufnahmen im Abstand von 2 Sekunden.

Sie können dann die besten Bilder zum Speichern aussuchen und die anderen verwerfen.

Wenn Sie es eilig haben mit einem Schnappschuss, lässt sich die Kamera auch bei gesperrtem Bildschirm starten. Ziehen Sie dazu das Kamerasymbol in die Bildmitte. Sofort wird die Kamera-App geöffnet.

Ein Selfie machen

Aufnahmen mit der Frontkamera leiden zwar etwas darunter, dass Ihnen dafür nur 2 Megapixel zur Verfügung stehen. Andererseits ist es aber sehr anregend, das Bild wie in einem Spiegel so lange beobachten zu können, bis Sie damit zufrieden sind.

1. Tippen Sie das Symbol für den Wechsel zur Frontkamera an.

2. Wählen Sie über die Schaltfläche **Modus** ❶ die Option **Schönes Porträt**.

3. Halten Sie den Auslöser ❷ mit dem Finger fest, und beobachten Sie das Motiv.

4. Wenn Ihnen das Bild gefällt, lassen Sie die Taste los.

Ein Panorama aufnehmen

Manchmal ist es reizvoll, Bilder zu einer Serie zusammenzusetzen, die ein Panorama liefert. Am einfachsten ist das, wenn Sie sich in gerader Linie vor einem Objekt bewegen können, dann werden die Bilder einfach nebeneinander zusammengefügt. Wenn Sie sich dagegen von einem festen Punkt aus um die eigene Achse bewegen, werden beim Zusammenfügen der Bilder perspektivische Verzerrungen simuliert.

Ich versuche es hier mal mit dem Blick aus meinem Büro auf die gegenüber-
liegenden Gründerzeitfassaden.

1. Zunächst wählen Sie über die Schaltfläche **Modus** die Einstellung **Panorama**.

2. Die **Kamera**-App blendet ein Rechteck mit Führungslinien ❶ ein. Richten Sie das Tablet so aus, dass in dem weißen Rahmen ❷ das Startbild der Bildserie zu sehen ist.

3. Tippen Sie den Auslöser an, um die automatische Aufnahme der Bildserie zu starten.

4. Innerhalb der Führungslinien erscheinen Miniaturen der aufgenommenen Bilder. Mithilfe des weißen Rahmens prüfen Sie fortlaufend, ob Sie sich innerhalb der Führungslinien bewegen, damit sich aus der Bildserie auch ein Panoramabild zusammensetzen lässt. Korrigieren Sie die Position, wenn es nötig ist.

5. Die App nimmt nacheinander über 20 Bilder auf und stoppt dann, um die Bildzusammensetzung zu starten. Wenn Sie die Reihe schon vorher beenden wollen, tippen Sie auf die eingeblendete Schaltfläche mit dem Quadrat.

Wenn der Sucher zu weit außerhalb des durch die Führungslinien vorgegebenen Bereichs gerät, werden keine Bilder aufgenommen.

Das Panorama erscheint in der Galerie mit einer Schaltfläche, die die Ansicht startet.

Fotos in der Galerie ansehen

Für die Anzeige und Verwaltung Ihrer Bilder ist zunächst einmal die vorinstallierte App **Galerie** zuständig. Sie unterstützt die Bildformate BMP, GIF, JPG und PNG.

Sie ist mit der **Kamera**-App so verknüpft, dass dort das zuletzt geschossene Bild immer in einem Miniaturbild in der unteren Ecke angezeigt wird. Ein Tipp darauf öffnet das Bild in der Galerie. Die anderen Bilder der Galerie blättern Sie mit Wischen nach links oder rechts durch.

1. Die Steuerelemente der App zu einem angezeigten Bild erscheinen jeweils nur kurz, werden dann aber wieder ausgeblendet, sodass Sie die Bilder in ihrer ganzen Schönheit – hoffen wir doch – betrachten können.

2. Wird ein Bild angezeigt, reicht ein Tipp in das Bild, um die Steuerelemente vorübergehend wieder einzublenden.

3. Der Pfeil oben links ❶ führt in die Übersicht über den Bestand der Galerie zurück.

4. Im unteren Teil erscheinen einige Schaltflächen, um mit dem Bild Verschiedenes zu tun. Die Schaltfläche **Favorit** ❷ nimmt das Bild in die Sammlung Ihrer Lieblingsbilder auf.

5. **Freigeben** ❸ öffnet ein umfangreiches Dialogfeld, um Apps oder Dienste auszuwählen, mit denen Sie das Bild an andere Stellen weiterleiten.

Welche Dienste hier angeboten werden, hängt ganz davon ab, welche Apps Sie auf Ihrem Tablet installiert und wo Sie entsprechende Konten eingerichtet haben. Typische Ziele sind die Apps E-Mail oder Gmail, Hangouts, Skype, die Cloud-Speicher Drive oder One-Drive, soziale Medien wie Google+, Face-

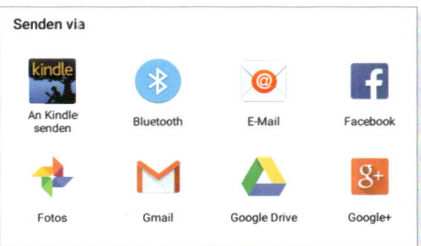

book oder Twitter. Dazu später noch einige Beispiele. Die erste Schaltfläche unter den App-Symbolen erlaubt die drahtlose Anzeige auf anderen Ausgabegeräten, beispielsweise über einen *AllShare-Cast-Dongle* oder über *HomeSync* an einen großen Bildschirm. **Drucken** stößt den Ausdruck des Fotos auf einem Drucker an. Mehr dazu in Kapitel 12, »Das Tablet als mobiles Büro«, ab Seite 265.

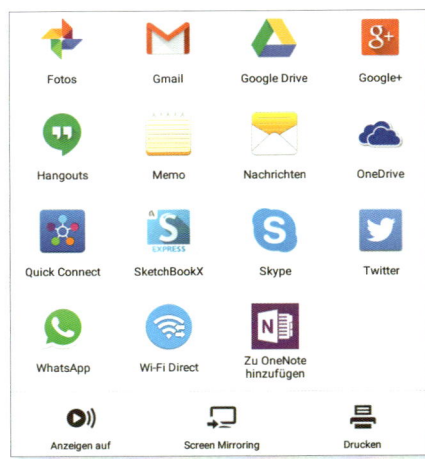

6. Das Symbol mit dem Stift ❹ erlaubt die Bearbeitung des Bildes, davon wird im nächsten Abschnitt die Rede sein.

7. Die Schaltfläche mit der Mülltonne ❺ nimmt gerne die misslungenen Bilder auf. Dazu reicht ein Tipp auf die Schaltfläche und die Bestätigung mit **LÖSCHEN**.

Es ist oft empfehlenswert, solche Bilder gleich zu löschen, anstatt die Bilderalben überquellen zu lassen. Aber es kommt auch vor, dass ein Bild erst beim zweiten Blick seine Schönheit offenbart oder dass Ihnen erst später eine Idee kommt, mit dem Bild doch noch etwas Interessantes anzufangen, beispielsweise es anders zu beschneiden oder es mit ein paar Effekten zu versuchen. Dann wäre es schade, wenn Sie es zu schnell gelöscht hätten.

Bei einem ganz neuen Bild erscheint in der Menüleiste oben noch die Option **ALBUM**. Neue Bilder werden zunächst in das Album *Kamera* gerückt. Mit dieser Option wird dieses Album angezeigt, und Sie haben die Möglichkeit, ein Bild gleich in ein anderes Album zu verschieben.

Am Ende der Menüleiste finden Sie die Schaltfläche **MEHR** ❻, die ein Menü mit Optionen, etwa zur Präsentation Ihrer Bilder, öffnet. Darauf gehe ich im nächsten Abschnitt ein.

Fotos bearbeiten

Die neue Version der App **Galerie** überlässt die Bildbearbeitung nicht mehr unbedingt anderen Apps, die dafür mehr oder weniger zahlreiche Funktionen zur Verfügung stellen.

Zunächst finden Sie, wenn ein einzelnes Bild angezeigt ist, über **MEHR** eine Reihe von Optionen, die hauptsächlich mit der Präsentation Ihrer Bilder zu tun haben.

Die Option **Details** liefert die üblichen Metadaten des Bildes. Wenn Sie das Geotagging aktiviert haben, finden Sie sogar eine Karte zu dem Ort, außerdem die genauen Größenangaben und das Datum der Aufnahme. Mit **BEARBEITEN** 6 lassen sich diese Daten auch ergänzen.

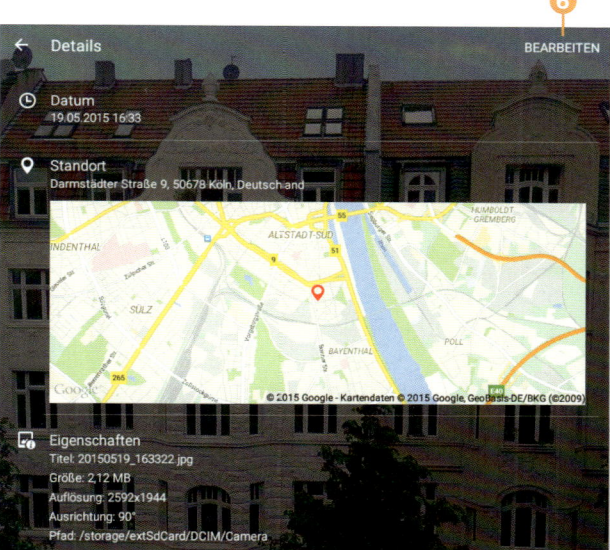

Diashow führt eine Sammlung von Bildern in einer Bildschirmshow vor. Mehr dazu im Abschnitt »Eine Bildschirmshow erstellen« ab Seite 191.

Wollen Sie das Bild einem Ihrer Kontakte zuordnen, benutzen Sie **Als Kontaktbild festlegen**. Die Liste Ihrer Kontakte wird zur Auswahl eingeblendet. Wenn Sie den passenden Kontakt antippen, wählen Sie, ob Sie das Bild mit der Galerie-App oder der **Foto**-App zuschneiden.

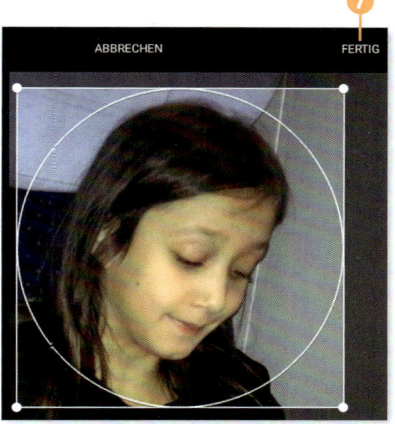

Die **Galerie**-App bietet Ihnen einen mit dem Finger verschiebbaren Markierungsrahmen mit Anfassern an, um die Größe einzustellen. **Fertig** 7 schließt den Vorgang ab.

Eine geöffnete Bildserie in der Galerie

Etwas anders ist die Vorgehensweise, wenn Sie **Als Hintergrundbild festl.** ❽ aufrufen. Wählen Sie zunächst, für welchen Bildschirm der Hintergrund gelten soll. Das Tablet zeigt sofort eine entsprechende Vorschau, die Sie nur noch mit **OK** bestätigen. Gefällt sie nicht, benutzen Sie **Abbrechen**.

Eine besondere Behandlung in der Galerie gibt es bei den Serienbildern. Wenn Sie bei einer Bildserie in der Galerie die Schaltfläche mit dem Bilderstapel – siehe Abbildung auf Seite 176 – antippen, finden Sie einen geteilten Bildschirm, der am unteren Rand einen Streifen mit antippbaren Miniaturen anbietet, darüber das gerade ausgewählte Bild der Serie. Die verschiedenen Bilder lassen sich aber auch mit Wischen durchblättern.

Im Menü werden die Optionen **FREIGEBEN**, **LÖSCHEN** und **NEU SPEICHERN** angeboten. Letzteres führt dazu, dass das gerade angezeigte Bild unter einem eigenen Namen separat gespeichert wird.

Eine ganze Reihe von Bearbeitungsmöglichkeiten bietet die App Galerie über die oben schon angesprochene Schaltfläche **Bearbeiten** an. Ein Tipp darauf zeigt zunächst ein Menü mit vier Schaltflächen.

Mit **Ausrichten** drehen Sie das Bild im Uhrzeigersinn. **Zuschneiden** blendet ein Raster mit Anfassern ein, um einen passenden Bildausschnitt zu bestimmen. **SPEICHERN** schließt den Vorgang jeweils ab.

Die umfangreichsten Bearbeitungsfunktionen öffnet die Schaltfläche **Foto-Editor** ❶.

1. Mit der ersten Schaltfläche **Anpassung** ❸ können Sie beispielsweise dafür sorgen, dass die Waagerechte des Bildes einer Gebäudezeile entspricht, das Bild also dazu ein wenig gedreht wird. Dazu verschieben Sie den Punkt bei **Richten** ❹ nach links oder rechts. Mit **ANWENDEN** ❺ übernehmen Sie das Ergebnis.

2. Die beiden Pfeile nutzen Sie zum horizontalen ❻ und vertikalen Kippen des Bildes ❼.

3. Die Schaltfläche **Ton** ❽ blendet eine Leiste mit den üblichen Korrekturmöglichkeiten für die Farben des Bildes ein. Auch hier werden Schieberegler verwendet, um den gewünschten Kontrast, die Helligkeit, die Sättigung, den Farbton oder die Farbtemperatur zu optimieren. Jedes Mal können Sie Ihre Auswahl mit **ANWENDEN** übernehmen oder mit **ABBRECHEN** ignorieren. Die Anwendung lässt sich notfalls mit **RÜCKG.** wieder verwerfen.

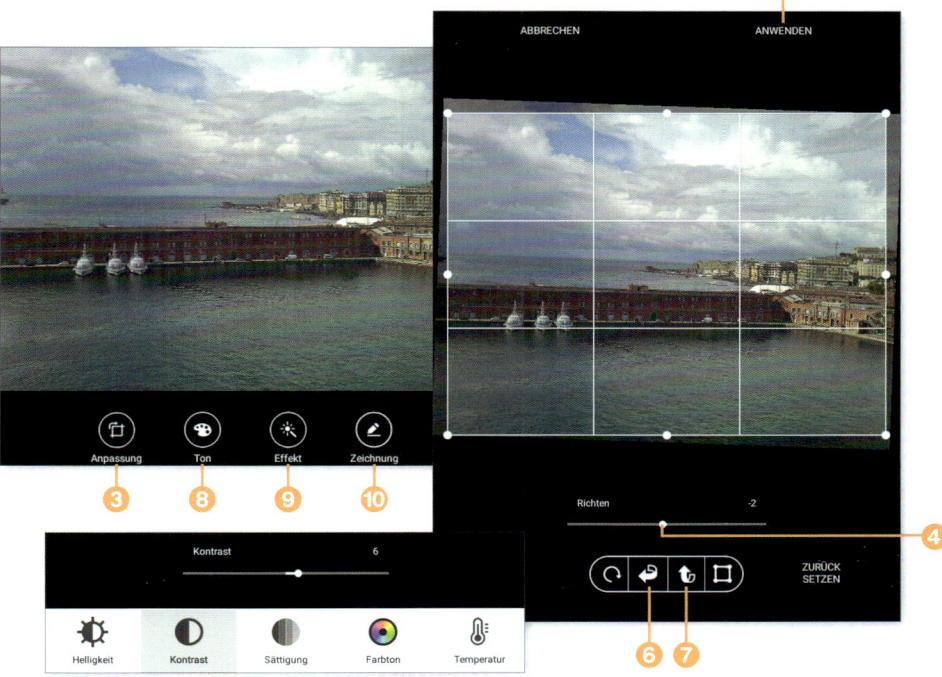

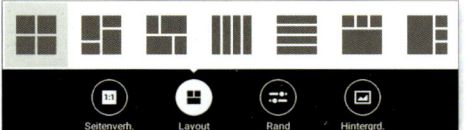

4. Wenn Sie Effekte mögen, versuchen Sie es mit der Schaltfläche **Effekt** ❾ (Seite 183). Die Effekte werden über eine Miniatur-leiste ❶ angeboten, die Stärke des Effekts regulieren Sie wieder über einen Schiebe-regler ❷.

5. Die letzte Schaltfläche des Foto-Editors ist **Zeichnung** ❿ (Seite 183). Eingeblendet wird eine Leiste mit einem Stift für eine Beschriftung des Fotos in beliebigen Far-ben. Sie werden angeboten, wenn Sie den Stift antippen.

Ein paar schöne Gestaltungsmöglichkeiten finden Sie über die letzte Schaltfläche im Menü zu der Schaltfläche **Bearbeiten**. Mit **Collage** ❷ (Seite 182) öffnen Sie eine Seite, auf der Sie Bilder in den verschiedensten Anord-nungen zusammenstellen. Diese Collagen werden in einem speziellen Album *Studio* ge-speichert.

1. Über **Hinzufügen** ❸ wählen Sie zunächst alle Bilder aus, die Sie auf einer Seite zu-sammenfügen wollen.

2. **Seitenverh.** ❹ erlaubt die Wahl zwischen einem 4:3- und einem 1:1-Format.

3. Entscheidend für die Anordnung ist die Wahl über die Schaltfläche **Layout** ❺.

4. Über **Rand** ❻ wählen Sie die Rundung der Ecken und den Abstand der Bil-der voneinander.

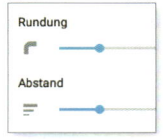

5. Diesen Randbereichen lässt sich über **Hintergrund** ❼ noch ein Muster hinterlegen.

6. Mit **SHUFFLE** ❽ lassen sich andere Anordnungen durchspielen. Mit **SPEICHERN** ❾ legen Sie Ihre Collage in dem Album *Studio* ab.

Wenn Sie Ihre kreativen Ergebnisse, die Sie in der Galerie zusammenbringen, sichern wollen, können Sie die Synchronisierung mit einem der Cloud-Speicher zulassen. Sind Sie damit einverstanden, dass Ihre Fotos beispielsweise auch unter Google+ bereitgestellt werden, schalten Sie über **Einstellungen** ▶ **Persönlich** ▶ **Konten** ▶ **Google** ▶ **Sync-Einstellungen** die Option **Google+ Fotos synchronisieren** an. Bei OneDrive müssen Sie bei der Einrichtung Ihres Kontos die Option **Medienspeicher synchronisieren** einschalten. Die Fotos sind sowohl bei Google als auch bei OneDrive zunächst immer nur für Sie selbst sichtbar, wenn Sie sie nicht aktiv mit anderen teilen. Wie das geht, lesen Sie im Abschnitt »Fotos mit anderen teilen« ab Seite 191.

Die verschiedenen Ansichten

Statt aus der **Kamera**-App über das Miniaturbild in die App **Galerie** zu wechseln, können Sie natürlich auch direkt die Galerie über das entsprechende Symbol auf einer der Seiten des Startbildschirms ansteuern.

Wenn kein Bild vorweg ausgewählt ist, bietet die App zunächst eine Übersicht über alle bisher angelegten Alben. Einige Ordner werden automatisch angelegt, beispielsweise der Ordner *Screenshots* und der Ordner *Download*, der Bilder aus heruntergeladenen E-Mails aufnimmt.

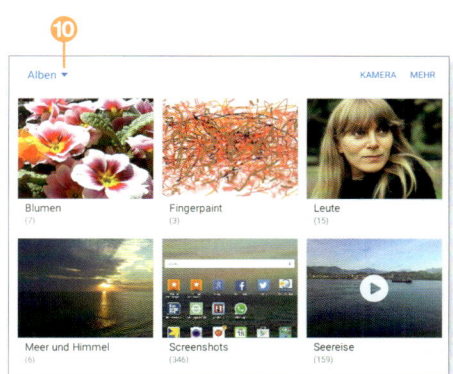

Übersicht über Alben in der Galerie

Die erste Schaltfläche 🔟 (Seite 185) in der Menüleiste öffnet ein Menü, in dem Sie wählen, nach welchen Kriterien die Bildsammlungen angeboten werden. Bei der Ansicht eines Bildes erscheint an dieser Stelle ein Pfeil, der wieder zu diesem Menü zurückführt. Die aktuelle Auswahl wird auf der Schaltfläche angezeigt.

ACHTUNG

Bildformate und Codecs müssen passen

Ob bestimmte Bildformate korrekt angezeigt werden können, hängt allerdings davon ab, ob die Software auf dem Tablet diese unterstützt. Bei Videos hängt die Wiedergabe davon ab, ob die verwendeten Codierungsmethoden unterstützt werden.

Hier eine kurze Übersicht über die verschiedenen Ansichten:

Zeit zeigt Miniaturen aller Bilder sortiert nach dem Aufnahmezeitpunkt, in denen Sie sich mit Wischen nach unten oder oben bewegen.

Alben zeigt alle bisher angelegten Alben in einer Übersicht mit Angaben über die Menge der Bilder (siehe die Abbildung auf Seite 185).

Ereignisse zeigt Bilder, die Sie selbst einem bestimmten Ereignis zugeordnet haben, dazu mehr im nächsten Abschnitt.

Kategorien ordnet die Miniaturen nach den Typen Bilder, Videos, Serienaufnahme und Panorama.

Favoriten erscheint nur dann in diesem Menü, wenn Sie mindestens ein Element in die Liste der Favoriten aufgenommen haben. Ist ein Bild ausgewählt, benutzen Sie die Schaltfläche **Favorit**, um es dort einzufügen. Um ein vorher zum Favoriten erklärtes Objekt wieder abzuwählen, tippen Sie noch einmal auf die gleiche Schaltfläche.

Umgang mit Alben

Am häufigsten werden Sie vermutlich die übersichtliche Standardansicht **Alben** nutzen, wenn Sie die **Galerie** besuchen. Deshalb hier einige Hinweise zum Umgang mit Alben.

1. Ein Tipp auf das erste Bild eines Albums öffnet dieses. Der Name des Albums erscheint anstelle der Schaltfläche in der Menüleiste, in Klammern sehen Sie die Anzahl der Bilder ❶. Alle Bilder des Albums sind als Vorgabe bereits ausgewählt, etwa um sie in einer Bildschirmshow anzuzeigen.

2. Der Bildschirm wird geteilt in eine schmale Leiste mit den Alben auf der linken Seite und eine Leiste daneben mit etwas größeren Miniaturen der Bilder aus dem gewählten Album. Durch eine Wischbewegung nach unten oder oben finden Sie alle Bilder eines Albums.

3. Ein Tipp öffnet ein Bild im Vollbildmodus. Mit einer Wischbewegung nach links oder rechts blättern Sie durch alle Bilder des aktuellen Albums. Der Pfeil links ❷ in der Menüleiste oder die Taste **Zurück** führen jeweils in die vorherige Ansicht.

4. Ein Doppeltipp vergrößert das Bild, ein erneuter Doppeltipp macht den Zoom wieder rückgängig. Außerdem können Sie ein Bild durch Spreizen zweier Finger stufenlos zoomen und durch Zusammenziehen wieder auf die Originalgröße verkleinern.

5. Bei der Ansicht mit den beiden Leisten (siehe die Abbildung oben) finden Sie über **MEHR** ❸ einige Optionen, die sich dann auf die Bilder des aktuell ausgewählten Albums beziehen:

Bearbeiten

Freigeben

Album erstellen

Diashow

- **Bearbeiten** hebt die vorgegebene Auswahl aller Elemente eines Albums auf. Dabei werden Auswahlkästchen eingeblendet. Mit einem Tipp setzen Sie ein Häkchen zur Auswahl.

- **Freigeben** startet den Versand der ausgewählten Bilder über die Apps, die Sie dann in dem Dialog **Senden via** auswählen.

- **Album erstellen** erlaubt die Einrichtung eines neuen Albums, dazu gleich mehr.

- **Diashow** startet die Präsentation aller oder der ausgewählten Bilder, mehr dazu weiter unten.

Ein neues Album anlegen

Die bewährte Form, Fotos zu ordnen, ist sicher die Sammlung in Alben. Die Vorgehensweise ist einfach, wenn die Ansicht **Alben** eingeschaltet ist.

1. Benutzen Sie in der Menüleiste der Galerie **MEHR ▶ Album erstellen**. Es genügt, den Namen des neuen Albums einzugeben und zu bestätigen.

2. Das Album wird anschließend in der Übersicht mit einem Platzhalter ❶ angezeigt. Der Bildschirm wird so geteilt, dass der Platzhalter am Anfang der Spalte für die Alben erscheint.

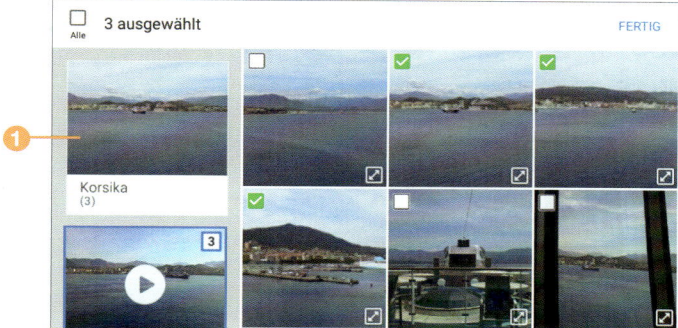

3. Um Bilder aus anderen Alben in das neue Album zu kopieren oder zu verschieben, wählen Sie in der linken Spalte das gewünschte Album aus. Tippen Sie auf die Auswahlkästchen der Bilder für das neue Album.

4. Schließen Sie mit **FERTIG** ab. Sie können dann entscheiden, ob die Bildauswahl in das neue Album kopiert oder verschoben wird.

Anschließend öffnet sich automatisch das neue Album mit seinen Bildern.

Bilder zu einem Ereignis zusammenfassen

Wenn Sie Bilder von einer Reise, einem Geburtstag oder einem sonstigen Ereignis zusammenführen wollen, bietet die App noch die Option **Ereignis** an.

1. Wählen Sie über die erste Schaltfläche der Menüleiste **Ereignis** aus.

2. Über **MEHR ▸ Ereignis erstellen** starten Sie die Zusammenstellung der Bilder.

3. Zur Auswahl öffnet die App die Auflistung der Bilder nach der Zeit. Haken Sie die Bilder ab, und tippen Sie auf **FERTIG**.

Zu einem Ereignis zusammengeführte Bilder

4. Die App schlägt aufgrund der Metadaten einen Titel vor, den Sie überschreiben können.

Die App verwendet eines der Bilder als Titelbild. Wenn Sie die Ansicht **Ereignisse** auswählen, finden Sie unter dem Bild eine Schaltfläche **KARTEN-ANSICHT**. Sie liefert eine Karte zu dem Ort der Aufnahmen.

Bilder zu einem Ereignis und die Karte dazu

Bilder zwischen Alben verschieben oder kopieren

Sie wollen Bilder aus einem Album in ein schon bestehendes Album verschieben oder kopieren? In diesem Fall ziehen Sie die in der rechten Spalte durch Halten ausgewählte Miniatur auf die Miniatur des Albums in der linken Spalte. Ist das Zielalbum nicht gleich sichtbar, ziehen Sie in dieser Spalte einfach nach unten oder oben, bis das Ziel erreichbar ist.

Wenn Ihnen die Fingerspiele zu fehleranfällig sind, können Sie auch die klassische Methode über die Optionen von **MEHR** verwenden.

1. Wählen Sie erst in Ihrem Quellalbum die Bilder aus, die in ein anderes Album kopiert oder verschoben werden sollen. Benutzen Sie dazu **MEHR ▸ Bearbeiten**, und tippen Sie die Auswahlkästchen der Bilder an.

2. Tippen Sie **MEHR ▸ In Album kopieren** oder **MEHR ▸ Zum Album hinzufügen** an.

3. Markieren Sie in der dann erscheinenden Liste das Zielalbum, oder nehmen Sie **Albumerstellung**, um ein solches anzulegen.

Die Bilder werden in den Zielalben jeweils vor den bereits dort vorhandenen Bildern eingefügt.

Eine Bildschirmshow erstellen

Manchmal ist es lästig, durch eine Bildersammlung mit ständigen Wischbewegungen durchzugehen. Geben Sie das Blättern an die App ab, indem Sie eine Bildschirmshow starten. Das geht so:

1. Wählen Sie in der App **Galerie** das Album aus, das als Bildfolge angezeigt werden soll.

2. Benutzen Sie **MEHR** ▸ **Diashow**.

3. Legen Sie über **DIASHOWEINSTELLUNGEN** unter **Übergangseffekt** fest, wie die Übergänge zwischen den einzelnen Bildern aussehen sollen. Hier finden Sie klassische Übergangseffekte wie **Fließend**, **Ausblenden**, **Heranzoomen** oder den etwas keckeren Effekt **Russian Shuffle**, siehe Abbildung.

4. Unter **Übergangsintervall** finden Sie drei Geschwindigkeiten für den Wechsel der Bilder – 1, 3 oder 5 Sekunden.

5. Der Pfeil nach links setzt die Show in Gang.

6. Ein Tipp beendet die Show auch vorzeitig.

Anstatt ein komplettes Album vorzuführen, können Sie auch gezielt eine Auswahl daraus treffen. Wenn das Album ausgewählt ist, wählen Sie über **MEHR** ▸ **Bearbeiten** zunächst alle Bilder ab. Die Bilder zeigen nun alle ein kleines Auswahlkästchen. Tippen Sie dort die Bilder an, die in die Show gehören.

Fotos mit anderen teilen

Wenn Sie sich an einem der sozialen Netzwerke beteiligen, sei es Facebook, Twitter oder Google+, werden Sie die entsprechenden Apps auf dem Tablet installiert haben. Dann ist es ein Kinderspiel, Ihre Freunde und Bekannte an Ihren Schnappschüssen teilhaben zu lassen.

<table>
<tr><td>ACHTUNG</td><td>

Respektieren Sie die Rechte anderer

Das Recht auf das eigene Bild hat zweifellos an Gewicht gewonnen, seit es so leicht geworden ist, jederzeit und überall und vielleicht auch heimlich Bilder von anderen Personen aufzunehmen und sie auf Google+, Facebook oder Twitter zu veröffentlichen. Bevor Sie ein Foto öffentlich oder in bestimmten Kreisen teilen, sollten Sie sich sicher sein, dass die Rechte aller Personen auf den Bildern respektiert bleiben.

</td></tr>
</table>

Beginnen wir mit Google+, dem sozialen Netzwerk von Google. Da ja Google für Android verantwortlich ist, wundert die besonders enge Verzahnung von Android mit Google+ nicht sonderlich.

1. Vorausgesetzt, Sie haben ein entsprechendes Konto bei Google eingerichtet, können Sie vom Startbildschirm aus ▦ ▸ **Einstellungen** ▸ **Persönlich** ▸ **Konten** ▸ **Google** benutzen.

2. Tippen Sie das Konto an, und aktivieren Sie unter **Sync-Einstellungen** die Option **Google+ Fotos synchronisieren**. Die Synchronisierung wird sofort ausgeführt. Sie sehen an dieser Stelle immer das Datum der letzten Synchronisierung.

Über die App **Google+**, die Sie auf dem Startbildschirm in dem Ordner **Google** finden, können Sie die Art und Weise der automatischen Sicherung Ihrer Fotos auf Google+ noch etwas detaillierter einstellen.

1. Benutzen Sie dazu innerhalb der App ⁝ ▸ **Einstellungen**, und tippen Sie **Automatische Sicherung** an. Hier schalten Sie die automatische Sicherung ein oder aus ❶.

2. Tippen Sie die Einstellung zu **Fotogröße** ❷ an, können Sie zwischen **Originalgröße** und einer **Standardgröße** von maximal 2.048 Pixeln wählen.

3. Bei Bedarf können Sie hier auch **Mehr Speicherplatz erwerben** ③, wenn die kostenlosen 15 GByte nicht ausreichen.

4. Sie können außerdem festlegen, dass die Sicherung nur bei einer WLAN-Verbindung ④ und während des Ladens ⑤ erfolgt. Letzteres hat den Vorteil, dass das Tablet nicht durch umfangreiche Datenübertragungen während der Arbeit beeinträchtigt wird.

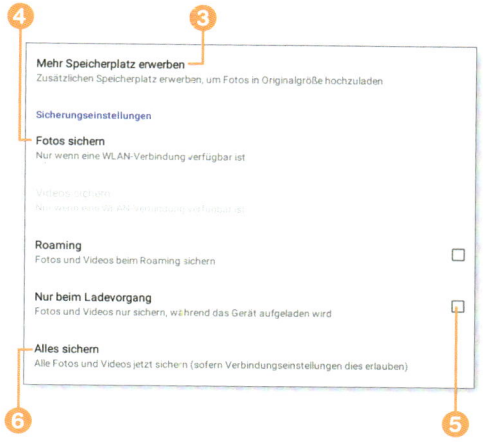

5. Mit der Option **Alles sichern** ⑥ lässt sich die Sicherung ohne weitere Einschränkungen auch direkt starten.

6. Um zu sehen, wie Google+ mit dem Tablet aufgenommene Fotos anzeigt, öffnen Sie an dieser Stelle einmal die Website von Google+, beispielsweise auf einem Windows-PC mit dem entsprechenden Google+-Konto.

7. Im Übersichtsmenü wählen Sie die Option **Fotos**. Die aktuell vorhandenen Alben werden Ihnen sofort angeboten.

Im Fotobereich der Google+-Site haben Sie die Möglichkeit, Ihre Bildschätze bei Bedarf in neuen Alben anzuordnen. Zunächst sind die in die Alben von Google+ hochgeladenen Fotos nur für Sie selbst sichtbar. In einem zweiten Schritt können Sie die Fotos dann für die Öffentlichkeit oder für bestimmte Kreise und Personen freigeben.

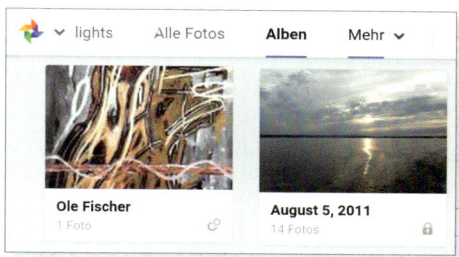

1. Wählen Sie per Klick ein oder mehrere Fotos auf der Website von Google+ aus.

2. Benutzen Sie in der eingeblendeten Menüleiste die Option **Teilen**.

3. Legen Sie unter **An** ⑦ fest, wer das Foto sehen darf.

4. Klicken Sie zum Schluss auf die Schaltfläche **Teilen** ⑧.

Nun ist das Bild für die ausgewählten Leute sichtbar, wenn diese auf ihre eigene Google+-Site gehen. Das Teilen von Bildern mit Freunden auf Facebook oder Twitter funktioniert im Prinzip genauso. Ich gehe hier also nicht eigens darauf ein.

> **ACHTUNG**
>
> **Vorsicht ist die Mutter der Porzellankiste**
>
> Sie tun gut daran, mit den angebotenen Automatismen vorsichtig umzugehen. Fotos verraten eine Menge über Ihren Lebensstil, und nicht jeder muss Dinge über Sie wissen, die Sie doch lieber als privat oder intim handhaben wollen.

Fotos per E-Mail verschicken

Der beinahe schon altmodisch gewordene Weg, Fotos an Freunde und Bekannte weiterzugeben, ist der simple Anhang in einer E-Mail. In Kapitel 4 ab Seite 127 ist das Thema E-Mail ja schon ausführlich behandelt worden, deshalb reicht an dieser Stelle eine beispielhafte Schrittfolge.

1. Wählen Sie über die App **Galerie** ein Bild aus, das weitergereicht werden soll. Sie können auch mehrere Bilder mit Auswahlhäkchen markieren.

2. Am unteren Bildrand tippen Sie auf die Schaltfläche **Freigeben**.

3. Benutzen Sie **Gmail** oder **E-Mail**, je nachdem, welches E-Mail-Konto Sie verwenden wollen. Im Folgenden die Schritte für Gmail.

4. Geben Sie die Empfangsadresse, möglichst auch etwas bei **Betreff** und vielleicht noch eine passende Nachricht ein. Die ausgewählten Bilder werden in Miniaturen angezeigt, sodass Sie kontrollieren können, ob es die richtigen Bilder sind.

5. Tippen Sie auf die Schaltfläche **Senden** in der oberen Leiste.

Die **Galerie**-App meldet, dass die Nachricht gesendet wird. Damit ist der Vorgang auch schon abgeschlossen.

Screenshots erstellen

Das Galaxy Tab A gibt Ihnen zwei Verfahren an die Hand, um Screenshots von der Benutzeroberfläche zu erstellen. Wer anderen zeigen will, wie bestimmte Dinge auf dem Tablet ablaufen, oder wer eine Fehlerfunktion dokumentieren will, um sich mit dem Service von Samsung auszutauschen, wird diese Möglichkeiten gerne nutzen.

Das erste Verfahren sieht so aus:

1. Richten Sie den Bildschirm so ein, wie Sie ihn festhalten wollen.

2. Wischen Sie mit der Hand nach links oder rechts über den Touchscreen.

3. Das Tablet zeigt kurz einen Rahmen um den gesamten Bildschirm, und mit einem Klick-Geräusch wird automatisch ein Screenshot des Bildschirms aufgenommen und in der Galerie in dem Album *Screenshots* gespeichert. Das Tablet verwendet als Dateityp *.png*.

Das zweite Verfahren verwendet die Kombination der **Home**-Taste mit dem Ein-Aus-Schalter. Sie müssen beide Tasten genau gleichzeitig drücken, was nicht immer im ersten Versuch gelingt.

Fotos auf dem Tablet bearbeiten

Obwohl die App **Galerie** in der aktuellen Version in diesem Punkt ganz schön zugelegt hat, ist die professionelle Bearbeitung von Fotos in der Regel doch eine Sache von oft funktionsüberreichen Bearbeitungsprogrammen wie *Photoshop* oder *CorelDraw*. Sie findet typischerweise auf Systemen mit möglichst großen Bildschirmen statt. Das soll aber nicht heißen, dass Sie nicht auch auf einem Tablet einiges tun können, um ein mit dem Tablet geschossenes oder auf das Tablet übertragenes Foto zu optimieren. Ich werde hier dafür die schon angesprochene App von Adobe, *Photoshop Express*, verwenden, die Sie sich kostenlos aus dem **Play Store** herunterladen können.

1. Öffnen Sie zunächst die App **Galerie**. Wenn Sie ein Bild finden, das Sie überarbeiten wollen, wählen Sie unter **Senden via** einfach ein Bildbe-

arbeitungsprogramm aus. Ich nehme hier **Photoshop Express**. Das versandte Bild wird in diesem Fall direkt in dem ausgewählten Programm geöffnet.

2. Photoshop Express zeigt am unteren Rand eine Reihe von Werkzeugen. Zur Farbkorrektur ❶ klicken Sie eines der angebotenen Muster an ❷.

3. Das Symbol zum Zuschneiden ❸ erlaubt das Ausschneiden eines Quadrats, dessen Größe Sie mit den eingeblendeten Anfassern bestimmen. Außerdem werden Symbole zum Drehen ❹ oder Kippen des Bildes ❺ angeboten.

4. Weitere Werkzeuge sind die Kontrastkorrektur ❻, das Entfernen von roten Augen ❼ und das Einfügen von Rahmen ❽.

5. In der Menüleiste oben finden Sie den Zauberstab für eine automatische Bildoptimierung ❾, links daneben die Rücknahme eines Schrittes ❿, rechts daneben die Wiederherstellung des Originals ⓫. Auch **Senden via** ⓬ fehlt hier nicht.

6. Ist die Bearbeitung mit Photoshop Express abgeschlossen, bringt Sie der Pfeil nach links ⓭ oder die **Zurück**-Taste wieder in die Galerie. Dabei werden Sie gefragt, ob Sie die Änderungen speichern oder wieder verwerfen wollen. Speichern überschreibt das Original nicht, sondern legt ein Bild im Album *Photoshop Express* an.

Der Google Play Store hält gerade für die Bildbearbeitung zahlreiche weitere Apps bereit.

Kapitel 7
Videos und Filme

Der Schritt vom Foto zum bewegten Bild ist auf dem Tab A ganz kurz. Die Aufnahme von Videos ist in der **Kamera**-App schon integriert. Gleichzeitig ist das Tablet ein sehr handliches Medium, um Videos aus beliebigen Quellen bequem anzuschauen.

Videos aufnehmen und verwalten

Vergessen Sie die meist unhandlichen Camcorder, Ihr Tablet kann 1.280 × 720-Pixel-Videos im Format 16:9 aufnehmen, das ist doch schon eine ganze Menge. Eigene Videos nehmen Sie einfach mit der **Kamera**-App auf.

1. Starten Sie von einer Seite des Startbildschirms die **Kamera**-App.

2. Richten Sie das Tablet auf das Motiv, das Sie aufnehmen wollen.

3. Tippen Sie am unteren Rand in der Mitte auf die Schaltfläche **Video**, die Aufnahme wird sofort gestartet.

4. Während der Aufnahme erscheint hinter dem roten Punkt eine Zeitangabe, die die Länge der Aufnahme anzeigt **1**.

5. Gleichzeitig werden zwei Schaltflächen eingeblendet, um den Ablauf der Aufnahme zu steuern. Soll eine Pause gemacht werden, tippen Sie auf die rechte Schaltfläche mit den zwei kleinen Balken ❷.

6. Setzen Sie die Aufnahme mit der gleichen Schaltfläche fort, die nun einen roten Punkt zeigt.

7. Beenden Sie die Aufnahme, indem Sie die mittlere Schaltfläche mit dem schwarzen Quadrat ❸ antippen.

Das Video wird automatisch im MP4-Format gespeichert, in dem gleichen Ordner *Camera*, in dem auch die Fotos gespeichert werden.

Wenn Sie Videos aufnehmen, die Sie per E-Mail versenden wollen, ist es manchmal sinnvoll, einen Aufnahmemodus zu wählen, der weniger Daten produziert. Das gilt beispielsweise, wenn Sie von Empfängern wissen, dass sie keine besonders schnellen Internetverbindungen haben oder E-Mail-Konten, bei denen die übertragbare Datenmenge begrenzt ist.

1. Tippen Sie in der **Kamera**-App auf das Zahnrad, um die Einstellungen zu sehen.

2. Tippen Sie **Videogröße** an, und wählen Sie **VGA** statt **HD** aus. Die Auflösung wird auf 640 × 480 Pixel reduziert.

Videos mit geringerer Auflösung verbrauchen nur etwa ein Drittel der Datenmenge, die die HD-Einstellung benötigt, allerdings müssen Sie dabei Qualitätsverluste hinnehmen.

Videos ansehen

Wie bei der Aufnahme von Fotos erscheint auch bei einem aufgenommenen Video in der Menüleiste der **Kamera**-App ein Miniaturbild, das eine Verknüpfung mit der App **Galerie** herstellt.

1. Mit einem Tipp auf das Miniaturbild wechseln Sie in die **Galerie**-App.

2. Dort wird das erste Bild des Videos mit einer **Start**-Schaltfläche ❹ angezeigt. Tippen Sie darauf, um das Video auszuwählen. Wie bei den Fotos werden am unteren Rand die Schaltflächen **Favorit**, **Freigeben** und **Löschen** ❺ angeboten, nur **Bearbeiten** fehlt, die App hat also dafür keine Funktionen.

3. Mit der **Start**-Schaltfläche ❻ starten Sie die Wiedergabe.

4. Wenn Sie mehrere Videoplayer installiert haben, wird Ihnen angeboten, einen davon für die Wiedergabe zu verwenden. Wenn Sie die Auswahl mit **Immer** bestätigen, entfällt diese Nachfrage beim nächsten Mal. Diese Einstellungen können Sie jederzeit über **Einstellungen ▸ Gerät ▸ Anwendungen ▸ Standardanwendungen** ändern. Ich verwende hier die vorinstallierte App **Video**.

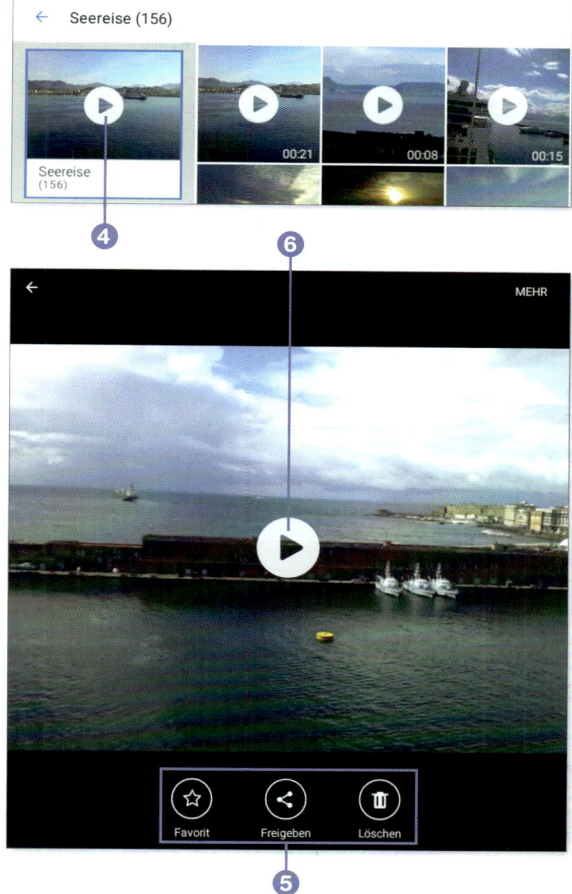

5. Wenn das Video läuft, ist es meist am besten, das Tablet im Querformat zu nutzen, insbesondere wenn das Video in diesem Format aufgenommen worden ist.

6. Tippen Sie das laufende Video kurz an, um die Wiedergabeschaltflächen einzublenden, mit denen Sie innerhalb des Videos navigieren.

7. Die Schaltfläche in der Mitte ❶ (Seite 200) stoppt die Wiedergabe vorübergehend oder setzt sie wieder in Gang. Die Schaltflächen links und rechts davon spulen den Film zum Anfang zurück ❷ oder bis ans Ende vor ❸. Gibt es in dem Album benachbarte Videos, startet die linke

Schaltfläche beim zweiten Antippen das vorherige Video, die rechte Schaltfläche startet das nachfolgende Video. Werden die Tasten gehalten, entspricht das dem Zurück- oder Vorspulen.

8. Mit dem runden Punkt **4** in der Wiedergabeleiste darüber ziehen Sie an eine beliebige Stelle im Video.

9. Im Querformat werden neben dem Block für die Wiedergabesteuerung noch zwei kleine Pfeile **5** angezeigt, mit denen Sie den Block nach rechts oder links verschieben, damit er weniger stört.

10. Mit der Schaltfläche unten links **6** dehnen Sie den Wiedergabebereich in Stufen auf die maximale Größe aus, die Schaltfläche mit dem Lautsprecher **7** blendet einen Regler für die Lautstärke ein.

11. Die Schaltfläche **Liste 8** am oberen Rand blendet Miniaturen der anderen Videos aus dem Ordner *Eigene Videos* ein und aus. Ein Tipp auf die Miniatur startet das entsprechende Video.

12. Über **MEHR** ❾ erreichen Sie ein Menü mit einer Reihe von Optionen, von denen die meisten sich selbst erklären. Über **Senden** finden Sie auch die Möglichkeit, das Video mit **Anzeigen auf** an einem anderen Gerät auszugeben, beispielsweise auf einem TV-Gerät mit Smart-Funktionen.

Löschen
Senden
Zuhören via Bluetooth
Nur Audiowdg. aktivieren
Geschwindigkeit
Untertitel (CC)
Details

13. Die Option **Geschwindigkeit** erlaubt es, die Wiedergabegeschwindigkeit auf Werte zwischen 0,5 und 1,5 einzustellen.

14. Mit der Schaltfläche unten rechts ❿ starten Sie den *Pop-up-Modus*. Er erlaubt Ihnen, das Video in einem kleineren Fenster laufen zu lassen, während Sie sich um andere Dinge auf dem Tablet kümmern, beispielsweise mit Google

etwas suchen. Durch Spreizen oder Zusammenziehen von zwei Fingern lässt sich die Größe dieses Fensters verändern, durch Ziehen verändern Sie die Position. Zum Beenden tippen Sie das Fenster an und tippen auf das Andreaskreuz, das dann erscheint.

Sogar während des Abspielens ist es in der Regel möglich, durch Spreizen der Finger das wiedergegebene Bild zu zoomen, um Details besser zu sehen. Beachten Sie aber, dass bei Videoaufnahmen mit hoher Auflösung die Zoomfunktion unter Umständen nicht zur Verfügung steht.

Videoschnitt

Wenn der Videoclip zu lang geraten ist, suchen Sie vielleicht nach einer »Schere«, um am Anfang oder am Ende etwas abzuschneiden. Leider wurde bei der neuen Version der App **Galerie** auf die früher angebotene Scherenfunktion verzichtet. Sie finden aber im Google Play Store eine Reihe kostenloser Schnittprogramme, wenn Sie den Suchbegriff »Video schneiden« eingeben. Wir nehmen hier die kostenlose App **Video Editor** von FunMedia Studio, die weit verbreitet ist und ganz gute Bewertungen hat. Sie können die App auch über diese Webseite installieren: *video-editor11.android.informer.com*

1. Starten Sie **Video Editor** nach der Installation aus der Anwendungsübersicht. Tippen Sie im Hauptmenü auf **Video schneiden**.

2. Aus der dann angebotenen Liste an importierbaren Videos aus der Galerie tippen Sie das Video an, das Sie schneiden wollen.

3. Unter dem Bild erscheint ein Balken mit zwei verschiebbaren Schaltflächen. Verschieben Sie die linke ➊ bis zu dem Bild, bei dem das Video starten soll.

4. Ziehen Sie die Schaltfläche am Ende ➋ auf das Bild zurück, bei dem der Clip aufhören soll.

5. Bestätigen Sie mit einem Tipp auf das Häkchen ➌ in der Menüleiste.

6. Statt den Clip an Anfang und Ende zu schneiden, können Sie auch umgekehrt den markierten Teil ausschneiden. Benutzen Sie dazu im nächsten Schritt einfach statt der Option **Trim** die Option **Delete Selected Teil**.

7. Das Schnittergebnis erscheint in der Liste der Output-Dateien. Wenn Sie dort ein Video antippen, erscheint ein Menü, mit dem Sie einen neuen Dateinamen eingeben können.

8. In der Galerie ist das geschnittene Video in dem Album *1VideoEditor*.

Die App ist auch in der Lage, mehrere Clips zusammenzufügen. Dazu benutzen Sie im Hauptmenü **Video zusammenführen**. Sie wählen die Videos in der gewünschten Reihenfolge aus der angebotenen Liste.

Ist die Liste bestätigt, lässt sich mit der **BGM**-Schaltfläche zur Untermalung noch etwas Musik importieren.

Wenn Sie eine ambitioniertere Gestaltung Ihrer Videos vorhaben, ist es in der Regel ratsam, dafür ein anspruchsvolleres Schnittprogramm aus dem Google Play Store heranzuziehen oder die Arbeit auf einen Desktop oder ein Notebook zu verlagern. Die Übertragung der Videodaten können Sie leicht über ein USB-Kabel oder über Google Drive oder OneDrive vornehmen. Mehr dazu im Abschnitt »Bilder, Videos und andere Dateien versenden« ab Seite 145.

Videos löschen

Videos brauchen im Vergleich zu Bildern meist einen noch erheblich höheren Speicherplatz. Stellt sich heraus, dass einige Videos zu verwackelt oder aus anderen Gründen unbrauchbar sind, sollten Sie nicht zögern, sie zu löschen.

1. In der Übersicht der App **Galerie** benutzen Sie **MEHR ▶ Bearbeiten**.

2. Fügen Sie mit einem Fingertipp Auswahlhäkchen in den Miniaturbildern ein.

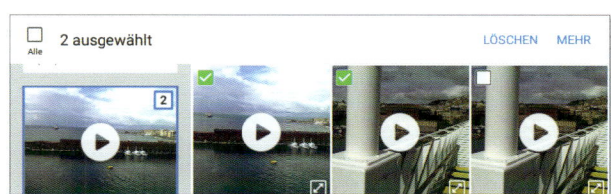

3. Tippen Sie in der Menüleiste auf **LÖSCHEN**, um die ausgewählten Elemente zu löschen.

Ist nur ein einzelnes Video zu löschen, können Sie gleich das Papierkorbsymbol antippen, wenn es ausgewählt ist.

Videos aus anderen Quellen wiedergeben

Wenn Sie Videos abspielen wollen, die Ihnen beispielsweise Freunde per E-Mail oder über die sozialen Netzwerke gesendet haben, können Sie statt der App **Galerie** auch gleich die App **Video** aufrufen. In dieser App erscheinen dann nur die Videos, geordnet nach Ordnern, die die Namen der Alben aus der Galerie übernehmen, aus denen sie stammen.

1. Wenn Sie die App öffnen, wählen Sie über die Menüleiste zwischen der Ansicht **Ordner** ❶ und der Ansicht **Videos**, die alle Clips in zeitlicher Reihenfolge auflistet.

2. Über **MEHR ▸ Sortieren nach** lässt sich in der Ansicht **Videos** auch eine Listung nach den Titeln wählen.

3. Tippen Sie in der gewählten Ansicht das Miniaturbild des gewünschten Videos an, um das Abspielen im integrierten Player zu starten.

Wenn es sinnvoll ist, drehen Sie das Tablet aus dem Hochformat ins Querformat oder umgekehrt, um das günstigste Seitenverhältnis zu nutzen.

Ob ein heruntergeladenes Video von der Video-App abgespielt werden kann, hängt natürlich davon ab, ob die App das entsprechende Format unterstützt. Es kann also vorkommen, dass Videodateien mit exotischen Dateiformaten von der App nicht bedient werden können. Möglicherweise verwendet eine Videodatei auch eine Codierungsmethode, die von der App nur fehlerhaft wiedergegeben wird. Halten Sie in solchen Fällen nach Apps Ausschau, die geeigneter sind. Im Google Play Store finden Sie dazu eine Reihe von Angeboten. Ganz gute Kritiken erhielten beispielsweise der kostenlose *MX Player* von J2 Interactive oder der *HD Video Player Pro* von Moobosoft, um nur zwei zu nennen.

Videos teilen

Um mit Freunden und Bekannten aufgenommene Videos zu teilen, stehen Ihnen die gleichen Wege zur Verfügung wie bei Fotos. Hinzu kommt insbesondere die Möglichkeit, die ich im Abschnitt »Videos auf YouTube veröffentlichen« ab Seite 207 vorstelle – wieder eine Domäne von Google. Zunächst aber zeige ich Ihnen hier die Veröffentlichung auf Facebook.

1. Wenn Sie von der App Galerie aus ein Video teilen wollen, tippen Sie es zunächst in der Übersicht an, um es auszuwählen.

2. Verwenden Sie am unteren Rand die Schaltfläche Freigeben.

3. Wählen Sie den Dienst aus, der zum Teilen verwendet werden soll, in diesem Fall also Facebook ❶. Voraussetzung ist natürlich, dass Sie dort ein entsprechendes Konto haben und auf dem Tablet die Facebook-App installiert ist.

4. Sofort wechselt das Tablet in die Facebook-App, und diese fordert Sie auf, etwas über das Video zu sagen ❷. Tippen Sie also ein, was Ihnen dazu einfällt.

5. Tippen Sie auf den Pfeil ❸ am Ende der Zeile zu An, um festzulegen, wer das Video sehen darf.

6. Abschließend tippen Sie auf Posten ❹.

7. Das Tablet meldet, dass das Video hochgeladen wird.

Ist das Ganze erfolgreich abgelaufen, können Sie das Video auf Ihrer Facebook-Seite begutachten.

Videos auf YouTube ansehen

Mit der vorinstallierten App YouTube aus dem Ordner *Google* erreichen Sie mit einem Tipp das riesige Angebot des Videoportals von Google.

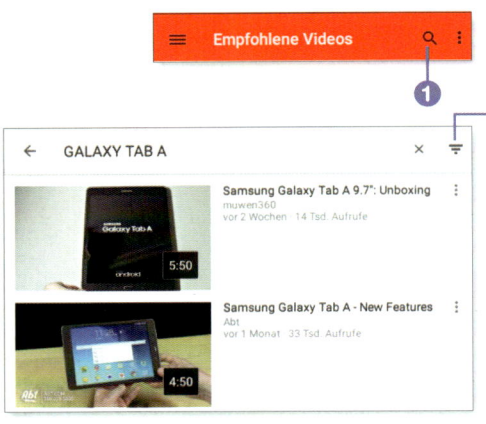

1. Tippen Sie die Lupe ❶ in der Menüleiste an, und geben Sie ein Suchwort ein, um ein Video zu finden.

2. Über das letzte Symbol der Leiste ❷, die dann erscheint, können Sie die möglichen Fundstücke etwas eingrenzen, beispielsweise auf bestimmte Zeiträume oder anhand der Bildqualität.

3. Wählen Sie eines der angebotenen Videos mit einem Tipp auf das Miniaturbild zur Wiedergabe aus.

4. Tippen Sie das Symbol mit den beiden Pfeilen ❸ an, um das Bild auf dem ganzen Bildschirm anzuzeigen (wie im abgebildeten Beispiel aus einem Video von *DetroitBORG*).

5. Meist ist es sinnvoll, das Tablet im Querformat zu halten, wenn Sie das Video im Vollbildmodus ansehen.

6. Ein Tipp ins Bild blendet die Schaltfläche für Wiedergabe und Pause ❹ und den Fortschrittsbalken mit dem verschiebbaren Kreis ❺ ein, mit dem Sie die Wiedergabe von einem beliebigen Punkt aus starten können.

7. Mit dem Pfeil links oben ❻ kommen Sie wieder in die Übersicht zurück. Die Schaltfläche mit den beiden Pfeilen ❸ reduziert das Bild wieder.

Wenn Sie mehrere Videos in einer bestimmten Reihenfolge sehen wollen, benutzen Sie das Pluszeichen ❼ und wählen **Neue Playlist erstellen**. Geben Sie einen Namen an. Beim nächsten Video bietet das Pluszeichen dann die neue Playlist als mögliches Ziel an.

Wollen Sie andere Leute auf ein Video aufmerksam machen, können Sie auch einen Link darauf per E-Mail verschicken. Tippen Sie das Pfeilsymbol in der Menüleiste ❽ an, und verwenden Sie eine der E-Mail-Apps.

Über ⋮ ❾ finden Sie noch ein Zahnradsymbol, über das Sie die Bildqualität des Videos bestimmen.

Videos auf YouTube veröffentlichen

Das YouTube-Portal von Google ist zweifellos eine der beliebtesten Plattformen für die Verbreitung von Videos. Um dort Videos zu veröffentlichen, brauchen Sie natürlich wieder ein Konto für dieses Portal. Wenn Sie aber ein Google-Konto haben, ist der Zugang zu YouTube inklusive. Außerdem sollte möglichst eine WLAN-Verbindung zur Verfügung stehen, insbesondere wenn es um größere Datenmengen geht.

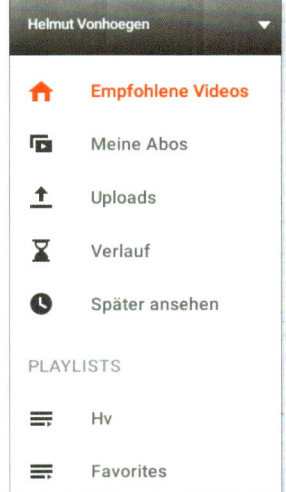

1. Öffnen Sie das Hauptmenü der **YouTube**-App mit einem Tipp auf die drei kurzen Striche am Anfang der Menüleiste.

2. Benutzen Sie die Option **Uploads**, die Ihnen eine Liste der bisher schon vom Tablet auf YouTube hochgeladenen Videos anbietet.

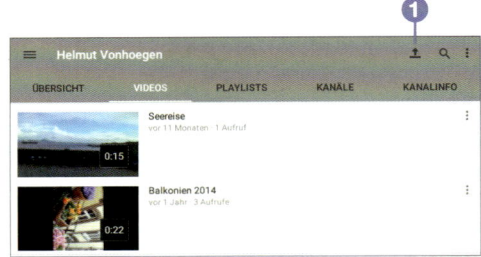

3. Verwenden Sie in der Menüleiste die Schaltfläche zum Hochladen **1**.

4. Wählen Sie das Video aus der Liste der auf dem Tablet gespeicherten Videos aus.

5. Durch Ziehen der beiden blauen Punkte in der unteren Bildleiste **3** lassen sich Teile vom Anfang und Ende noch wegschneiden.

6. Geben Sie einen Titel **4** und eine kurze Beschreibung **5** für das Video ein.

7. Wählen Sie unter **Datenschutz 6**, wer das Video sehen darf. Sie haben die Wahl zwischen **Privat** (nur Sie sehen es), **Öffentlich** (Alle sehen es) und **Nicht gelistet**. Im letzten Fall schicken Sie den Leuten, die das Video sehen sollen, einen entsprechenden Link darauf.

8. Schließlich starten Sie die Weitergabe mit **Hochladen 7**.

Das Tablet meldet, dass das Video hochgeladen wird. Dabei wird es automatisch in das benötigte Format umgewandelt und anschließend angezeigt.

Filme ausleihen oder kaufen

Eine riesige Abteilung des Google Play Stores ist den Filmen gewidmet. Mit einer gewissen Verzögerung landen dort auch alle neuen Filme. Sie können über die App **Play Store** gehen und auf der Startseite die Schaltfläche **Filme** antippen oder gleich mit **Play Movies** starten.

1. Da Filme eine Menge Speicherplatz benötigen, sollten Sie als Erstes unter **Einstellungen ▸ Speicher** die SD-Karte als Ziel für eventuelle Downloads angeben. Die Einstellungen erreichen Sie über das Menü der App. Tippen Sie dazu auf die drei Balken am Anfang der Menüleiste.

2. Um einen Film zu leihen oder zu kaufen, können Sie sich auf den verschiedenen Registern, **Kategorien**, **Startseite**, **Beliebteste Filme**, **Neue Filme** ❽ umsehen.

3. Wenn Sie den Titel schon kennen, greifen Sie meist am schnellsten über die Lupe ❾ in der Menüleiste darauf zu.

4. Befindet sich die Visitenkarte des Films auf dem Bildschirm, tippen Sie darauf, um die Ausleihe oder den Kauf zu starten. Häufig finden Sie neben einer Beschreibung des Films auch einen Trailer, um schon einmal kurz hineinzuschauen.

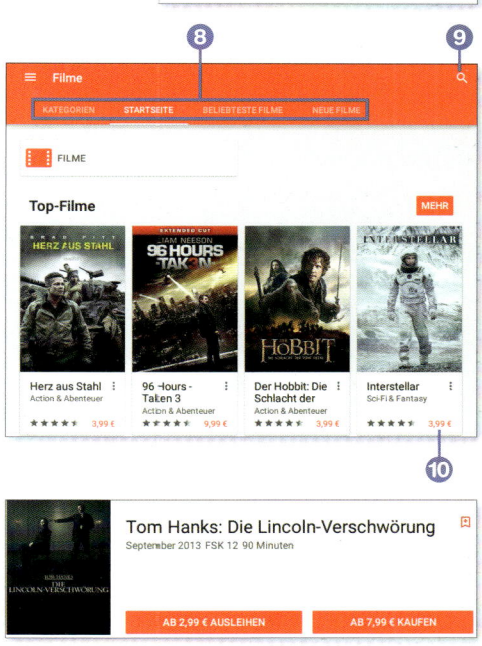

5. Die Ausleihe wird allerdings nicht bei allen Filmen angeboten. In beiden Fällen stehen Ihnen aber oft HD- und SD-Versionen zur Verfügung. Letztere sind meist günstiger. Die Bildqualität bei HD ist natürlich besser, dafür aber auch die Datenmenge größer.

6. Tippen Sie auf die gewünschte Schaltfläche mit dem Preis ❿. Je nach Ihren Einstellungen wird noch einmal die Eingabe Ihres Google-Passworts verlangt.

7. Bei der Ausleihe haben Sie nun sofort die Möglichkeit, den Film anzusehen. Dazu muss natürlich die Online-Verbindung ständig eingeschaltet sein. Am besten nutzen Sie WLAN dazu. Der ausgeliehene Film steht Ihnen nach dem ersten Start 48 Stunden zur Verfügung, auch auf anderen Geräten, wenn Sie das gleiche Google-Konto verwenden. Die Leihfrist beträgt in der Regel aber 30 Tage.

Tom Hanks: Die Lincoln...

8. Wollen Sie den Film auch offline ansehen, nutzen Sie die angebotene Schaltfläche **Herunterladen**. Je nach Ihrer Netzverbindung kann das etwas dauern. Ein HD-Film von 90 Minuten braucht etwa 1 GB.

9. In **Play Movies** finden Sie den geliehenen oder gekauften Film auf der Seite **Meine Filme**. Die Leihfrist wird angezeigt ❶. Das rot hinterlegte Häkchen ❷ verrät, dass der Titel schon heruntergeladen ist. Wenn das nicht der Fall ist, stößt ein Tipp auf diese Schaltfläche das Herunterladen an dieser Stelle an.

10. Ein Tipp auf den Titel startet den Film.

Dabei werden zunächst einmal die Statusleiste oder Navigationsschaltflächen ausgeblendet, um den gesamten Bildschirm zu nutzen. Ein Wischen über den Rand des Bildschirms stellt die Steuerelemente wieder zur Verfügung.

Mit dem Tablet fernsehen

Falls Sie Bedenken haben, auf einem kleinen Tablet fernzusehen, wo Sie doch vielleicht an ein TV-Gerät mit 40 oder 50 Zoll gewöhnt sind – es geht erstaunlich gut. Durch die geringere Entfernung wird die geringere Größe wettgemacht. Ein Tennisspiel lässt sich beispielsweise auf dem Tablet gut verfolgen.

Es gibt im Moment zwei Apps, mit denen Sie einen großen Teil der Sender sehen können.

Die ältere ist die App **Zattoo TV**. Beim ersten Start registrieren Sie sich mit Ihrer E-Mail-Adresse. Die App ist kostenlos, sie finanziert sich über kurze Werbeeinblendungen bei einem Senderwechsel. Wenn Sie das stört, können Sie für 9,99 € ein monatliches Abo buchen.

Auf der Startseite werden die verfügbaren Sender mit dem laufenden Programm angezeigt, ein Tipp auf einen Sender startet die Wiedergabe, am besten im Querformat.

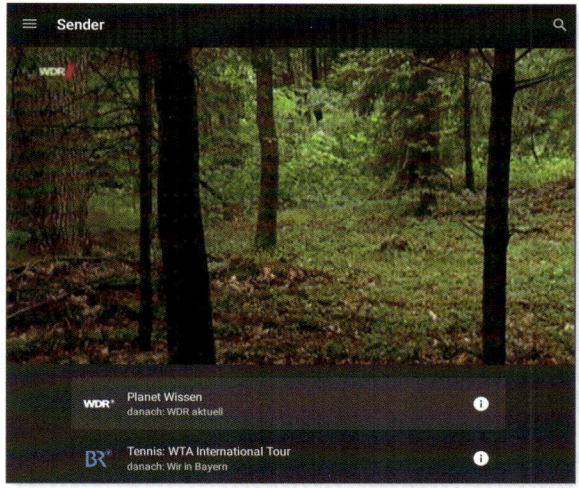

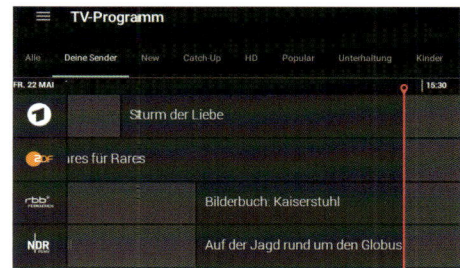

Die Senderübersicht in Zattoo   *Die Zeitleiste in Magine*

Die neuere App heißt **Magine TV**. Sie können sich über Ihr Google- oder Facebook-Konto oder über eine E-Mail-Adresse anmelden. Zur Kontrolle erhalten Sie eine SMS mit einem Bestätigungscode. Magine bietet verschiedene Programmpakete an, das Basispaket ist kostenlos, andere müssen abonniert werden. Neben einer Senderübersicht gibt es auch eine Zeitleiste, bei der Sie genau sehen können, wo wann etwas gezeigt wird.

Immer beliebter werden die Mediatheken der öffentlich-rechtlichen Sendeanstalten. Wenn Sie eine Sendung verpasst haben, finden Sie über die App das entsprechende Angebot noch sieben Tage lang. Auch Live-Sendungen lassen sich über die App ansehen. Die Abbildung zeigt als Beispiel die Home-Seite der ARD-Mediathek. Ähnliche Angebote gibt es vom ZDF, von Arte, dem SRF und dem ORF und von Hessen regional.

Die App der ARD-Mediathek

Kapitel 8
Musik und Radio hören

Längst haben Smartphones und Tablets die tragbaren Player wie den iPod überflüssig gemacht. Insbesondere mit einem guten Kopfhörer steht dem Hörgenuss auf dem Galaxy Tab A nichts im Wege. Das Tablet bringt gleich zwei vorinstallierte Apps zum Abspielen von Musik mit:

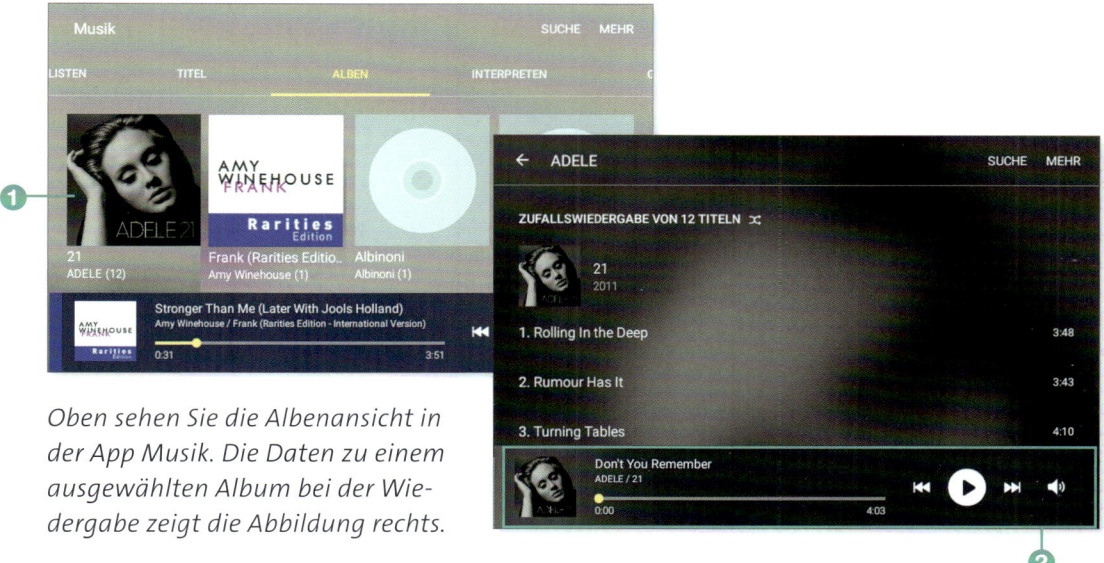

Oben sehen Sie die Albenansicht in der App Musik. Die Daten zu einem ausgewählten Album bei der Wiedergabe zeigt die Abbildung rechts.

Musik ist ein schlichter Player, mit dem Sie Ihre Musikstücke zugleich auf einfache Weise übersichtlich verwalten, Wiedergabelisten anlegen und Dateien mit anderen Geräten austauschen können.

Wenn Sie eine der Kacheln ❶ antippen, startet die Wiedergabe, die Sie mit den üblichen Schaltflächen ❷ steuern können.

Die komplettere Alternative **Play Music** ist ein Player mit Anbindung an den *Google Play Store*.

Im Google Play Store gibt es noch zahlreiche andere Apps, die als Player arbeiten oder Sie mit Musik beliefern. Ich werde in diesem Kapitel als Beispiel noch kurz auf die weit verbreitete **Spotify**-App eingehen.

Musik auf das Tablet übertragen

Die erste Frage ist vielleicht auch bei Ihnen: »Wie kommt Musik auf das Tablet?« Sie haben auf Ihrem PC oder Mac eine Menge von Musikstücken, digitalisierten CDs oder heruntergeladenen Titeln zusammengestellt. Hier gibt es mehrere Wege. Der vielleicht einfachste sieht unter Windows 8.1 so aus:

1. Verbinden Sie das Tablet über das USB-Kabel mit Ihrem PC. Windows behandelt das Tablet dann wie einen USB-Stick.

Nach der Installation eines passenden Treibers erscheint auf dem Bildschirm die Frage, welche Aktion mit dem Tablet durchgeführt werden soll. Nehmen Sie hier die Option **Gerät zum Anzeigen der Daten öffnen**.

2. Der Explorer zeigt nun für das Tablet die Ordner *Card* und *Tablet* an, falls eine SD-Karte vorhanden ist. *Tablet* ist also der Ordner für den internen Speicher des Tablets, *Card* der für die SD-Karte. In der folgenden Abbildung sehen Sie den geöffneten Ordner *Card*.

3. Da Musikstücke meist ziemlich speicherhungrig sind, spricht einiges dafür, die Stücke vom PC gleich auf die SD-Karte zu übertragen. Am besten legen Sie dazu im Datei-Explorer einen

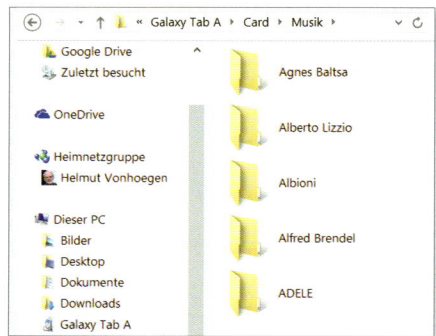

Ordner *Musik* unter *Card* an. Öffnen Sie durch Klick auf eine freie Stelle im Ordner das Kontextmenü, wählen Sie **Neu ▸ Ordner** aus, und benennen Sie ihn entsprechend um.

4. Gehen Sie im Datei-Explorer zur Bibliothek Ihrer Musikstücke. Klicken Sie den Ordner mit der rechten Maustaste an, und benutzen Sie im Kontextmenü **In neuem Fenster öffnen**.

5. Nun können Sie die Musikstücke, die Sie auch auf dem Tablet haben wollen, einfach aus der Bibliothek auf dem PC auf den Ordner auf der SD-Karte des Tablets ziehen.

6. Trennen Sie das Tablet wieder von Ihrem PC.

Nun steht dem Musikgenuss nichts mehr im Wege.

INFO

Hinweis für Mac-User

Wenn Sie Ihre Musik von einem Mac übertragen wollen, sollten Sie dort das Programm *Android File Transfer* installieren. Sie finden es über *www.android.com/filetransfer*.

Eine komfortablere Alternative zu der USB-Kabel-Lösung ist der Weg über eine Cloud. Wenn Sie über ein Google-Konto verfügen, können Sie so vorgehen:

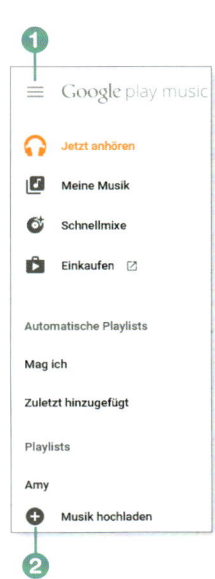

1. Gehen Sie auf die Seite *music.google.com*, und melden Sie sich mit Ihren Kontodaten an.

2. Tippen Sie in der Menüleiste auf die drei Balken ❶ und dann im Menü auf die Schaltfläche **Musik hochladen** ❷.

3. Es wird Ihnen nun eine Schaltfläche **Music Manager herunterladen** angeboten.

4. Wenn Sie den Download ausführen, müssen Sie noch einmal Ihre Kontodaten eingeben.

5. Anschließend geben Sie an, ob Titel nach Google Play hochgeladen oder umgekehrt Titel aus der Google-Play-Cloud auf den Computer heruntergeladen werden sollen.

6. Nun werden Sie gefragt, wo sich Ihre musikalischen Schätze befinden. Hier haben Sie die Möglichkeit, alles, was Sie über *iTunes* gesammelt haben, in die Cloud zu kopieren, die Bibliothek des Media Players, den Ordner *Meine Musik* oder einen anderen Ordner, den Sie dann angeben.

7. Wenn das Hochladen abgeschlossen ist, finden Sie die ausgewählten Titel auf der Google-Play-Seite unter **Meine Musik** ❸.

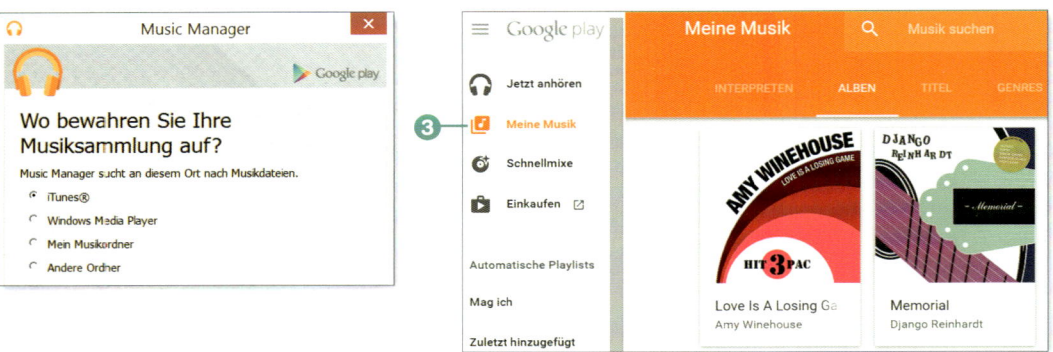

Der auf dem Desktop installierte **Music Manager** kann nun jederzeit über das Kopfhörersymbol in der Taskleiste neu gestartet werden, um Musik in der einen oder der anderen Richtung auszutauschen. Ist auf dem Tablet unter **Persönlich ▸ Konten ▸ Google** für das entsprechende Konto die Einstellung **Google Play Music synchronisieren** aktiviert, finden Sie alle hochgeladenen Titel anschließend auch auf dem Tablet.

> **INFO**
>
> **Auf den Dateityp kommt es an, nicht auf den Ordner**
>
> Die Verteilung der Musik auf bestimmte Ordner hat für die Musik-Apps übrigens keine große Bedeutung. Es werden immer alle Musikdateien angezeigt, solange die App am Dateityp erkennen kann, dass es sich um Musik oder sonstige Audiodaten wie etwa ein Hörbuch handelt.

Auch wenn Sie Ihre Musikbibliothek nach Google Drive, Dropbox oder OneDrive hochladen, können Sie vom Tablet aus alles herunterladen, was Sie dort haben wollen. Mehr zur Nutzung dieser Cloud-Speicher erfahren Sie, wie gesagt, im Abschnitt »Dateien und Medien in der Cloud speichern« ab Seite 294. Allerdings macht das nur Vergnügen, wenn Sie einen schnellen Internetzugang haben. Und das ist leider etwas, wovon in Deutschland unverständlicherweise noch zahlreiche Regionen nur träumen.

Musik abspielen

Wollen Sie die auf das Tablet übertragene Musik hören, benutzen Sie am besten die **Play Music**-App. Um den Weg noch zu verkürzen, können Sie die App aus dem *Google*-Ordner direkt auf den Startbildschirm ziehen.

1. Öffnen Sie die App. Als erste Seite sehen Sie **Jetzt anhören** ❶. Unter **Letzte Aktivität** ❷ finden Sie immer die zuletzt gehörten Titel oder Alben. Darunter werden auf der Basis Ihrer bisherigen Vorlieben Empfehlungen ❸ angezeigt.

2. Tippen Sie an, was Sie hören wollen. Ist das gewünschte Element nicht zu sehen, wischen Sie nach oben oder unten, um mehr sichtbar zu machen.

3. Die App listet bei einem ausgewählten Album die einzelnen Titel zum Antippen auf.

4. Am unteren Rand werden Schaltflächen für die Wiedergabesteuerung eingeblendet. Die Pfeile rechts und links starten jeweils den nächsten ❹ oder den vorherigen Titel ❺.

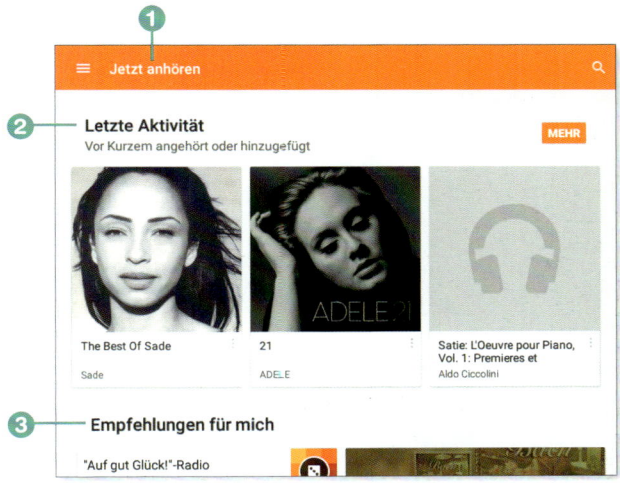

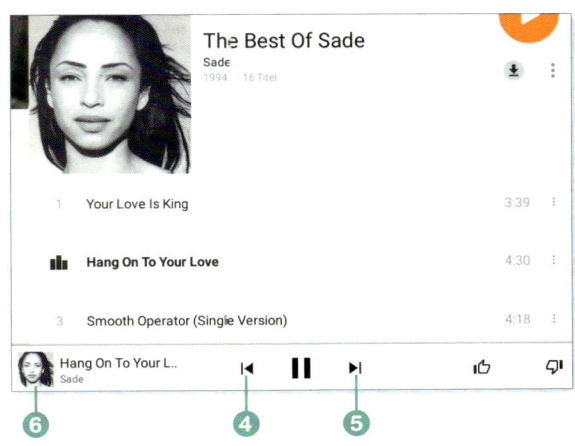

5. Um das Cover größer zu sehen, tippen Sie auf die Cover-Miniatur unten links ❻ (Seite 217) Nun werden auch die Abspielzeiten links (für die bisher abgespielte Zeit) ❼ und rechts (für die Gesamtdauer des Stücks) ❽ angezeigt. Mit dem runden orangefarbigen Punkt ❾ verschieben Sie den aktuellen Wiedergabepunkt, um beispielsweise nur einen Teil eines Stücks anzuhören.

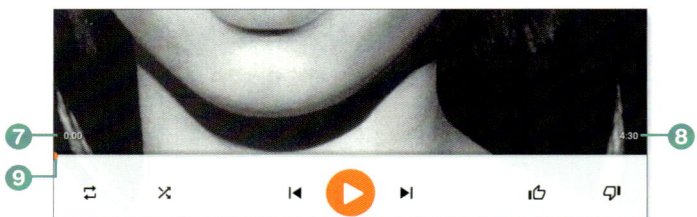

6. Ist die Wiedergabe beendet, führt die **Zurück**-Taste wieder in die Übersicht über die Alben und Titel, wobei immer das zuletzt gespielte Album – unter **Letzte Aktivität** – an den Anfang rückt.

Falls Sie jetzt einen Hinweis vermissen, wie in der App die Lautstärke geregelt wird – die App bietet dazu nichts an, Sie regeln die Lautstärke also einfach über den Wippschalter am Rand des Tablets.

INFO

Beim Lesen Musik hören

Eine Besonderheit der Apps, die Musik wiedergeben, ist, dass sie weiterspielen, wenn Sie eine andere App öffnen. Haben Sie Lust, beim Lesen eines E-Books oder eines E-Magazins oder beim Surfen im Internet Musik zu hören, öffnen Sie einfach die entsprechende App.

Soll die Musik für einen Moment gestoppt werden, ziehen Sie die Statuszeile kurz nach unten und benutzen die Pausentaste, die für den laufenden Titel angeboten wird.

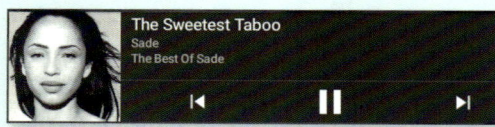

Steuerelemente für ein Musikstück im Benachrichtigungsfeld

Werfen wir noch einen Blick auf die Benutzeroberfläche der App.

1. Ein Tipp auf die drei Balken in der Menüleiste ⑩ öffnet das Hauptmenü der App.

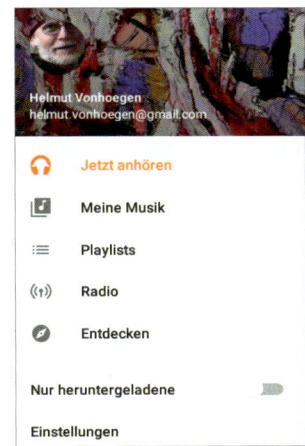

2. Unterhalb der Option **Jetzt anhören** finden Sie über **Meine Musik** den Zugang zur gesamten Musikbibliothek, die
Sie über das Tablet verwalten, also sowohl die lokal gespeicherte Musik als auch die Titel, auf die Sie über die
Google-Cloud zugreifen.

3. Mit dem Schieber zu **Nur heruntergeladene** können Sie
die Anzeige auf die Elemente einschränken, die aus der
Cloud heruntergeladen sind. Wird der Schieber grau angezeigt, werden dagegen alle Elemente aufgelistet.

4. Die Option **Aktualisieren** ⑪ sollten Sie antippen, wenn
Sie den Eindruck haben, dass nicht alle Stücke angezeigt werden.

5. Über **Equalizer** ⑫ können Sie die Wiedergabe optimieren und Bass und Höhen
oder Klang für eher instrumentale Musik
oder Gesang anpassen.

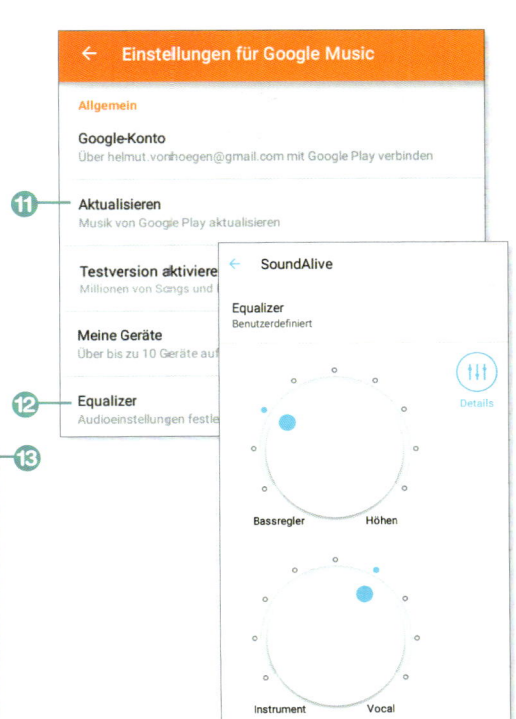

6. Unter der obersten Leiste finden Sie die
vier Register **Genres**, **Interpreten**, **Alben**
und **Titel** ⑬. Durch Antippen oder Wischen wechseln Sie zwischen den verschiedenen Ansichten.

7. Bei großen Bibliotheken kann das Navigieren in diesen Ansichten mühsam werden. Da hilft es, Titel über einen Suchbegriff aufzuspüren. Tippen Sie in der Menüleiste auf das Lupensymbol ⑪ (Seite 219), und geben Sie den Suchbegriff ein. Häufig reichen schon die ersten Buchstaben.

8. Die nächsten Punkte im Hauptmenü sind **Playlists**, **Radio** und **Entdecken**. Diese Punkte behandle ich gleich im Abschnitt »Wiedergabelisten einrichten« ab Seite 222.

9. Wenn Sie kein Abo für den Musik-Dienst von Google abschließen, finden Sie in diesem Menü noch die Option **Musik kaufen** als Tor zum Music Store von Google. Dazu mehr im nächsten Abschnitt.

10. Über **Einstellungen** geben Sie an, welches Google-Konto die App verwendet.

Auf einige andere Einstellungen gehe ich noch im nächsten Abschnitt ein.

Musik kaufen

Wenn Sie im Hauptmenü von **Play Music** die Option **Musik kaufen** antippen oder direkt in der App **Play Store** die Schaltfläche **Musik**, erreichen Sie die Musikabteilung im Google **Play Store**. Der Store bietet ausschließlich DRM-freie Musik an.

> **INFO**
>
> **DRM bleibt außen vor**
>
> DRM – *Digital Rights Management*, zu Deutsch: Digitale Rechteverwaltung – ist eine Technik, die die Wiedergabe von gekaufter Musik auf bestimmte Endgeräte und eine bestimmte Zahl von Geräten einschränkt.

Der Kauf wird in der gleichen Weise abgewickelt wie der von Apps oder Spielen, ich verweise deshalb hier auf Kapitel 10, »Apps finden und installieren«.

Unter der Menüzeile finden Sie verschiedene Register, die Sie per Fingertipp oder mit einer Wischbewegung auswählen. Wenn Sie unter **Genres** eine Musikrichtung antippen, wird ein Untermenü zu dieser Richtung angeboten, mit dem Sie die Auswahl weiter eingrenzen. Die **Zurück**-Taste führt wieder zum übergeordneten Menü zurück.

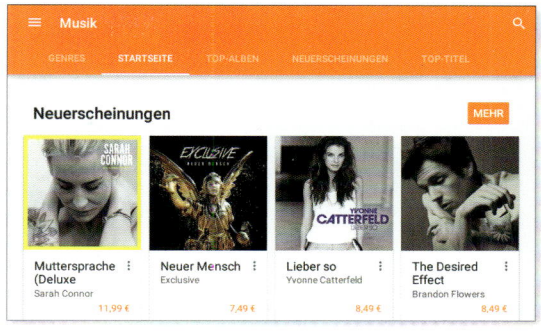

Mit der kleinen Pfeilschaltfläche ❶ hören Sie kurz in einen Titel hinein. Um ein Album oder einen einzelnen Titel zu erwerben, tippen Sie den entsprechenden Preis ❷ an. Google prüft Ihre Zahlungsdaten, fragt unter Umständen noch einmal Ihr Passwort ab, und schon stehen die Musikstücke sowohl auf Ihrem Tablet als auch in der Google-Cloud zur Verfügung. Alle Stücke, die Sie über den Google Play Music Store erwerben, können Sie dann auch über Ihre anderen Geräte über das Web unter *play.google.com/music* anhören, wenn Sie sich mit dem gleichen Konto dort anmelden.

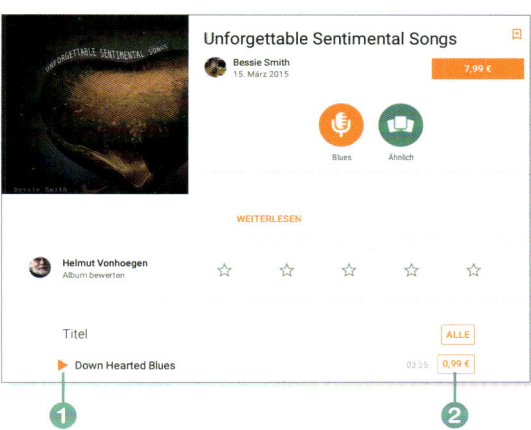

Neben dem Verkauf einzelner Alben oder Titel bietet Google auch ein kostenloses 30-Tage-Testabo für seinen Streaming-Dienst an, danach werden 9,99 € pro Monat berechnet. Unter **Einstellungen** finden Sie dazu den Link **Testversion aktivieren**. Haben Sie das Abo gestartet, finden Sie hier auch die Option **Abonnement kündigen**, um das Abo zu stoppen, wenn es nicht gefällt.

Einstellungen zum Herunterladen

Wenn Sie den Streaming-Dienst nutzen, finden Sie bei der Wiedergabe eines Titels jeweils eine Schaltfläche zum **Herunterladen**. Wenn Sie diese antippen, wird der Titel in einem Cache auf dem Tablet abgelegt, sodass Sie ihn auch offline hören können. Anstatt jeden Titel einzeln herunterzuladen, können Sie auch unter **Einstellungen** die Option **Bei Wiedergabe in den Cache** nutzen. **Cache leeren** löscht die gespeicherte Musik wieder.

Wiedergabelisten einrichten

Ein komplettes Album abzuspielen ist mit einem Tipp angestoßen. Etwas umständlicher ist es, nacheinander einzelne Titel aus verschiedenen Alben zu starten. Da Musiktitel meist nur einige Minuten dauern, wäre es mühsam, jedes Mal eine neue Auswahl treffen zu müssen. Hier helfen die Wiedergabelisten, die **Playlists**. Die App merkt sich automatisch die Reihenfolge der zuletzt wiedergegebenen Stücke und bietet sie unter dem Namen **Zuletzt hinzugefügt** an. Um eigene Wiedergabelisten anzulegen, verfahren Sie so:

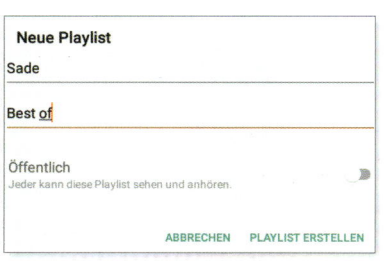

1. Wählen Sie in **Play Music** unter **Meine Musik** den ersten Titel aus.

2. Tippen Sie auf die Schaltfläche mit den drei Punkten ❶, und nehmen Sie aus diesem Kontextmenü die Option **Zu Playlist hinzufügen**.

3. Besteht bereits eine Liste, zu der der Titel passt, tippen Sie den Namen an. Um eine neue Liste zu starten, wählen Sie **Neue Playlist** und vergeben dafür einen passenden Namen. Bestätigen Sie mit **Playlist erstellen**.

4. Gehen Sie mit der **Zurück**-Taste wieder in die Übersicht, und suchen Sie die nächsten Titel aus, um sie jeweils der Wiedergabeliste hinzuzufügen.

5. Um die Wiedergabeliste zu starten, benutzen Sie im Hauptmenü der App die Option **Playlists**.

Sie zeigt die Liste der Wiedergabelisten. Tippen Sie Ihre Wunschliste an, um die Wiedergabe zu starten.

6. Gefällt Ihnen die Reihenfolge der Titel in einer Playlist nicht mehr, ziehen Sie die einzelnen Titel an dem Verschiebesymbol links von den Titelabbildungen ❷ in die gewünschte Ordnung.

INFO

Favoritenliste

Eine Alternative zum Anlegen von Playlists ist eine Favoritenliste. Wenn Sie beim Abspielen von Titeln, die Ihnen gefallen, immer wieder die Schaltfläche mit dem Daumen nach oben antippen, füllen Sie die dann automatisch angelegte Playlist **Mag ich**.

Ist ein Interpret über **Meine Musik** ausgewählt, wird, wenn Sie den Streaming-Dienst abonniert haben, mit **Radio** ❸ ein Streaming-Angebot aufgerufen, das Musik des Interpreten oder sehr ähnliche Musik abspielt.

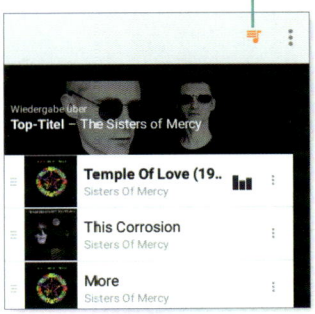

Mit dem Listensymbol ❹ in der Menüleiste blenden Sie die ausstehenden Titel jeweils ein. Um einen Titel zu überspringen, tippen Sie in der Wiedergabesteuerung auf den Doppelpfeil nach rechts.

Streaming mit Spotify

Kommt es Ihnen nicht auf den Besitz von Musikdateien an, können Sie auch die Angebote von Streaming-Dienstleistern nutzen. Ein Vergnügen ist das aber nur an Orten, wo Sie sich auf eine genügende Geschwindigkeit der Netzverbindung verlassen können. Ich habe immer die Klagen eines lieben Kollegen im Ohr, der das Landleben bevorzugt.

Der bekannteste Anbieter in Deutschland ist hier sicher *Spotify*, und wie versprochen gehe ich hier kurz auf dieses Angebot ein. Um Spotify nutzen zu können, müssen Sie dort ein Konto anlegen, es sei denn, Sie haben ein Facebook-Konto, dann können Sie dieses auch für Spotify verwenden.

1. Installieren Sie zunächst die kostenlose App **Spotify** aus dem Google **Play Store**.

2. Über die Startseite können Sie sich zunächst registrieren lassen. Wollen Sie ein Facebook-Konto nutzen, nehmen Sie **Anmelden** und geben Ihre Zugangsdaten an.

3. Ist diese Hürde genommen, landen Sie in der **BROWSE** genannten Übersicht.

4. Die Schaltfläche mit den drei Balken öffnet das Hauptmenü.

5. Über **Einstellungen** passen Sie die App so an, wie sie für Sie arbeiten soll. Beispielsweise können Sie unter **Streamen** die Option **Hohe Qualität** einstellen, wenn Ihre Netzgeschwindigkeit das hergibt.

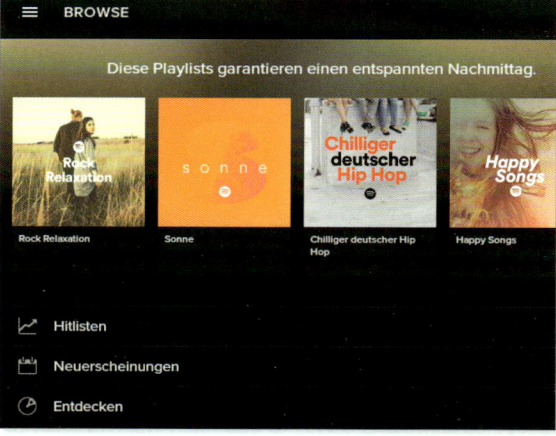

6. Die Übersicht über die bisher verfügbaren Titel finden Sie über **Deine Musik**, die nach **Playlists**, **Songs**, **Alben** und **Künstler** geordnet ist.

7. Ein Tipp auf ein Album oder einen Titel startet die Wiedergabe.

8. Ein Tipp auf die Cover-Miniatur blendet das Cover und die Daten zu einem Titel ein. Die Schaltfläche mit den drei Balken unten zeigt die Warteschlange.

9. Außerdem können Sie im Hauptmenü über **Radio** Angebote zu den verschiedenen Genres hören. Dazu wählen Sie beispielsweise einen Künstler aus, und Spotify stellt dann ein Programm zusammen, das solche und ähnliche Musik anbietet.

10. Wenn Sie Freunde an Ihren musikalischen Leidenschaften teilhaben lassen wollen, benutzen Sie die Option **Teilen**. Sie wird über ⣿ angeboten, wenn ein Titel ausgewählt ist.

Spotify ist zunächst kostenlos, allerdings müssen Sie dafür gelegentliche Werbeeinschübe in Kauf nehmen. Wenn Sie bereit sind, für den Dienst einen monatlichen Betrag zu bezahlen, können Sie jederzeit zu einer gebührenpflichtigen Version wechseln. Die Premium-Version erlaubt auch das Herunterladen der Audiodaten, sodass Sie die Musik auch ohne Internetverbindung hören können.

Radio hören

Was ist mit dem Angebot der »richtigen« Radiosender wie 1Live, Bayern 3 oder der Deutschen Welle? Es gibt Hunderte von Apps, die Ihnen deren Programm auf das Tablet bringen. Ich belasse es bei einer App, die immerhin fast eine Million positive Bewertungen hat: *TuneIn Radio*. Nicht weniger als 100.000 Sender stehen zur Auswahl.

Wollen Sie Sendungen auch aufzeichnen, können Sie auf die Pro-Version der App umsteigen, die allerdings nicht mehr kostenlos ist.

1. Wenn Sie **TuneIn** zum ersten Mal starten, melden Sie sich entweder mit einem Facebook- oder mit einem Google-Konto an.

2. Öffnen Sie das App-Menü mit den drei kleinen Balken in der linken Ecke oben, und tippen Sie auf **Durchstöbern**, um zur Senderauswahl zu gehen.

3. Über **Lokales Radio** suchen Sie einen Sender, der Ihnen gefällt.

4. Tippen Sie den Sender an, um die Wiedergabe zu starten.

5. Die Wiedergabe steuern Sie mit den Schaltflächen am unteren Rand.

6. Mit dem Pfeil ❶ in der Menüleiste springen Sie zurück auf die Startseite, ohne die Musik zu unterbrechen.

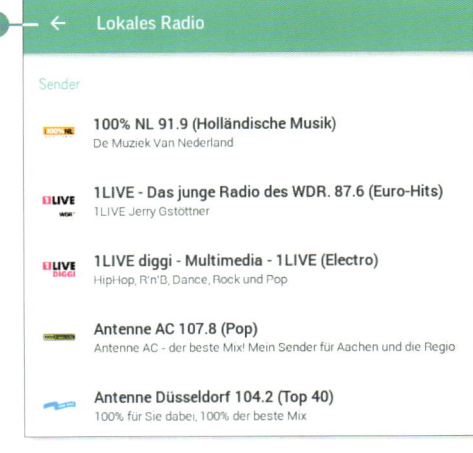

Wenn Sie inzwischen eine andere App öffnen, läuft das Radio weiter. Um es zu beenden oder um eine Pause einzulegen, ziehen Sie die Statusleiste etwas nach unten und finden unter **Benachrichtigungen** Schaltflächen dafür.

Hörbücher hören

In Googles **Play Store** finden Sie innerhalb der Musikabteilung auch eine ganze Reihe von Hörbüchern, wenn Sie als Genre **Gesprochene Inhalte/Hörspiele/Hörbücher** auswählen.

Der Kauf und die Wiedergabe solcher Titel unterscheiden sich nicht von dem, was oben für die Musik beschrieben ist. Allerdings ist das Angebot nicht sonderlich groß.

Wenn Sie das aktuelle Angebot an Hörbüchern durchforsten wollen, sollten Sie sich die kostenlose App **Audible** herunterladen. Audible ist eine Tochter von Amazon, Sie können deshalb mit einem Konto für Amazon auch bei Audible einkaufen.

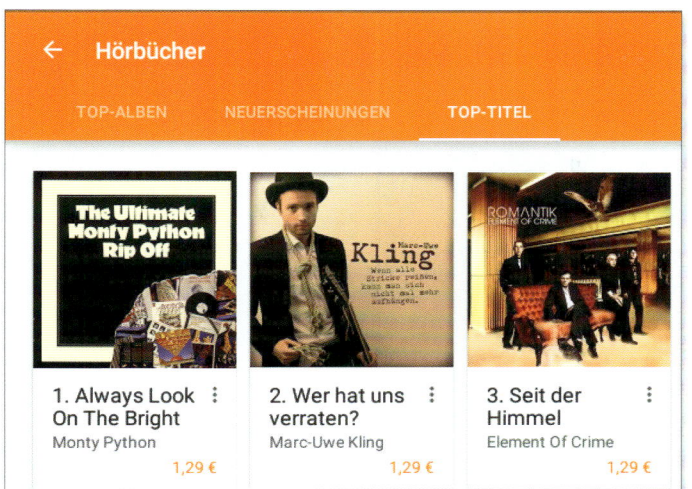

Hörbücher im Google Play Store

1. Um Bücher zu erwerben, tippen Sie nach dem Start der App das Symbol mit dem Warenkorb ❷ an, das den Shop für Hörbücher öffnet.

2. Wie bei den Kindle-Büchern stellt Ihnen auch Audible die gekauften Titel in einer Bibliothek in der **Cloud** ❸ zur Verfügung, sodass Sie von verschiedenen Geräten darauf zugreifen können. Um Titel aber auch offline zu hören, können Sie diese mit der Pfeilschaltfläche ❹ auf das Gerät herunterladen. Dabei sollten Sie allerdings gleich dafür sorgen, dass über die drei kleinen Balken links vom App-Symbol ❺ und **Einstellungen ▶ Download-Einstellungen** die Speicherkarte als Ziel festgelegt ist. Sonst kann es geschehen, dass der interne Speicher schnell »überläuft« und das System in Schwierigkeiten kommt.

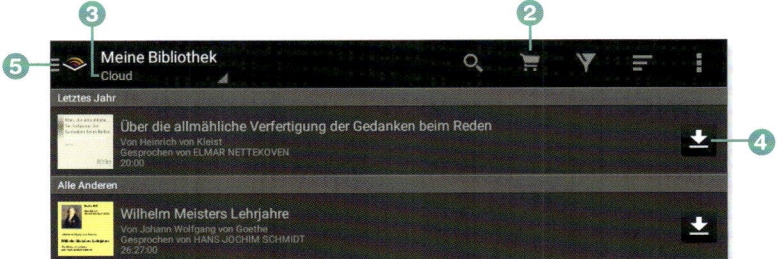

3. Ein Tipp auf einen Titel in der Bibliothek startet das Vorlesen.

4. Mit dem ersten Symbol ❶ in der Menüleiste verändern Sie die Lesegeschwindigkeit.

5. Den roten Punkt in dem Fortschrittsbalken ❷ können Sie mit einem Tipp versetzen, um zurück oder vorwärts zu springen. Die Schaltfläche mit dem gegen die Uhr gebogenen Pfeil ❸ geht immer 30 Sekunden zurück, um eine Stelle zu wiederholen. Der entsprechende Pfeil im Uhrzeigersinn ❹ rückt wieder 30 Sekunden vor.

6. Mit der zweiten Schaltfläche oben rechts ❺ setzen Sie Lesezeichen oder fügen Notizen hinzu.

7. Die Schaltfläche daneben ❻ aktiviert den Schlafmodus, schaltet das Tablet also nach der angegebenen Zeit aus.

8. Noch komfortabler als die Fingerbedienung ist die Sprachesteuerung, die Sie mit dem Handsymbol ❼ oder mit »Ok Audible« starten.

Die Kapitelübersicht blenden Sie ein, wenn Sie auf **Gerade läuft** ❽ tippen. Innerhalb der einzelnen Kapitel werden – für Nervöse – über dem Fortschrittsbalken die abgelaufene Zeit ❾ und die Restdauer ❿ angezeigt.

Kapitel 9
Karten und Navigation

Eine der größten Errungenschaften mobiler Geräte ist die Navigation über GPS. Erinnern Sie sich, wie unangenehm es werden kann, sich in einem großen Wald oder im Dschungel einer großen Stadt zu verlaufen? Dann werden Sie es zu schätzen wissen, dass so etwas nicht mehr vorkommen muss, solange Sie Ihr mobiles Gerät dabeihaben und über einen entsprechenden Internetzugang verfügen; nur ein leerer Akku könnte Ihnen da noch in die Quere kommen.

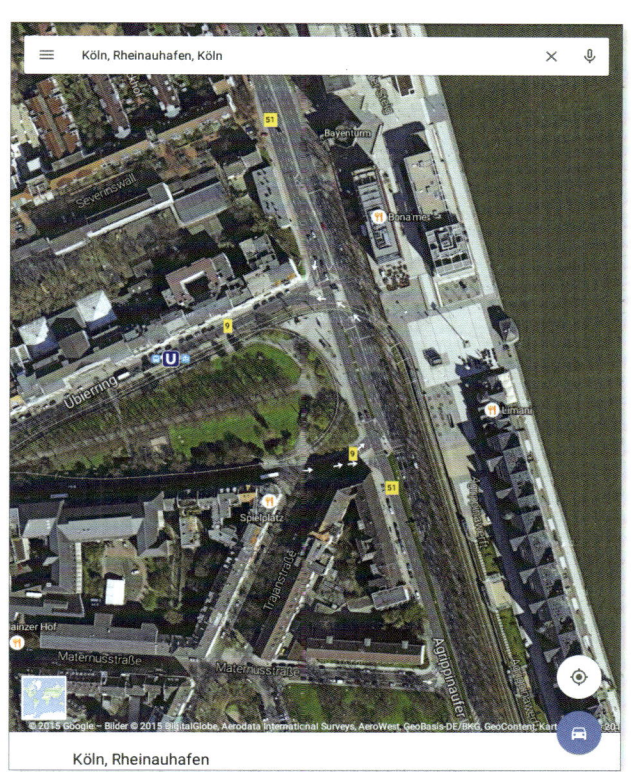
Köln, Rheinauhafen

Auf dem Tablet ist für diese Zwecke die App **Maps** vorinstalliert. Sie finden sie auf der Startseite im Ordner *Google*. Maps beliefert Sie mit detailliertem Kartenmaterial zu jeder beliebigen Adresse und berechnet die günstigsten Routen zu einem Ziel, wobei Sie den Ablauf per Stimme steuern können. Als Zugabe erhalten Sie Infos zum Beispiel über Geschäfte, Restaurants oder Cafés an einem Ort. Und natürlich können Sie alle Infos mit anderen teilen.

> **Kostenlos, aber nicht umsonst**
>
> Zwar ist die App kostenlos, Sie sollten aber beachten, dass für die Übertragung der nicht unerheblichen Datenmengen außerhalb Ihres WLAN-Bereichs zusätzliche Kosten anfallen können. Dagegen hilft eine passende Flatrate. Oder der Trick, der im Abschnitt »Karten lesen ohne Internetverbindung« ab Seite 239 beschrieben wird.

GPS-Empfang einstellen

Voraussetzung für Maps ist der Zugang zu den Daten, die die GPS-Satelliten liefern. Das Tablet besitzt dafür einen eingebauten GPS-Chip. Damit Apps dessen Funktionen nutzen können, müssen Sie diese aktivieren.

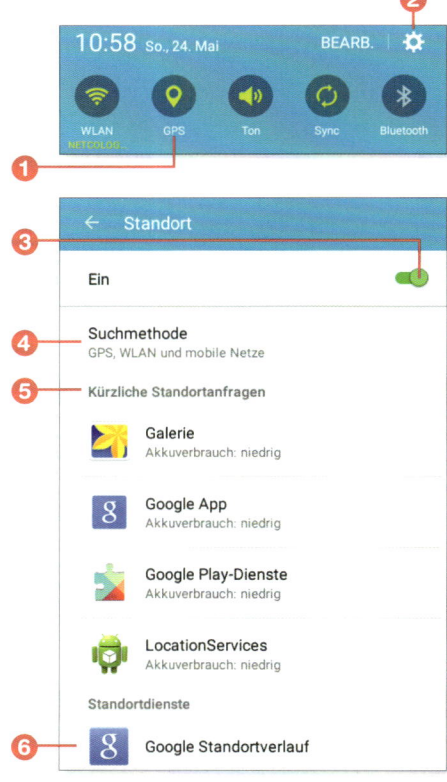

1. Ziehen Sie in **Maps** die Statusleiste nach unten, und tippen Sie in der Leiste für die Schnelleinstellungen auf **GPS** ❶, falls es nicht bereits eingeschaltet ist, also gelb angezeigt wird.

2. Tippen Sie noch das Zahnradsymbol ❷ an und schalten unter **Persönlich ▸ Datenschutz** die Option **Standort** ❸ ein.

3. Wenn Sie die Einstellung unter **Suchmethode** ❹ antippen, können Sie die Option **GPS, WLAN und mobile Netze** aktivieren. Damit erreichen Sie, dass über WLAN und wo möglich auch das mobile Netz noch zusätzliche Daten zur genaueren Bestimmung des Ortes hinzugezogen werden.

Die WLAN-basierte Ortung verwertet beispielsweise die Daten, die über die Position der WLAN-Nutzer innerhalb der jeweiligen Netzwerke verfügbar sind.

4. Unter **Kürzliche Standortanfragen** ⑤ sind die Apps aufgelistet, die Ihre Standortdaten zuletzt genutzt haben. Notfalls tippen Sie die Namen an und benutzen **Deaktivieren**, um die Zugriffe zu beenden.

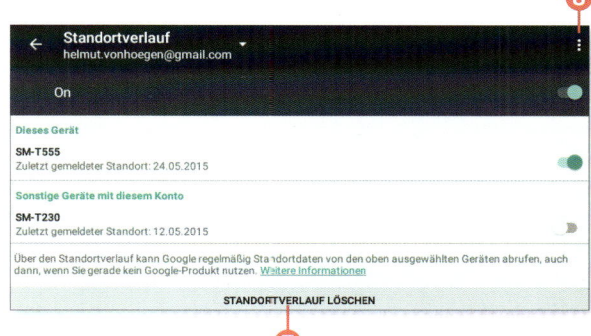

5. Unter **Standortdienste** erreichen Sie **Google Standortverlauf** ⑥, wo sich geräteweise die Aufzeichnung des Standorts ein- und ausschalten lässt; den aufgezeichneten Verlauf löschen Sie mit der Schaltfläche **Standortverlauf löschen** ⑦.

6. Einblick in den Standortverlauf erhalten Sie, wenn Sie über das Menü zu der Schaltfläche mit den drei Punkten ⑧ die Option **Aufrufen/verwalten** nutzen. Sie ruft im Internet direkt die Seite *maps.google.com/locationhistory* auf, wo Sie den Zeitraum für das Verlaufsprotokoll auswählen können. Die Abbildung zeigt ein Beispiel für einen Tag.

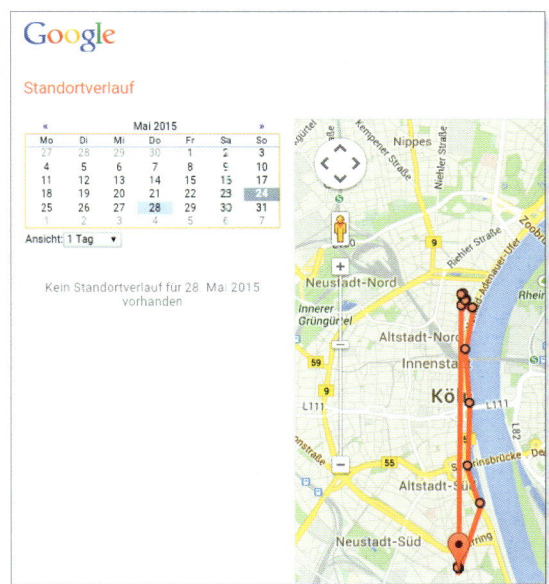

INFO

GPS und Glonass

Neben GPS unterstützt das Tab A übrigens auch das russische Navigationssystem *Glonass*. Dessen Daten werden hinzugezogen, wenn nicht genügend GPS-Satelliten im Kontaktbereich sind.

Google Maps

Ist GPS aktiviert, steht dem Kartenlesen mit Maps nichts mehr im Wege, es sei denn, Sie fahren eine längere Strecke durch einen Tunnel und die Verbindung zu den GPS-Satelliten ist gerade nicht möglich. Ich zeige Ihnen zunächst, wie Sie mit der App Ihre aktuelle Position feststellen können.

1. Starten Sie **Maps** durch Antippen des Symbols im *Google*-Ordner auf dem Startbildschirm.

2. In der Statusleiste blinkt das GPS-Symbol ❶, ein Kreis mit einer Spitze nach unten. Solange das Symbol blinkt, wird die GPS-Position gesucht, wenn nicht, ist die GPS-Position gefunden. Das kann unter Umständen einen Moment dauern. Wenn Sie die Statusleiste kurz nach unten ziehen, finden Sie eine entsprechende Benachrichtigung.

3. Ihre aktuelle Position wird mit einem blauen Punkt ❷ angezeigt, umgeben von einem transparenten Kreis.

4. Ein Tipp auf die Schaltfläche mit dem Lokalisierungssymbol ❸ rückt die aktuelle Position ins Zentrum.

5. Statt der zunächst verwendeten Kartenansicht können Sie auch über die Schaltfläche mit den drei Balken ❹, die das Hauptmenü der App öffnet, zur Satellitenansicht ❺ wechseln.

6. Außerdem lassen sich hier Hinweise auf Fahrradwege, die Verkehrslage oder öffentliche Verkehrsmittel einblenden. Zusätzlich

können die Daten von **Google Earth** ❻ herangezogen werden, wenn Sie diese App ebenfalls installieren. Dazu reicht ein Tipp auf die Pfeilschaltfläche daneben ❼.

Wie die Karte angezeigt wird, regeln Sie mit den Fingern:

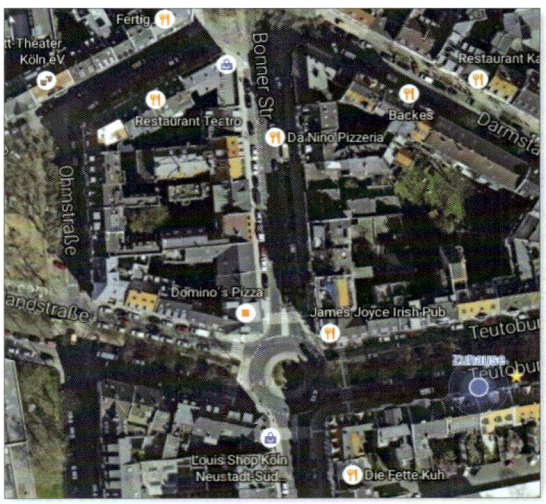

- Um ein- oder auszuzoomen, ziehen Sie zwei Finger über der Karte zusammen oder auseinander.

- Ein Doppeltipp zoomt stufenweise. Je größer der Zoom, umso mehr Details werden sichtbar, etwa die Namen von Geschäften, Restaurants oder Apotheken.

- Soll der Ausschnitt verschoben werden, ziehen Sie mit einem Finger in die entgegengesetzte Richtung.

- Durch Drehen zweier Finger drehen Sie die Karte um die Mitte zwischen den Fingern.

Über **Einstellungen** ❽ finden Sie unter **Google Maps-Verlauf** alle Orte und Routen wieder, die Sie zuletzt in der Karte positioniert haben. Ein Tipp auf einen Eintrag zeigt die entsprechende Karte.

INFO

GPS-Daten anzeigen

Sollten Sie einmal die genauen GPS-Daten eines Ortes benötigen, finden Sie im Google **Play Store** mehrere Apps, wenn Sie mit dem Suchwort »GPS« arbeiten. Mit *GPS Status* von »MobiVIA – EclipSim« finden Sie beispielsweise die exakte Anzeige des Längen- und Breitengrades und die Anzahl der Satelliten, deren Signale verwertet werden.

Feedback für Google

Nicht jede Umbenennung einer Straße, jede Umleitung bei einer Baustelle oder jede Änderung der Fahrtrichtung einer Einbahnstraße wird gleich am selben Tag in den Karten von Maps berücksichtigt werden. Google hat deshalb eine Feedback-Funktion in die App eingebaut in der Erwartung, von den Nutzern Hinweise auf falsche Karteninfos zu erhalten.

Wenn Sie einen entsprechenden Hinweis an alle anderen Nutzer weiterreichen wollen, benutzen Sie in **Maps** über das Hauptmenü die Option **Feedback geben ▶ Kartenproblem melden**. Sie können dann in der Karte die betreffende Stelle per Fingertipp markieren und über **Weiter** zu einem kleinen Formular gehen, in dem Sie das Problem beschreiben. Mit dem Pfeil für **Senden** wird die Mitteilung an Google abgeschickt.

Adressen suchen

Im letzten Abschnitt habe ich beschrieben, wie Sie mit **Maps** dank der GPS-Daten feststellen können, wo Sie gerade mit Ihrem Tablet sind. Die App hilft natürlich auch bei der Suche nach entfernten Orten: Wo ist Panama? Wo steht der Eiffelturm? Wo sind die Uffizien?

1. Nutzen Sie dazu das Suchfeld hinter den drei Balken ❶. Sie können dort die Namen von Orten, Ländern, Meeren, Seen oder Sehenswürdigkeiten eingeben. Sobald Sie die ersten Zeichen eintippen, erscheinen bereits mögliche Treffer, die Sie mit einem Tipp übernehmen können. Wenn Sie keine Lust zum Tippen haben, tippen Sie auf das Mikrofon ❷ und sprechen das Suchwort möglichst klar.

2. Falls Sie die exakte Adresse wissen, reicht es oft schon, mit der Eingabe des Straßennamens zu beginnen. Wenn es nicht gerade die Hauptstraße ist, finden Sie meist schon einen passenden Vorschlag, ansonsten geben Sie nach einem Komma noch den Ort an. Wenn Sie nur mit einer Postleitzahl suchen, wird die Mitte dieses Gebiets mit einem roten Ballon markiert.

3. Wird Ihr gesuchter Ort gefunden, blendet Maps am unteren Rand noch die Entfernung ❸ von Ihrem aktuellen Standort ein, außerdem eine Schaltfläche für die Route ❹ von dort aus.

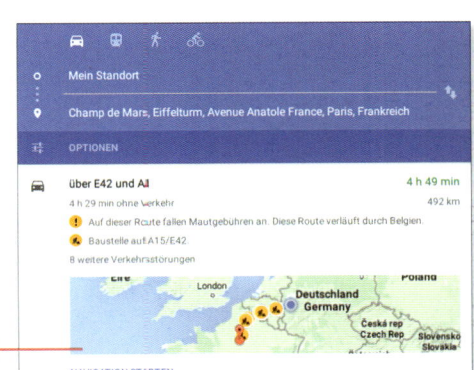

4. Tippen Sie diese an, erscheinen alternative Routen mit entsprechenden Kartenausschnitten ❺.

Ein Tipp auf die Vorschau zeigt Ihnen die komplette Route. Mit dem Andreaskreuz am Ende des Suchfeldes ❻ löschen Sie jeweils den letzten Suchbegriff.

Routen planen

Sie planen am Wochenende eine Fahrradtour in die Umgebung und suchen eine passende Route? Ich nehme hier mal das Fahrrad, weil Sie in Ihrem Auto vielleicht schon ein Navi haben.

1. Starten Sie **Maps**. Tippen Sie rechts unten auf die blaue Schaltfläche mit dem gebogenen Pfeil, um die Routenplanung zu beginnen.

2. Wählen Sie in der oberen Leiste zunächst die Fortbewegungsmethode aus. Neben dem Auto, den öffentlichen Verkehrsmitteln und dem Fahrrad wird auch das Zufußgehen angeboten. In unserem Fall tippen wir also das Rad an.

3. Die App geht davon aus, dass die Route in der Regel vom eigenen Standort ❶ starten soll und gibt diesen als Startposition vor. Soll die Route anderswo beginnen, tippen Sie diese Vorgabe an und wählen einen anderen Ort aus. Ist es ein Ort, den Sie erst neulich mit **Maps** gesucht haben, wird er in der unter dem Suchfeld angezeigten Verlaufsliste zum Antippen angeboten.

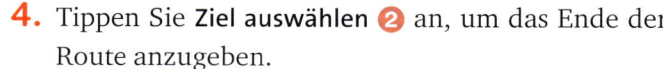

4. Tippen Sie **Ziel auswählen** ❷ an, um das Ende der Route anzugeben.

5. Sind Start und Ziel der Route bestimmt, kann die App die Route berechnen und gleich in die Karte einzeichnen. Mit dem Doppelpfeil ❸ können Sie Start und Ziel auch tauschen, wenn Sie sich auf den Rückweg begeben wollen.

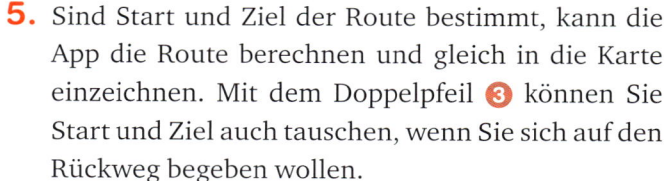

6. Wenn Sie das Tablet ins Querformat drehen, wird in der linken Hälfte eine listenförmige Wegbeschreibung eingeblendet. Beachten Sie den Hinweis, dass die Routen für Radfahrer eine Funktion der App sind, die sich – zumindest bei der Abfassung dieses Buches – noch im Beta-Stadium befunden hat. Folgen Sie ihr also sehenden Auges.

7. Wenn Sie nun losfahren wollen und sich schon mit dem Rad auf der Straße befinden, sodass auch der Kontakt zu den GPS-Satelliten gesichert ist, tippen Sie auf die blaue Schaltfläche mit dem Pfeil ❹.

8. Das Tablet blendet die Karte mit der Startposition ein, und eine freundliche Stimme beginnt, Sie ans Ziel zu geleiten, vorausgesetzt, Sie schalten die Sprachführung nicht ab. Dies geschieht über die drei Punkte rechts unten ❺.

9. Wenn Sie losfahren, zeigt der blaue Pfeil **6** jeweils Ihre aktuelle Position an. Die geschätzte Dauer, die vermutliche Ankunft und die Länge der Strecke sehen Sie am unteren Rand **7**.

Nehmen wir nun einmal an, die Radfahrt ist doch zu beschwerlich, weil mal wieder Starkregen angesagt ist. Die Route mit der Straßenbahn ist schnell errechnet. Tippen Sie in der oberen Leiste das Bahnsymbol **8** an.

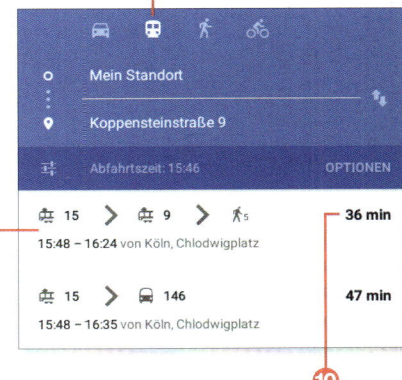

Maps sagt Ihnen, wann die nächsten Bahnen fahren **9** und wie lange es dauert **10**. Wenn Sie eine Verbindung antippen, finden Sie detaillierte Infos zu den einzelnen Haltestellen.

> **ACHTUNG**
>
> **Warnung vor Irreführungen**
>
> Ein Nachbar in meiner Straße hat sich vor einigen Jahren bei starkem Nebel auf sein Navi verlassen. Er landete im Rhein und ertrank. Kartenmaterial kann veralten, es muss also nicht immer stimmen. Verlassen Sie sich also auch auf Ihre eigene Wahrnehmung.

Die Routen für den Autoverkehr ❶ berücksichtigen übrigens auch die aktuelle Verkehrslage. Auch die Baustellen ❷ sind in den Karten eingezeichnet, wie die folgende Abbildung zeigt.

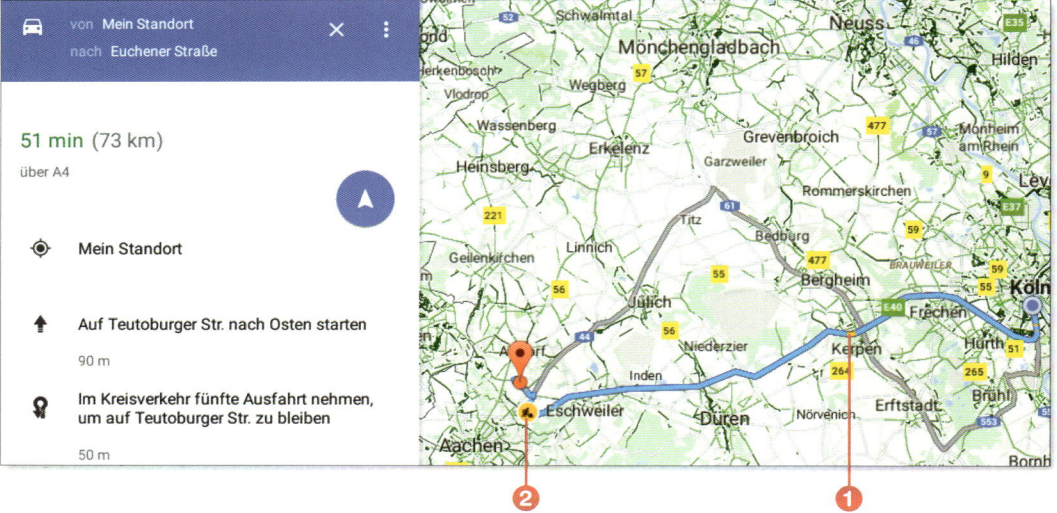

Das nächste Café finden

Maps ist darauf ausgerichtet, Ihnen als Wegweiser und Ratgeber zur Seite zu stehen. Die Informationen, die die App liefert, beziehen sich jeweils auf einen bestimmten Ort, vorgegeben ist der eigene Wohnort. Wenn Sie Infos zu einem anderen Ort haben wollen, suchen Sie den Ort zunächst wie oben beschrieben über das Suchfeld.

Angenommen, Sie planen einen kurzen Städtetrip nach Berlin und wollen sich hauptsächlich das Regierungsviertel ansehen.

1. Starten Sie **Maps**, und geben Sie »Bundestag« als Suchbegriff ein.

2. Ziehen Sie zwei Finger über der Karte zusammen, bis das Stadtzentrum insgesamt zu sehen ist.

3. Löschen Sie den Suchbegriff mit dem Andreaskreuz, und tippen Sie das Suchfeld noch einmal an.

4. Nun geben Sie Suchbegriffe wie »Café« oder »Restaurant« ein. Maps zeigt um den vorher gesuchten Ort herum die am nächsten liegenden Lokalitäten.

5. Ein Tipp auf einen Markierungspunkt ❸ zeigt den Namen ❹, ein Tipp darauf die Details zu diesem Café.

6. Stattdessen können Sie auch am unteren Rand auf **ERGEBNISSE AUFLISTEN** tippen und von dort die einzelnen Angebote genauer ansehen.

7. Häufig finden Sie darüber auch Bewertungen von Gästen. Wenn Sie selbst beispielsweise zu einem Restaurant eine Bewertung abgeben wollen, ist das über Ihr Google-Konto jederzeit möglich. Benutzen Sie dazu einfach die Sterne, die unter Ihrem Namen angezeigt werden.

INFO

Fair bleiben

Beachten Sie, dass diese Bewertungen nicht anonym sind. Ein zu Unrecht beschimpfter Wirt hat durchaus Möglichkeiten, sich zu wehren, wie neue Gerichtsurteile in Deutschland zeigen. Bleiben Sie also sachlich.

Karten lesen ohne Internetverbindung

Das Kartenmaterial, das Ihnen Maps zur Verfügung stellt, ist sehr detailliert und wird normalerweise immer aktuell aus dem Web geladen. Wenn Sie keine entsprechende Flatrate für den Internetzugang abonniert haben, geraten Sie bei diesen Datenmengen schnell in Bereiche, wo es teuer werden kann, insbesondere im Ausland.

Die App erlaubt Ihnen hier eine alternative Lösung. Sie können bestimmte Kartenausschnitte, die Sie zu Hause mit Ihrer WLAN-Verbindung anschauen, auf dem Tablet speichern, um später vor Ort darauf zuzugreifen. Maps legt sie in einem mit der App verknüpften Speicher ab.

1. Suchen Sie bei bestehender WLAN-Verbindung in **Maps** zunächst den Ort, zu dem Sie eine Karte benötigen.

2. Tippen Sie unter der gefundenen Karte auf den Namen des Ortes, um die Infoseite zu diesem Ort anzuzeigen.

3. In dem Menü zu den drei Punkten finden Sie die Option **Offlinekarte speichern** ❶.

4. Im nächsten Schritt können Sie durch Spreizen oder Zusammenziehen der Finger einen passenden Kartenausschnitt einstellen. Die App warnt Sie, wenn Sie einen zu großen Ausschnitt wählen.

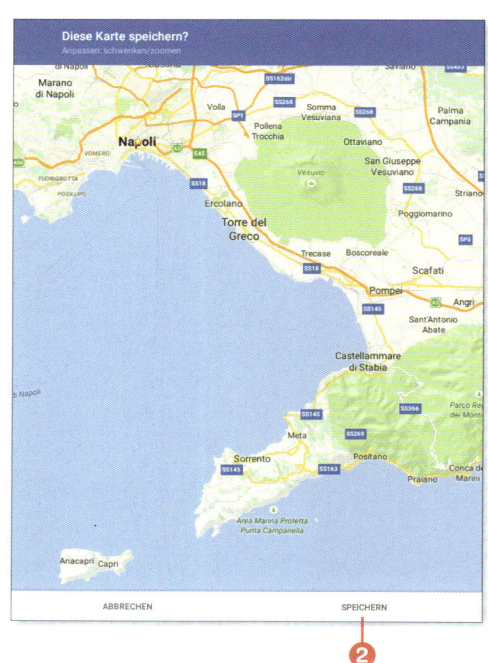

5. Ist der Ausschnitt akzeptiert, tippen Sie unten auf **SPEICHERN** ❷ und sichern sich die aktuell angezeigte Karte für die Offline-Verwendung. Sie müssen dazu noch einen Namen vergeben und erneut mit **SPEICHERN** bestätigen.

6. Wenn Sie später **Maps** ohne Netzverbindung starten, wird die gespeicherte Karte über das Hauptmenü der App unter **Meine Orte** und **Offline-Karten** ❸ angeboten. Dort erscheint dann auch der dezente Hinweis darauf, dass diese Karten nur vorübergehend genutzt werden können.

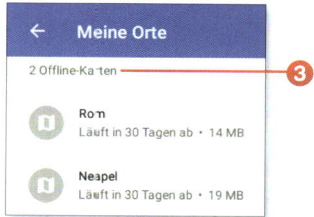

Da GPS ja ohne Netzverbindung funktioniert, ist es bei einer Schiffsreise beispielsweise überhaupt kein Problem, den Weg des Schiffes auf einer solchen Offline-Karte zu verfolgen, wie die folgende Abbildung zeigt.

GPS-Position eines Schiffes auf einer Offline-Karte

Kapitel 10
Apps finden und installieren

Mit dem Siegeszug der Smartphones und Tablets ist eine neue Form der Verbreitung von Anwendungen einhergegangen, und die dazugehörigen Labels wurden gleich mitgeliefert. Wo Sie früher ein Programm erworben haben, ist es heute eine App – eine Art Kosewort für *Application* – und für Apps gibt es natürlich App-Stores, angesiedelt bei den großen Playern der Szene: Google, Amazon etc. Alle Apps werden online vertrieben und auf einfache und einheitliche Weise installiert. Das ganze Hantieren mit Datenträgern entfällt.

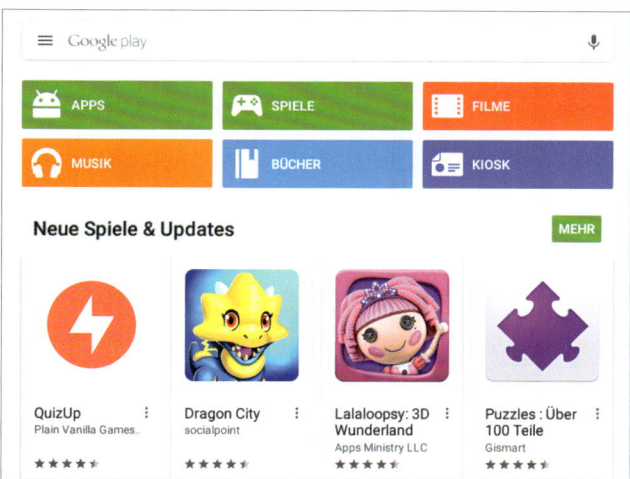

Damit eine App in einen Store aufgenommen wird, müssen ihre Entwickler bestimmte Mindestanforderungen erfüllen. Das gibt Ihnen eine gewisse Sicherheit, dass über den Store nicht so ohne weiteres Schadsoftware vertrieben wird.

Apps im Google Play Store

Das Tab A bringt schon zahlreiche nützliche und unterhaltsame Apps mit. Die ganze Bandbreite dessen, was Sie mit so einem Tablet anstellen können, wird aber erst deutlich, wenn Sie einen Ausflug in einen der App-Stores machen. Tausende von mehr oder weniger originellen oder nutzbringenden Apps und Spielen warten dort auf Ihren Zugriff und vielleicht auch auf eine positive Bewertung, die die Verbreitung weiter ankurbelt. Dabei ist es nicht immer leicht, die Spreu vom Weizen zu trennen.

Der bevorzugte App-Store für Ihr Samsung-Tablet ist der Google *Play Store*. Alternative Stores finden Sie im Abschnitt »Andere App-Stores« ab Seite 251. Wenn Ihnen die dem Tab A schon beigegebenen Apps nicht ausreichen, gehen Sie in den Google Play Store und schauen nach, ob Sie etwas Passendes finden. Da alles online stattfindet, ist der Zugang über WLAN oder eine eigene Netzverbindung allerdings Voraussetzung.

Es ist ratsam, das Symbol für die App Play Store auf der ersten Seite des Startbildschirms zu lassen, um den Zugang zu beschleunigen.

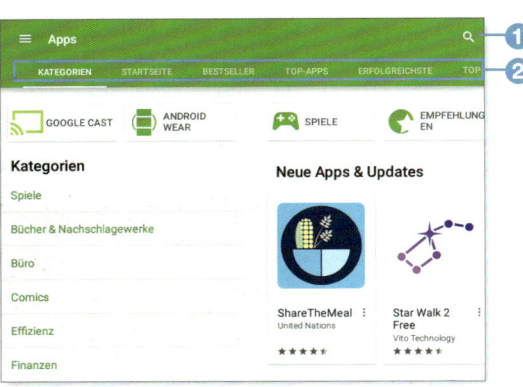

1. Starten Sie **Play Store** mit einem Tipp auf das App-Symbol. Sie finden zunächst die Startseite des Stores mit einer Übersicht über die verschiedenen Abteilungen. Die Schaltflächen **Apps**, **Spiele**, **Filme**, **Musik**, **Bücher** und **Kiosk** führen zu den entsprechenden Angeboten. Darunter sehen Sie noch einige spezielle Angebote, die mit der Zeit immer mehr auf die von Google bei Ihnen erkannten Vorlieben zugeschnitten werden.

2. Mit **Apps** erreichen Sie den Laden für Apps oder Widgets. Unterhalb der Menüleiste mit der Lupe ❶ finden Sie einige Ordnungskriterien in Form von Registern ❷, die Ihnen die Übersicht über das riesige App-Angebot erleichtern.

3. Durch Antippen oder durch Wischen wechseln Sie zwischen den Registern. In der Regel ist es sinnvoll, erst eine Kategorie auszuwählen, weil dann auch die anderen Anzeigen auf diese Kategorie eingegrenzt werden. Wollen Sie die Kategorie später ändern, tippen Sie auf die **Zurück**-Taste oder den Pfeil nach links am Anfang der Menüleiste.

4. Innerhalb der Angebote für eines der von Ihnen ausgewählten Kriterien wird noch einmal zwischen Apps unterschieden, die speziell für Tablets entwickelt wurden, und **Alle Apps**. Apps, die hauptsächlich für Smartphones entwickelt wurden, lassen sich häufig mit ein paar Einschränkungen trotzdem auf dem Tablet einsetzen, nur fehlt dann oft die Option für einen automatischen Wechsel zwischen Hoch- und Querformat.

5. Die einzelnen Apps werden über eine Art Visitenkarte ❸ angeboten, die neben Namen und App-Symbol immer den Hersteller, den Preis und die bisher erreichte Durchschnittsbewertung anzeigt. Über die kleine Schaltfläche mit den drei Punkten ❹ können Sie einen Kauf direkt einleiten oder die App auf die Wunschliste setzen.

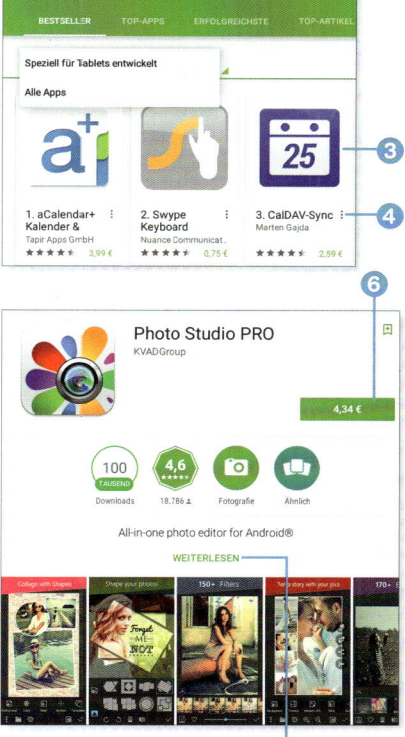

6. Wenn Sie die Visitenkarte der App antippen, erscheinen die Detaildaten wie die Anzahl der Bewertungen und die Anzahl der Downloads, oft auch eine Reihe von Screenshots oder kleinen Videos, die die App vorstellen. Über **Weiterlesen** ❺ finden Sie die Details wie die Hauptfunktionen, die Größe der App, die Versionsnummer. Oft finden Sie hier auch Erfahrungsberichte, die bei der Kaufentscheidung hilfreich sind, oder Hinweise auf ähnliche Apps, die Sie vergleichen können, bevor Sie sich entscheiden.

7. Um die App zu kaufen, tippen Sie auf die Schaltfläche mit dem Preis ❻. Ist die App kostenlos, tippen Sie auf **Installieren**.

8. Bei den meisten Apps erscheint im Zuge der Installation eine Abfrage nach den Berechtigungen der neuen App, die Sie mit **Akzeptieren** einräumen. Das gibt Ihnen zumindest einige Hinweise, wie sich die App auf dem Tablet verhält. Lehnen Sie diese Berechtigungen ab, kann die App nicht installiert werden.

9. Ist die Installation erfolgreich, tippen Sie auf **Öffnen**, um die App zum ersten Mal zu starten. Haben Sie eine App irrtümlich installiert, benutzen Sie **Erstatten**.

Bei der Installation von Spielen ist die Vorgehensweise sehr ähnlich, Spiele sind ja nichts anderes als spezielle Apps. Unter **Kategorien** finden Sie die verschiedenen Spieletypen.

Alle neu installierten Apps landen zunächst immer auf der jeweils letzten Seite der Anwendungsübersicht. Wenn es sich um eine App handelt, die Sie häufig verwenden wollen, sollten Sie das App-Symbol gleich auf die passende Seite des Startbildschirms ziehen, wie im Abschnitt »Apps zum Startbildschirm hinzufügen« auf Seite 34 beschrieben.

> **INFO**
>
> **Bewertungsdilemma**
>
> Leider toben sich bei den Bewertungen häufig auch Leute aus, die irgendein Persönlichkeitsdefizit mit sich herumtragen und unbedingt einen Entwickler fertigmachen wollen, den sie aus irgendeinem Grunde nicht mögen. Oder Leute, die Reklame für eine konkurrierende App betreiben. Legen Sie hier also nicht alle Beiträge auf die Goldwaage.

Wenn Sie in der App **Play Store** auf die drei kurzen Striche **1** zu Beginn der Menüleiste tippen, erscheint das Hauptmenü der App.

Die Option **Play Store** führt immer auf die Startseite zurück.

Meine Apps gibt Ihnen eine Liste der aus dem Store installierten Apps, wobei die zuletzt aktualisierten vorweg erscheinen.

Wenn es Updates zu Apps gibt, die nicht automatisch installiert wurden, wird zu diesen Apps auf dem Register **Alle** jeweils eine Schaltfläche **Aktualisieren** **2** angeboten. In dieser Liste werden auch bereits deinstallierte Apps noch einmal aufgeführt. Ein Tipp auf das Andreaskreuz **3** löscht den Eintrag.

Meine Wunschliste enthält die Elemente, die Sie für eine mögliche Installation vorgemerkt haben. Mit einem Tipp auf ein Element können Sie die Installation in Gang setzen. Um das Element zu entfernen, tippen Sie auf die drei Punkte **4** und wählen **Von Wunschliste entfernen**.

Über die Option **Personen** im App-Menü können Sie den Bewertungen von Freunden folgen, die Sie für beachtenswert halten. Die Option **Mein Konto** gibt Ihnen eine genaue Übersicht über Ihren Bestellverlauf. Auf die **Zahlungsmethoden**, die an dieser Stelle ebenfalls bestimmt werden, gehe ich im nächsten Abschnitt noch ein.

Über **Einlösen** geben Sie die Codes von Gutscheinen ein, die Sie für den Kauf erhalten haben.

Die erste Option unter **Einstellungen** betrifft **Automatische App-Updates** **5**. Sie können sie hier deaktivieren, generell aktivieren oder nur für den Fall einer WLAN-Verbindung aktivieren. Im ersten Fall entscheiden Sie selbst, ob und wann ein Update stattfinden soll. Solange Sie das automatische Update zulassen, finden Sie Benachrichtigungen dazu, wenn Sie die Statuszeile herunterziehen. Voraussetzung ist, dass Sie unter **Benachrichtigungen** die Option **Apps automatisch aktualisiert** aktivieren.

Wenn Sie keine automatischen Updates erlauben, sollten Sie wenigstens die Benachrichtigung **App-Updates verfügbar** 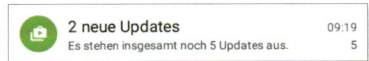 zulassen. Wenn dies aktiviert ist, erscheint in der Statuszeile jeweils ein Update-Symbol. Sie ziehen die Statusleiste mit dem Finger nach unten und starten über die entsprechende Nachricht das Update.

Wenn Sie die Option **Symbol zu Startbildschirm hinzufügen** aktivieren, werden die Symbole neu installierter Apps automatisch auf dem Startbildschirm eingefügt.

Wenn Sie ein Tablet für Kinder einrichten, ist es sinnvoll, die Option **Jugendschutzeinstellungen** zu nutzen. Stufe 3 verhindert beispielsweise wenigstens extreme Gewaltszenen in Spielen.

Um zu verhindern, dass Unbefugte über Ihr Tablet Artikel im Store kaufen, können Sie unter **Authentifizierung für Käufe erforderlich** noch festlegen, wie oft die Eingabe des Passworts erforderlich ist.

Apps im Play Store suchen

Obwohl die Anordnung der Apps nach Kategorien meist schon ziemlich hilfreich ist, stößt sie in Bereichen, wo es Tausende von Angeboten gibt, doch an ihre Grenzen. Das Herunterblättern mit kurzen Wischbewegungen nach oben wird dann mühsam.

Wenn Sie wenigstens ansatzweise den Namen der App kennen, die Sie installieren wollen, führt der schnellste Weg meist über die Suchfunktion.

1. Tippen Sie das Eingabefeld ⑥ am oberen Rand an.

2. Geben Sie die ersten Zeichen des Suchbegriffs ein. Falls eine der angebotenen Fundstellen ⑦ passt, tippen Sie sie an, um die App anzuzeigen.

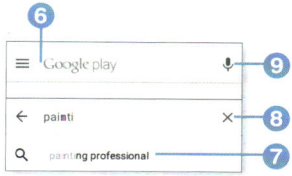

3. Ein Tipp auf das Andreaskreuz ⑧ löscht den verwendeten Suchbegriff wieder.

Statt den Begriff einzutippen, können Sie auch das Mikrofonsymbol ⑨ antippen und den Begriff einsprechen.

> **Erst testen, dann kaufen**
>
> Zahlreiche Entwickler bieten auch Testversionen ihrer Apps an, die Ihnen die Gelegenheit geben, die App erst einmal zu beschnuppern. In einigen Fällen finden Sie auch Light-Versionen mit eingeschränktem Funktionsumfang, der aber vielleicht für Ihren Bedarf schon ausreichend ist.

Hinweise zur Zahlungsabwicklung

Wenn Sie sich etwas genauer mit dem Angebot im Google *Play Store* befassen, werden Sie sehr schnell merken, dass ein großer Teil der Angebote kostenlos ist. Dazu gehören zahlreiche hochprofessionelle Angebote von großen Anbietern oder von erfolgreichen Entwicklern, deren Apps millionenfach genutzt werden. Häufig werden diese Apps über Werbung finanziert oder haben andere vorteilhafte Nebeneffekte, sodass sich die kostenlose Verteilung lohnt.

Es ist also keineswegs so, dass es eine direkte Verbindung zwischen den Kosten und der Qualität einer App gibt. Zahlreiche Anbieter stellen allerdings auch kostenlose abgespeckte Apps zum Kennenlernen zur Verfügung und hoffen darauf, dass die Kunden schließlich bereit sind, zu der kostenpflichtigen Vollversion zu wechseln.

Bei funktionsreichen Spezialprogrammen, in die die Entwickler eine Menge Zeit gesteckt haben, ist eine Bezahlung keine unbillige Erwartung, zumal die Preise in der Regel weit unter dem Niveau liegen, das in früheren Jahren für Programme dieser Größenordnung üblich war. Das liegt zum Teil daran, dass der Vertrieb über den App-Store ganz andere Absatzmengen erlaubt.

Mehrere Zahlungsmethoden für Apps stehen Ihnen im Google Play Store zur Verfügung. Wenn Sie mit einer Kreditkarte bezahlen wollen, können Sie die Daten mit Ihrem Google-Konto verknüpfen. Melden Sie sich über die App **Internet** oder **Chrome** unter *wallet.google.com/manage* mit Ihrem Google-Konto an, und geben Sie unter **Zahlungsmethoden** die Daten Ihrer Kreditkarte an.

Tippen Sie in der **Google Play**-App den Kaufpreis an, erscheint der Schlussteil Ihrer Kreditkartennummer. Mit **Kaufen** bestätigen Sie die Google-Wallet-Nutzungsbedingungen. Sie geben dann in der Regel noch einmal das

Passwort Ihres Google-Kontos an, und die App wird installiert. Für den Fall eines Irrtums erscheint allerdings noch die Schaltfläche **Erstatten**, mit der Sie den Kauf noch einmal rückgängig machen können.

Eine Reihe von Mobilfunkprovidern erlaubt auch die Bezahlung über Ihre Mobilfunkrechnung. Eine zunehmend beliebte Zahlungsmethode sind Gutscheine, die von zahlreichen Einzelhändlern oder Poststellen angeboten werden. Relativ neu ist die Bezahlung mit *PayPal*.

TIPP

Apps für alle Geräte nutzen

Alle Android-Geräte, die Sie mit demselben Google-Konto verknüpfen, dürfen eine auf einem dieser Geräte installierte App nutzen, egal ob gekauft oder kostenlos. Tauschen Sie ein Gerät gegen ein neues aus, stehen die Apps des alten Geräts auf dem neuen zur Verfügung.

Bei einer Reihe von Apps finden Sie in der Detailansicht den Hinweis: **In-App-Käufe.** Die App ist zwar kostenlos, aus der App heraus können aber Käufe getätigt werden. Bei einem Spiel lassen sich so beispielsweise zusätzliche Inhalte erwerben, bei einem Bildbearbeitungsprogramm zusätzliche Filter. Die Abrechnung erfolgt wie bei den gekauften Apps über das Google-Konto.

INFO

Quellen zu Apps

Detaillierte Besprechungen von Apps finden Sie auch in den Zeitschriften oder in Foren bzw. Blogs zu Android. Meist wird Ihnen dort gleich ein QR-Code angeboten, was die Suche im Store dann überflüssig macht.

Play Games

Obwohl die App **Play Store** Ihnen bereits einen Zugang zum Kauf von Spielen anbietet, finden Sie auf dem Startbildschirm im Ordner *Google* auch noch das Symbol **Play Games.**

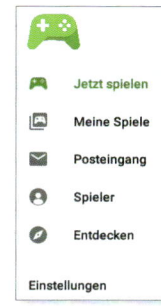

Diese App kombiniert die Einkaufsfunktionen mit einer Reihe von Funktionen, die insbesondere für Online-Gamer wichtig sind. Sie können hier beispielsweise andere Spieler einladen, mit Ihnen zu spielen. Sie erhalten auch einen **Posteingang**, über den andere Sie einladen können.

Andere App-Stores

Bei einem Samsung-Gerät liegt es nahe, auch von dem App-Store von Samsung einiges zu erwarten. Der Zugang ist auf der Anwendungsübersicht zu finden:

1. Tippen Sie das Symbol **GALAXY Apps** an, und wählen Sie **KATEGORIE** ❶ (Seite 252) ein entsprechendes Auswahlkriterium aus. Die Alternative ist, **SUCHE** ❷ zu benutzen und Apps über ein dann eingegebenes Stichwort zu suchen.

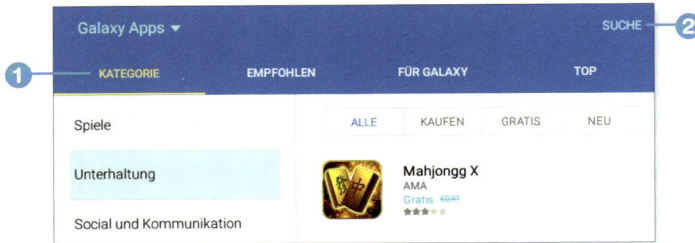

2. Wählen Sie eine App aus, die nicht kostenlos ist, müssen Sie den Kaufpreis antippen, ansonsten die Schaltfläche **Installieren**.

3. Wenn Zahlungen anfallen, werden sie über Ihr Samsung-Konto abgewickelt.

Das Verfahren ist ähnlich wie beim Play Store. Auch hier müssen Sie die verlangten Berechtigungen der App akzeptieren, wenn Sie sie haben wollen.

Eine gewichtige Alternative ist auch der App-Store von Amazon. Um Apps von dort zu installieren, müssen Sie zunächst dem Tablet eine Einstellung geben, die Apps fremder Herkunft zulässt.

1. Über ▦ ▸ **Einstellungen** ▸ **Persönlich** gehen Sie zu der Option **Gerätesicherheit**.

2. Unter **Unbekannte Quellen** schalten Sie ein, dass auch Apps, die nicht über den Google Play Store kommen, zugelassen werden.

3. Laden Sie von *www.amazon.de/app-shop-web* **Amazon App** herunter.

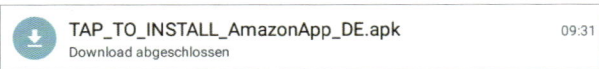

4. Ziehen Sie die Statusleiste nach unten, und starten Sie die Installation der *.apk*-Datei mit einem Tipp auf diese Benachrichtigung. Die App wird anschließend geöffnet.

5. Melden Sie sich mit Ihrem Amazon-Konto an.

6. Nun können Sie den Store durchsuchen. Haben Sie eine App ausgewählt, tippen Sie **Gratis** oder **Kaufen** an, je nachdem, ob die App kostenlos ist oder nicht.

Der Kauf wird über Ihr Amazon-Konto abgewickelt, Sie müssen also nicht unbedingt mit Kreditkarte bezahlen, wie es im Google Play Store verlangt wird.

Wenn Sie nach weiteren alternativen Stores Ausschau halten, werfen Sie mal einen Blick auf *AndroidPIT* über die Website *www.Androitpit.de* oder *pdassi* über *android.pdassi.de*. Beide bieten auch Apps an, um ihre Stores bequem zu durchsuchen. Außerdem unterstützen sie mehrere Zahlungsmethoden.

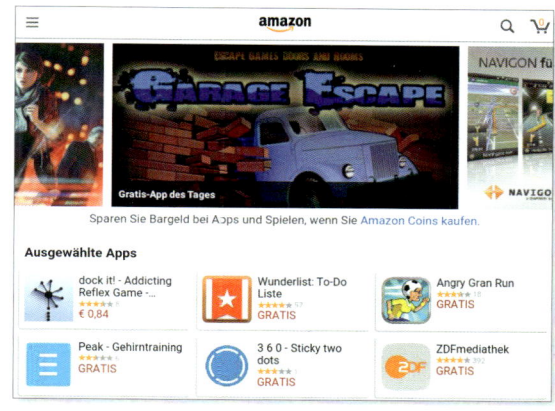

Apps deinstallieren

Hat eine App Ihre Erwartungen nicht erfüllt, ist eine bessere App zum Thema aufgetaucht, oder brauchen Sie einfach Platz? Die Lösung heißt: Deinstallation. Hier gibt es mehrere Wege.

1. Wenn es sich um Apps aus dem Google Play Store handelt, ist es sinnvoll, die **Play Store**-App zu öffnen und über das Hauptmenü **Meine Apps** aufzurufen.

2. Wischen Sie durch die Liste unter **INSTALLIERT**, und tippen Sie die App an, die Sie deinstallieren wollen. Die Schaltfläche **DEINSTALLIEREN** wird dann sofort angeboten.

3. Bestätigen Sie die Nachfrage, wird die Deinstallation ausgeführt. Auch das Symbol der App auf dem Startbildschirm wird entfernt.

Die Methode, die unabhängig von der Herkunft der App ist, startet auf der Anwendungsübersicht.

1. Tippen Sie ausgehend vom Startbildschirm ▦ an, und wechseln Sie mit einer Wischbewegung zu der Seite, auf der das App-Symbol angezeigt wird.

2. Mit **Bearbeiten** blendet das Tablet zu den einzelnen Symbolen Minuszeichen ein, vorausgesetzt, es handelt sich um Apps, die sich entweder deinstallieren oder wenigstens deaktivieren lassen. Letzteres betrifft zum System gehörende Standardanwendungen.

3. Ein Tipp auf das Minuszeichen ❶ stößt die Deinstallation an, die Sie dann noch einmal mit **DEINSTALLIEREN** ❷ bestätigen. Tippen Sie zum Abschluss auf **FERTIG** ❸.

4. Bei Apps, die sich nur deaktivieren lassen, erhalten Sie beim Antippen einen entsprechenden Hinweis, dass die zugehörigen Daten ebenfalls gelöscht werden. Außerdem wird die App auf die Werkseinstellungen zurückgesetzt, Updates werden also deinstalliert.

Allerdings lassen sich bestimmte Standardanwendungen des Tablets auch nicht deaktivieren, sie gehören einfach zum Inventar, ohne sie könnte das Tablet nicht richtig funktionieren. Bei diesen Apps wird deshalb das Minuszeichen auch nicht angeboten.

Eine dritte Möglichkeit ist der Anwendungsmanager.

1. Gehen Sie über ⊞ ▸ **Einstellungen** ▸ **Gerät** ▸ **Anwendungen** zu der Option **Anwendungsmanager**.

2. In der Liste der installierten Apps tippen Sie auf die App, die entfernt werden soll.

3. Hier finden Sie alle Details zu der App, die die Speicherbelegung und die Berechtigungen betreffen.

4. Mit der Schaltfläche **DEINSTALLIEREN** entfernen Sie das Objekt.

Bei Apps, die sich nicht deinstallieren lassen, wird hier die Schaltfläche **DEAKTIVIEREN** angeboten. In diesem Fall werden die mit der App verknüpften Daten gelöscht, die App aber kann später auch mit der dann an dieser Stelle angebotenen Schaltfläche **AKTIVIEREN** wieder in Gang gesetzt werden.

Kapitel 11
Mit dem Tablet lesen

Wenn Sie ein Vielleser sind, werden Sie vielleicht schon seit einiger Zeit das Vergnügen genießen, Ihre Bibliothek in der Jackentasche bei sich zu haben. Geräte wie Kindle Paperwhite oder Nook mit eingebauter Hintergrundbeleuchtung sind einfach komfortabel, lassen sich bei allen Lichtverhältnissen nutzen, und der Akku ist gutmütig und verlangt nicht jeden Tag eine Nachladung. Wer nicht stundenlang liest, kann aber auch das Tablet ganz gut als Lesegerät nutzen. Irgendwo wird es doch immer etwas Schatten geben.

Auf dem Galaxy Tab A ist Googles **Play Bücher** vorinstalliert, eine Lese-App, die mit Googles Buchladen für E-Books verknüpft ist. Es ist aber auch eine Variante der **Kindle**-App im Play Store zu finden.

E-Books mit Play Bücher kaufen

Das Verfahren, um bei Google E-Books zu kaufen, entspricht dem Kauf von Apps, Spielen, Musik oder Filmen, deshalb kann ich mich hier kurz fassen. Sie können Bücher über den **Play Store** und die Schaltfläche **Bücher** erwerben. Bereitgestellt zum Lesen werden die Titel dann über die App **Play Bücher**. Diese App hat wiederum im Hauptmenü die Option **Bücher kaufen**, mit der Sie wieder im **Play Store** ankommen.

Wenn Sie nicht schon gezielt mit der Lupe nach einem bestimmten Titel suchen, blenden Sie in **Play Bücher** am besten zuerst das Register mit den Kategorien ein, dann erhalten Sie gezielt Angebote zu dem ausgewählten Themenbereich.

Auch das Buchangebot im Play Store ist nach Kategorien geordnet.

Wie bei den Apps finden Sie auch hier eine Reihe von kostenlosen Angeboten, das gilt insbesondere für Klassiker, bei denen es keine Bindungen an das Urheberrecht mehr gibt. Laden Sie sich einfach mal einen Titel von Kleist, Schiller oder Goethe mit der Schaltfläche **In die Bibliothek** herunter, um die Lese-App einmal auszuprobieren. Die Bibliothek befindet sich auf einem Server von Google, das Buch wird zum Lesen also normalerweise nicht auf Ihrem Gerät abgelegt. Google verwendet für die Bücher in seinem Store das *EPUB-Format*. EPUB ist ein offener Standard, der auch von den meisten Lesegeräten unterstützt wird.

Bei den Kauftiteln haben Sie meist noch die Möglichkeit, sich erst mal nur eine Vorschau anzusehen, bevor Sie die Schaltfläche mit dem Kaufpreis antippen.

E-Books lesen

Wenn Sie in Ihrer Bibliothek einige Titel abgelegt haben, sind Sie ganz schnell bei Ihrer Lektüre.

1. Öffnen Sie **Play Bücher** vom Startbildschirm aus, indem Sie zuerst auf den Ordner **Google** tippen und dann auf das Symbol der App.

2. Tippen Sie in der Menüleiste auf die drei kleinen Balken, um das Hauptmenü der App zu öffnen.

3. Tippen Sie auf **Meine Bücher**, um zu Ihrer digitalen Bibliothek zu gehen.

4. Wählen Sie unter **Meine Bücher** mit einem Tipp den Titel aus, den Sie lesen wollen. Die App **Play Bücher** blendet die Status- und Menüleiste und die Navigationsschaltflächen zunächst aus, um die gesamte Buchseite ungestört anzuzeigen.

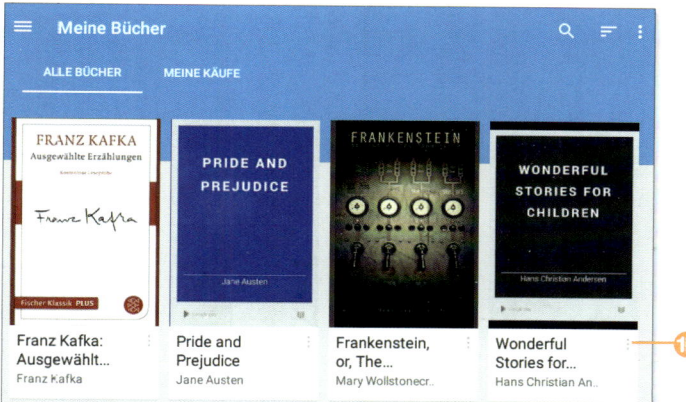

5. Wenn Sie zuletzt schon in einem Buch gelesen haben, wird sofort die Seite angezeigt, auf der Sie mit dem Lesen aufgehört haben. Ist bei Ihrem Google-Konto die Option **Google Play Bücher synchronisieren** eingeschaltet, wird Ihnen diese Seite auch angeboten, wenn Sie die App auf einem anderen Gerät unter dem gleichen Konto öffnen. Auf einem PC können Sie dann beispielsweise direkt im Chrome-Browser weiterlesen.

6. Zum Blättern wischen Sie einfach mit dem Finger nach links oder rechts oder tippen die Seite links oder rechts an.

7. Durch Spreizen oder Zusammenziehen zweier Finger können Sie die Anzeige auch zoomen.

JOSEFINE, DIE SÄNGERIN ODER DAS VOLK DER MÄUSE

Unsere Sängerin heißt Josefine. Wer sie nicht gehört hat, kennt nicht die Macht des Gesanges. Es gibt niemanden, den ihr Gesang nicht fortreißt, was umso höher zu bewerten ist, als unser Geschlecht im ganzen Musik nicht liebt. Stiller Frieden ist uns die liebste Musik; unser Leben ist schwer, wir können uns, auch wenn wir einmal alle Tagessorgen abzuschütteln versucht haben, nicht mehr zu solchen, unserem sonstigen

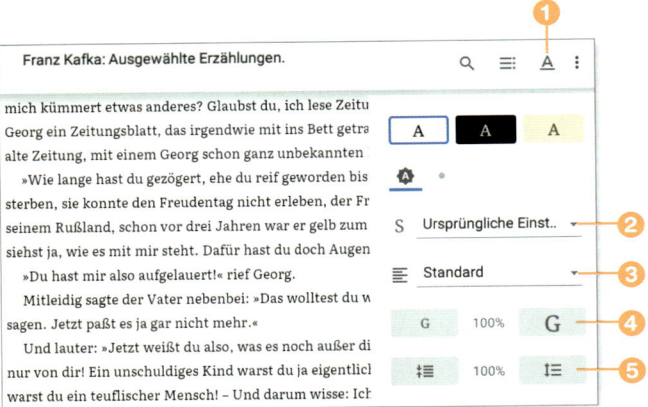

8. Gefällt Ihnen die verwendete Schrift nicht oder ist sie für Ihre Augen zu klein, ziehen Sie mit dem Finger kurz vom oberen Rand oder tippen in den Text. Tippen Sie in der Menüleiste das Schriftsymbol ❶ an, und wählen Sie bei **S** ❷ die Schriftart, bei dem Ausrichtungssymbol ❸ darunter die Ausrichtung des Textes. Die Schriftgröße stellen Sie per Tipp auf die beiden Schaltflächen darunter ein ❹ und die angenehmste Zeilenhöhe mit den untersten Schaltflächen ❺. Wählen Sie die für Ihre Sichtigkeit besten Einstellungen. Das Layout wird automatisch angepasst. Ein Tipp in den Text blendet den Dialog wieder aus.

9. Wollen Sie an einer bestimmten Stelle ein Lesezeichen einfügen, benutzen Sie ⋮ ▸ **Lesezeichen hinzufügen**. Die Seite wird mit einem kleinen blauen Fähnchen gekennzeichnet.

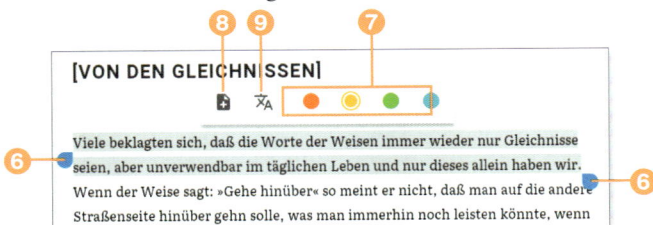

10. Wenn Sie eine Stelle hervorheben und vielleicht eine Bemerkung dazu ablegen wollen, halten Sie den Finger auf dem Satz und ziehen die dann erscheinenden Anfasser ❻ so weit auseinander, bis die Stelle ganz erfasst ist. Über der Stelle werden Symbole angeboten, um die Stelle farbig zu markieren ❼, neben der Markierung noch eine Bemerkung dazu abzulegen ❽ oder die Stelle in eine andere Sprache zu übersetzen ❾.

11. Wollen Sie wissen, wie weit Sie mit dem Lesen gekommen sind, blenden Sie mit einem Tipp die Navigationselemente am unteren Rand ein. Durch Ziehen des blauen Kreises ❿ oder Antippen einer Stelle des Fortschrittsbalkens ⓫ springen Sie an eine andere Stelle. Über dem Text wird rechts die erreichte Seite und die Seitenzahl des Titels angezeigt ⓬.

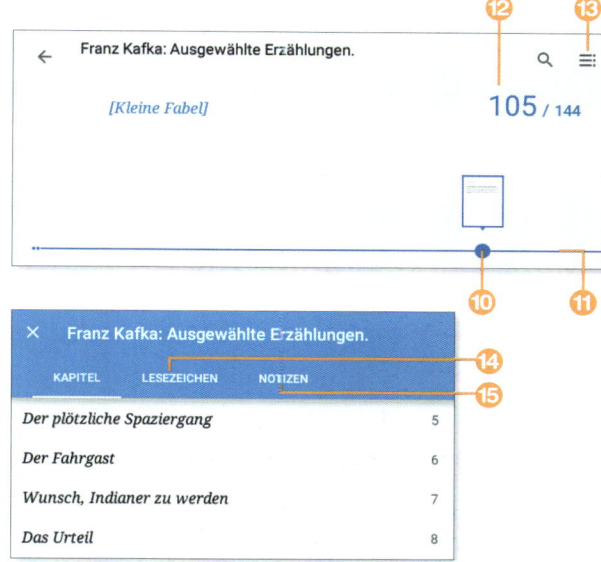

12. Mit dem Listensymbol ⓭ neben der Lupe öffnen Sie, wenn vorhanden, das Inhaltsverzeichnis. Ein Tipp auf eine Überschrift führt direkt zu dieser Stelle.

13. Über das Register **Lesezeichen** ⓮ steuern Sie hier auch zu selbigen, falls Sie solche vergeben haben, wie in Schritt 7 beschrieben. Gleiches gilt für das Register **Notizen** ⓯.

14. Gefällt Ihnen ein Buch oder eine Vorschau überhaupt nicht, tippen Sie die drei Punkte auf der Titelminiatur ⓰ (Seite 257) an und wählen **Aus der Bibliothek löschen**.

15. Die andere Option, die Ihnen hier angeboten wird, ist **Herunterladen**. In diesem Fall können Sie jederzeit auf das Buch zugreifen, auch wenn Sie nicht online sind.

16. Mit der **Zurück**-Taste landen Sie wieder in Ihrer Bibliothek.

> **TIPP**
>
> **Vorlesen**
>
> Wenn der Text im EPUB-Format vorliegt, können Sie ihn sich auch über ⋮ ▸ **Vorlesen** anhören. Die Wiedergabe ist erstaunlich gut.

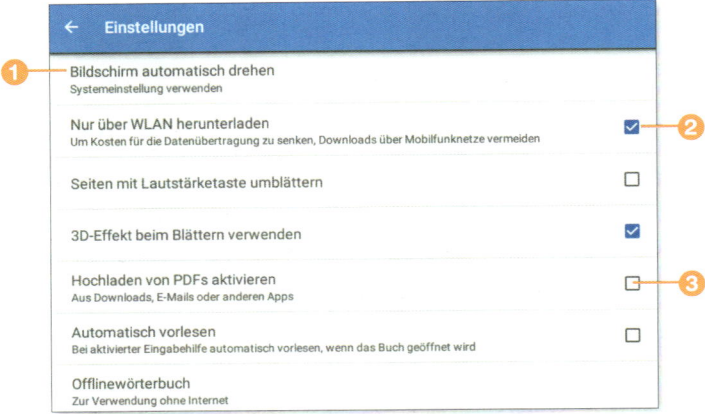

Einstellungen für Play Bücher

Das Lesevergnügen mit **Play Bücher** hängt auch ein wenig von den Einstellungen ab, die Sie über das Hauptmenü der App aufrufen. Tippen Sie dazu auf die drei kurzen Striche am Anfang der Menüleiste.

Es ist hier vielleicht sinnvoll, das automatische Drehen des Bildschirms für diese App abzuschalten ❶. Mit der Einstellung **Hochformat fixieren** kippen Ihre Buchseiten nicht plötzlich um, nur weil Sie eine unbeabsichtigte Bewegung gemacht haben. Außerdem können Sie hier dafür sorgen, dass Bücher nur per WLAN ❷ heruntergeladen werden, um Kosten zu sparen.

INFO

PDF- und EPUB-Dateien lesen

Wenn Sie die Option **Hochladen von PDFs aktivieren** ❸ einschalten, lassen sich PDF-Dateien aus dem Ordner **Download** mit **Play Bücher** öffnen. Sie finden die Texte in der App dann unter **Hochgeladen** ❹.

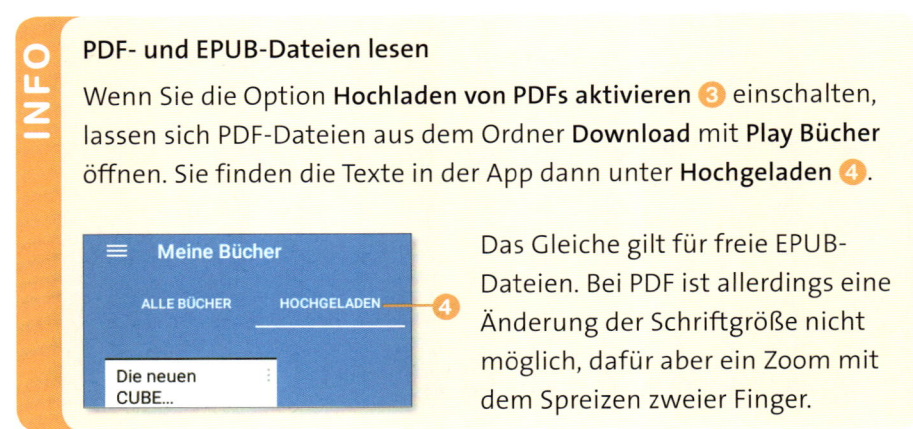

Das Gleiche gilt für freie EPUB-Dateien. Bei PDF ist allerdings eine Änderung der Schriftgröße nicht möglich, dafür aber ein Zoom mit dem Spreizen zweier Finger.

Zeitungen und Magazine lesen

In Ihrem Tablet-»Kiosk« sind Nachrichten aus verschiedenen Medien zusammengestellt.

Freunde erzählen mir, dass sie beim Frühstück die Nachrichten inzwischen lieber vom Tablet lesen, als sich hinter einer sperrigen Zeitung zu verbergen. Fakt ist, immer mehr Presseorgane werden auch als App gegen ein entsprechendes Abo oder teilweise auch kostenlos angeboten.

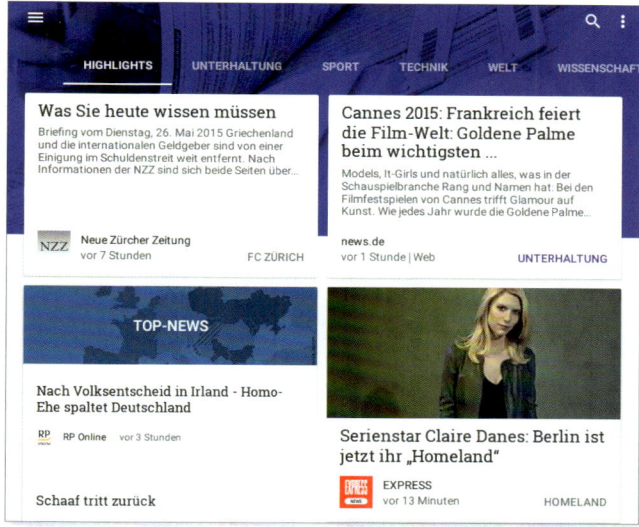

Google stellt neben der **Play Store**-App wie bei den Büchern eine Spezial-App für Pressemedien zur Verfügung: **Play Kiosk**.

Einzelheft oder Abo – beides ist möglich.

Soweit die Angebote nicht kostenlos sind, können Sie meist zwischen dem Kauf einzelner Exemplare und einem entsprechenden Abo wählen.

Kindle auf dem Tablet

Das größte Angebot an E-Books hat unbestritten Amazon, das mit seinen Kindle-Geräten das Lesen ohne Papier populär gemacht hat. Deutsche Buchliebhaber hängen zwar noch etwas hinterher – sie lieben das Haptische an den Büchern zu sehr, obwohl das Haptische bei einem schönen Tablet ja auch nicht zu verachten ist.

Anders als Google verwendet Amazon allerdings bisher eigene Dateiformate für seine E-Books: *.azw*, *.mobi* und *.prc*, unterstützt aber auch PDF-Dateien.

> **INFO**
>
> **Send to Kindle**
>
> Was sehr praktisch ist: Ergänzend zur Kindle-App auf dem Tablet gibt es für den PC und den Mac eine Komponente **Send to Kindle**. Damit können Sie beispielsweise eigene Word-Dokumente oder PDF-Dateien per WLAN direkt auf das Tablet schicken und dort in Ruhe lesen. Die Webadresse zu diesen nützlichen Funktionen ist *www.amazon.com/gp/sendtokindle*.

Einmal erworbene Titel können Sie auf allen Geräten nutzen, auf denen eine **Kindle**-App installiert ist. Wenn Sie es zulassen, werden neben dem Lesefortschritt auch Ihre Markierungen und Notizen synchronisiert.

1. Wenn Sie sich die **Kindle**-App aus dem Google **Play Store** heruntergeladen haben, sollten Sie sich nach dem ersten Start zunächst mit Ihrem Amazon-Konto anmelden.

2. Die Bedienung der App ist der der **Play Bücher**-App sehr ähnlich, mit dem Buchstabensymbol ❶ wechseln Sie die Schrift, die drei Punkte ❷ öff-

nen ein kleines Menü, das Ihnen den Zugang zum **Kindle-Shop** anbietet. Mit **Ein Lesezeichen hinzufügen** markieren Sie eine Seite mit einem blauen Fähnchen.

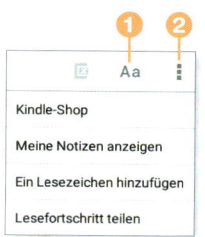

3. Die drei kurzen Striche am Anfang der Menüleiste ❸ öffnen das Hauptmenü. Hier finden Sie den Zugang zu Ihrer Bibliothek in der Cloud ❹ und das Inhaltverzeichnis ❺ des aktuellen Titels.

4. Um Titel auch offline lesen zu können, laden Sie sie auf das Gerät herunter. Dazu reicht es, den Titel in der Auflistung der Bibliothek kurz anzutippen.

INFO

tolino auf dem Tablet

Nutzen Sie einen tolino? Auch für die tolino-E-Books gibt es eine App, besser gesagt, gleich mehrere, je nachdem, über welchen Händler Sie die E-Books für Ihren tolino kaufen. Auf der Webseite *www.tolino.de/de/vorteile/apps* finden Sie eine Übersicht und die Möglichkeit, die App direkt auf Ihrem Galaxy Tab zu installieren.

Kapitel 12
Das Tablet als mobiles Büro

Apps für Textdokumente, Kalkulationstabellen oder Präsentationen finden Sie in den App-Stores für Android eine ganze Reihe. Ein Tablet zum Schreiben von Dokumenten oder Tabellen mit der virtuellen Tastatur zu verwenden ist allerdings im Vergleich zu einem mit Maus und Tastatur ausgestatteten Gerät – PC, Mac, Notebook etc. – sicher nicht sonderlich komfortabel. Wenn Sie das Galaxy Tab A beispielsweise mit der von IVSO angebotenen Hülle mit integrierter Tastatur verwenden, ist die Situation schon wieder etwas anders.

Um nur gelegentlich einen Text oder eine Tabelle anzulegen, ist auch ein kleines Tablet durchaus brauchbar. Viel häufiger werden Sie vielleicht daran interessiert sein, Texte, Tabellen oder Präsentationen wenigstens anzusehen.

Die Gerätehülle mit Tastatur von IVSO für das Tab A (Quelle: Amazon)

Seit Microsoft sich entschieden hat, Apps für seine Office-Programme auch für Android-Geräte zur Verfügung zu stellen, und das kostenlos, spricht viel dafür, dieses Angebot anzunehmen.

Samsung hat für das Tab A die Apps **Excel**, **Word** und **PowerPoint** vorinstalliert. Sie finden die Symbole dazu auf der zweiten

Seite des Startbildschirms zusammen mit einem Ordner *Microsoft Apps*, in dem auch noch **OneNote**, **OneDrive** und **Skype** angeboten werden.

Wenn Sie sich für ein Microsoft-Konto registrieren, können Sie auch ohne weitere Kosten schon fast alles mit den Apps tun, was Sie mit den großen PC-Versionen auch können. Sollten Sie dennoch feststellen, dass der Funktionsumfang der Apps doch nicht ausreicht ist für das, was Sie mit dem Tablet machen wollen, finden Sie in jeder App auf dem Register **Datei** eine Schaltfläche **Upgrade**, über die Sie ein monatliches Abo der Office 365-Version anstoßen können. Diese Abos enthalten

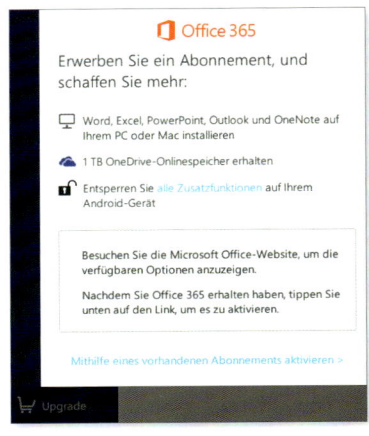

jeweils parallel Versionen für PC oder Mac, Tablet und Smartphone. Sie sind jederzeit kündbar. Gleichzeitig werden dabei Zusatzfunktionen der hier beschriebenen Apps freigeschaltet und 1 TByte Online-Speicher auf OneDrive.

Textdokumente lesen

Die App für den Umgang mit Textdokumenten ist **Word**. Die App ist zwar nur eine abgespeckte Variante des umfangreichen Desktop-Programms, aber von den 20 % der Funktionen dieses Programms, die im Normalfall verwendet werden, ist hier genügend vorhanden, um damit produktiv arbeiten zu können.

1. Wenn Sie **Word** öffnen, sehen Sie unter **Zuletzt verwendet** ❶ immer eine Zusammenstellung der jüngst geöffneten Textdateien auf dem Tablet, ganz gleich, in welchem Ordner sie abgelegt sind. Wollen Sie in einem bestimmten Ordner nach einer Datei suchen, benutzen Sie **Weitere Dokumente öffnen** ❷.

2. Sie finden unter **Dieses Gerät** ❸ und dort unter **Gerät** ❹ die Ordner und die Dokumente.

Über *storage/emulated/0/Download* finden Sie beispielsweise heruntergeladene Dokumente im internen Speicher, über *storage/extSdCard* erreichen Sie die Ordner auf der SD-Karte. Wählen Sie den gewünschten Ordner durch Antippen der entsprechenden Schaltfläche.

3. Tippen Sie den Namen des Dokuments an, um einen Text zu öffnen.

4. Falls bereits ein Dokument vorher geöffnet wurde, wird es zuerst geschlossen, bevor das ausgewählte Dokument geöffnet wird. Es ist also innerhalb der App nicht möglich, zwei Dokumente gleichzeitig zu öffnen.

5. Unabhängig von den Dokumenten auf dem Gerät werden unter **Öffnen** auch die Dokumente angeboten, die Sie beispielsweise unter **OneDrive** oder **Dropbox** abgelegt haben, falls Sie dort ein Konto haben.

6. Ist ein Dokument ausgewählt, bietet die App den Text unter einer Leiste mit verschiedenen Registern an. Aktiviert ist zunächst immer das Register **Start** ❶. In der obersten Zeile finden Sie den Dokumentnamen ❷.

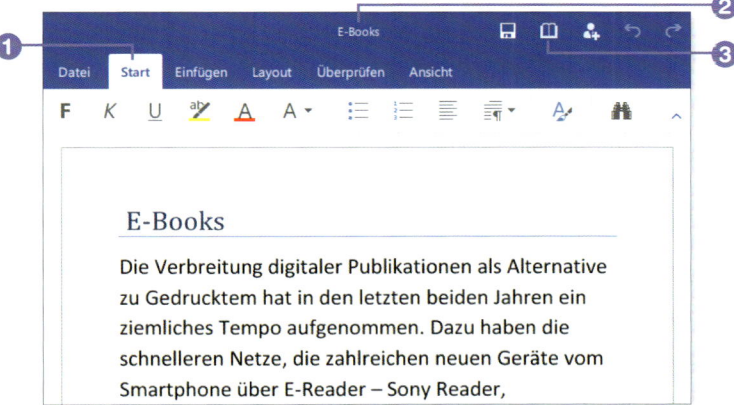

7. Wenn Sie den Text nur lesen wollen, sollten Sie das Symbol mit dem aufgeschlagenen Buch ❸ antippen. Damit wechseln Sie automatisch in den Lesemodus. Der Bereich mit den Symbolen wird auf eine schmale Zeile reduziert, die Schrift wird so weit vergrößert, dass sie gut lesbar ist.

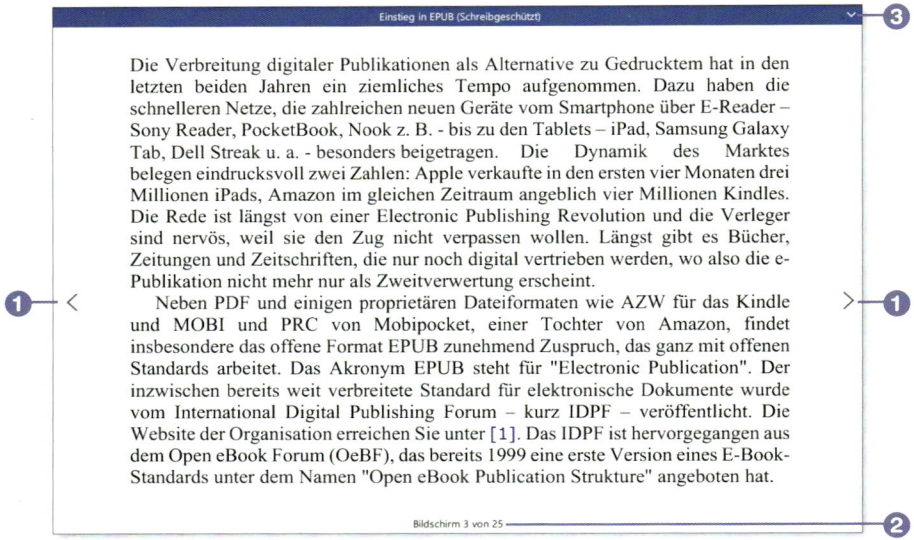

8. Mit den kleinen Pfeilen an den Rändern ❶ wechseln Sie schnell von Seite zu Seite. Am unteren Rand sehen Sie, auf welcher Bildschirmseite ❷ Sie sich gerade befinden.

9. Ist die Anzeige noch nicht optimal, tippen Sie auf den kleinen Pfeil ❸ am Ende der obersten Leiste. Über das Register **Lesen** werden nun verschiedene Schriftgrößen ❹ für die Textanzeige angeboten. Es reicht ein Tipp, um eine bestimmte Schriftgröße auszuwählen. Diese Auswahl gilt in diesem Fall aber nur für die Anzeige, die Schrift des gespeicherten Dokuments wird in diesem Fall also nicht verändert.

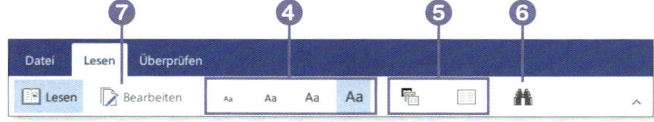

10. Mit den Schaltflächen daneben ❺ wählen Sie – ebenfalls nur für die Anzeige – andere Hintergründe, etwa eine invertierte Darstellung mit weißer Schrift auf schwarzem Grund oder andere Seitenränder.

11. Über das Symbol mit dem Fernglas ❻ geben Sie Suchbegriffe ein, um schnell bestimmte Stellen im Text zu finden. Mit den kleinen Pfeilen, die dann in der Suchleiste angeboten werden, springen Sie von Fundstelle zu Fundstelle und auch wieder zurück. Das kleine Andreaskreuz löscht einen Suchbegriff wieder.

12. Um den Lesemodus wieder zu verlassen, tippen Sie auf die Schaltfläche **Bearbeiten** ❼. Wenn Sie das Dokument im Lesemodus verlassen wollen, benutzen Sie die Rücktaste.

Die App notiert die zuletzt erreichte Position im Text und bietet beim erneuten Öffnen des Textes eine Schaltfläche an, um wieder dorthin zu springen.

Dokumente erstellen

Die App **Word** erlaubt Ihnen nicht nur das Lesen vorhandener Dokumente, Sie können die Dokumente auch bearbeiten oder neue erstellen. Wie das geht, möchte ich hier an einem kleinen Beispiel kurz vorstellen. Dabei zeige ich, wie Sie ein Textdokument erstellen, formatieren und speichern.

1. Starten Sie **Word**, und tippen Sie unter **Neu** auf die Vorlage **Leeres Dokument** ❽.

2. Der Bildschirm der App zeigt in der Titelleiste den Namen des Dokuments ❾, im linken Bereich sechs Register ❿ zum Antippen, die jeweils in der Zeile darunter Symbole und Schaltflächen zu dem jeweiligen Funktionsbereich anbieten. Im rechten Bereich finden Sie die Schaltfläche zum Speichern ⓫, die schon angesprochene Schaltfläche zum Wechsel in den Lesemodus ⓬, eine Schaltfläche mit einem Pluszeichen für die Freigabe ⓭ und zwei Pfeile für die Rücknahme ⓮ oder die Wiederholung ⓯ der letzten Bearbeitungsschritte. Im Hochformat sind diese Schaltflächen in der Titelleiste angeordnet.

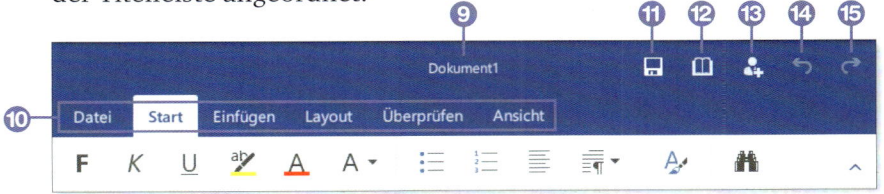

3. Sobald Sie eine Stelle in dem Textbereich darunter antippen, wird die Tastatur eingeblendet. Tippen Sie den Text fortlaufend ein.

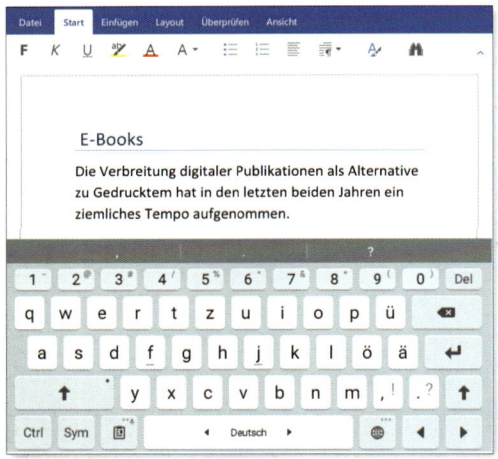

4. Um den Text zu formatieren, nutzen Sie die Schaltflächen, die das Register **Start** anbietet, in dem Sie Symbole für die Schrift- und Absatzgestaltung finden.

5. Das Register **Einfügen** bietet Symbole zum Einfügen von Tabellen, Bildern, geometrischen Formen, Textfeldern, Verknüpfungen, Kommentaren und Kopf- und Fußzeilen an.

6. Optionen für die Seitengestaltung längerer Texte finden Sie über das Register **Layout**. Unter **Überprüfen** erreichen Sie das ABC-Symbol für die Rechtschreibprüfung und Optionen für die Kommentierung und die Änderungsverfolgung.

7. Das Register **Ansicht** bietet neben dem Zugang zum Lesemodus Schaltflächen zur Aufhebung eines Zooms, den Sie einfach durch Spreizen der Finger über dem Text erreichen, zur seitenweisen Anzeige und zur Anzeige auf Seitenbreite.

8. Wenn Sie einen Bereich markieren wollen, um z. B. die Schrift zu ändern oder etwas zu kopieren oder zu löschen, tippen Sie am besten das erste Wort doppelt

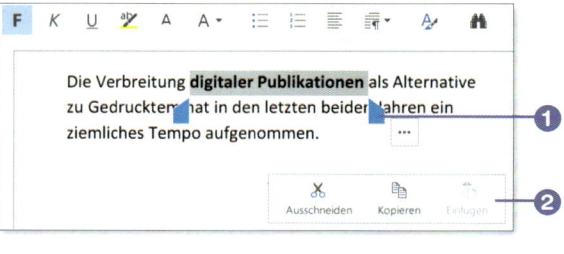

an und ziehen den zweiten Anfasser ❶ dann bis zum letzten Wort der Markierung. Ist nur ein Anfasser zu sehen, tippen Sie doppelt darauf.

9. Zu einem markierten Bereich bietet die App automatisch ein Kontext-menü ❷ an, wenn Sie die kleine Schaltfläche mit den drei Punkten antippen. Zu den häufigsten Operationen beim Erstellen von Doku-menten gehört vermutlich das Kopieren oder Verschieben. Ist eine Textstelle markiert, können Sie dazu über das Kontextmenü die Befeh-le **Kopieren** bzw. **Ausschneiden** verwenden.

10. Um den Text an anderer Stelle abzulegen, tippen Sie die vorgesehene Stelle an, tippen dann den blauen Marker und die drei Punkte an und benutzen **Einfügen**. Ist bei so einer Operation die Tastatur im Weg, tip-pen Sie kurz auf die Rücktaste.

11. Beim Kopieren legen Sie die Textauswahl immer vorübergehend in der sogenannten Zwischenablage ab und können sie dann beispielsweise in einen anderen Text, in eine Notiz oder in den Text einer E-Mail über-nehmen.

12. Sind Sie mit dem Text zufrieden, speichern Sie ihn ab. Tippen Sie dazu auf das Register **Datei** und dort auf **Speichern unter**. Geben Sie im Textfeld einen passenden Dateinamen ❸ an. Der **Dateityp** *.docx* wird vorgegeben.

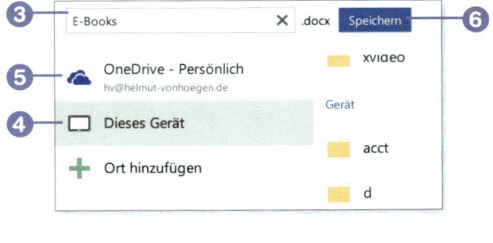

13. Im Dialogfeld gibt die App den Ordner *Documents* vor. Wenn Sie ei-nen anderen Ordner zur Ablage verwenden wollen, wählen Sie ihn zu-erst über **Dieses Gerät** ❹ und die dann angebotenen Ordnersymbole schrittweise aus.

14. Soll das Dokument gleich in einer Cloud wie **OneDrive** ❺ oder **Dropbox** gespeichert werden, wählen Sie zuerst die entsprechende Cloud, bei der Sie ein Konto haben aus, und anschließend den Ordner in dieser Cloud, der die Datei aufnehmen soll.

15. Schließlich tippen Sie auf die Schaltfläche **Speichern** ❻. Ist ein Doku-ment einmal gespeichert, gehen spätere Sicherungen dann einfacher. Sie tippen entweder auf das Symbol **Speichern** neben der Leiste mit den Registern oder verwenden **Datei ▶ Speichern**.

INFO

Tastatursperre

Wenn Sie das Einblenden der Tastatur in einem bestimmten Moment ganz verhindern wollen, tippen Sie unten rechts auf das Symbol für die Sperrung der Tastatur. Ein erneuter Tipp hebt die Sperre wieder auf.

Wollen Sie später erneut auf das Dokument zugreifen, wählen Sie es nach dem Start der App entweder aus der Liste **Zuletzt verwendet** aus oder benutzen auf dem Register **Datei** den Befehl **Öffnen**, um die Datei zu laden.

Auf dem Register **Datei** finden Sie auch die Option **Drucken**. Sie erlaubt die Auswahl der Seiten und die Ausgabe auf einem der verfügbaren Drucker oder als PDF-Datei. Auf das Einbinden von Druckern gehe ich in den beiden Abschnitten am Ende dieses Kapitels ab Seite 201 ein.

Über die Option **Freigeben** oder über das oben schon gezeigte Symbol mit dem Pluszeichen lassen sich Dokumente als Anhang über eine der E-Mail-Apps verschicken.

Umgang mit Tabellen und Kalkulationen

Für den Umgang mit Tabellen und Kalkulationsmodellen können Sie aus dem Office-Angebot von Microsoft die App **Excel** nutzen.

Sie deckt den Kern der Excel-Funktionen ab, viele wichtige Funktionen der Desktop-Version sind allerdings von vornherein herausgenommen, so die Nutzung von Makros, die Datenanalyse mithilfe von Pivot-Tabellen oder der Einsatz von Szenarien. Arbeitsmappen, die Szenarien enthalten, werden nicht geöffnet. Filter und Sparklines werden dagegen unterstützt.

1. Wenn Sie eine Arbeitsmappe ansehen wollen, öffnen Sie die App **Excel**. Wie bei Word finden Sie auch hier eine Liste der zuletzt verwendeten Arbeitsmappen. Ein Klick auf den Namen genügt, um sie zu öffnen. Finden Sie die Mappe in der Liste nicht, benutzen Sie zuerst die Schaltfläche **Weitere Arbeitsmappen öffnen**.

2. Unter **Dieses Gerät** und **Gerät** erscheinen Symbole für die vorhandenen Ordner. Wählen Sie den gewünschten Ordner durch Antippen der passenden Schaltfläche. Tippen Sie den Namen der Arbeitsmappe an, um sie zu öffnen.

3. Falls bereits vorher eine Arbeitsmappe geöffnet wurde, wird diese geschlossen, bevor die ausgewählte Mappe geöffnet wird. Die gleichzeitige Arbeit an zwei Tabellen ist also nicht möglich.

4. Unabhängig von den Arbeitsmappen auf dem Gerät werden unter **Öffnen** auch die Mappen angeboten, die Sie beispielsweise unter *OneDrive* oder *Dropbox* abgelegt haben.

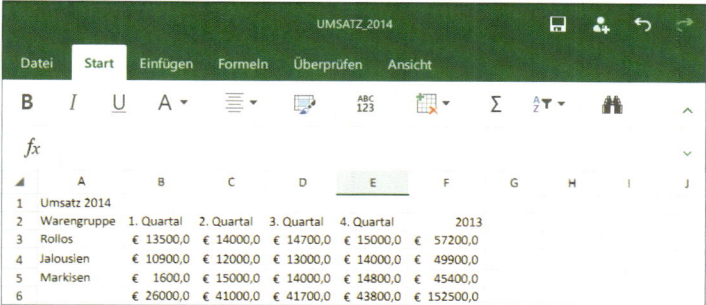

5. Ist eine Arbeitsmappe geöffnet, zeigt die App das zuletzt aktive Tabellenblatt in der Mappe unter einer Leiste mit mehreren Registern an. Aktiviert ist zunächst immer das Register **Start**. In der obersten Zeile finden Sie den Namen der Arbeitsmappe.

6. Unter der Leiste mit den Registern werden jeweils die Symbole und Schaltflächen angezeigt, die zu einem bestimmten Register gehören.

7. Das Tabellenblatt ist unterteilt in Spalten, die mit Buchzahlen beschriftet sind, und in Zeilen, die durchgezählt werden. Die Eingaben finden jeweils in die einzelnen Zellen statt, die als Schnittflächen von Spalten und Zeilen erscheinen.

8. Zellbereiche, die verdeckt sind, ziehen Sie mit dem Finger ins Bild. Häufig ist es auch sinnvoll, durch Spreizen oder Zusammenziehen über dem Zellgitter die Anzeige zu zoomen.

9. Hat die Arbeitsmappe mehrere Blätter, reicht ein Tipp auf den Blattnamen in der untersten Zeile, um das Blatt in den Vordergrund zu holen. Ist ein Blattregister nicht sichtbar, reicht eine kurze Wischbewegung. In der rechten Ecke finden Sie automatische Zusammenfassungen von Werten, die gerade im Tabellenblatt markiert sind.

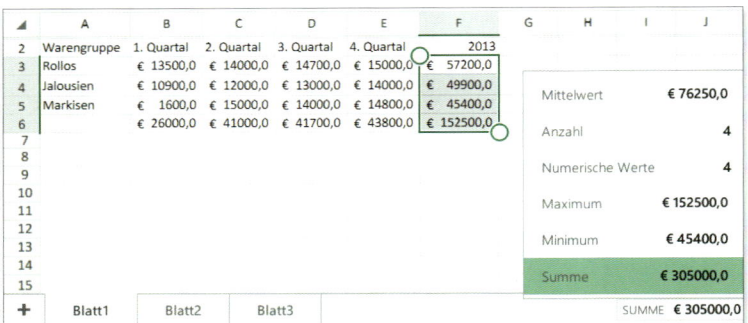

Über die Optionen zu dem Register **Ansicht** können Sie einzelne Elemente wie die Blattregister oder die Zeilen- und Spaltenüberschriften ausblenden, um mehr Platz für die Tabellendaten zu schaffen. Der kleine Pfeil am Ende der Symbolleiste unter den Registern ❶ blendet diese ganz aus, sodass Sie noch mehr von der Tabelle im Blick haben können. Der kleine Pfeil am Ende der Titelzeile blendet die Register wieder ein.

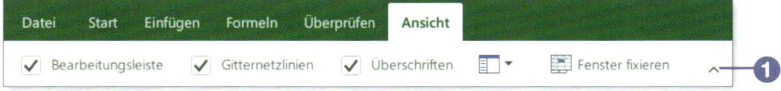

Praktisch gerade bei langen Tabellen ist auch die Option **Fenster fixieren** in dem Register **Ansicht**. Wenn Sie eine Zelle unter der ersten Spaltenbeschriftung antippen und dann die Option aktivieren, bleiben die Beschriftungen immer eingeblendet, auch wenn Sie mit einem Wisch nach oben weit entfernte Zeilen einblenden.

Wie Sie auf dem Tablet eigene Tabellen anlegen, werde ich im Folgenden an einem typischen Beispiel wenigstens im Ansatz demonstrieren. Hierbei geht es um die Erfassung von einfachen Daten zu verschiedenen Warengruppen und die Auswertung von Quartalsumsätzen für eine fiktive Firma.

1. Öffnen Sie die App **Excel**, und tippen Sie unter **Neu** die Vorlage **Leere Arbeitsmappe** an, um mit einer neuen Tabelle zu beginnen.

2. Tippen Sie nacheinander die Zellen der Tabelle an, in die Sie Ihre Daten eingeben wollen. Die Tastatur wird dann automatisch eingeblendet.

3. Tragen Sie zunächst die Beschriftungen für die Zeilen und Spalten ein.

4. Füllen Sie die Zellen mit den Werten aus. Die Einträge in den Zellen erscheinen immer gleichzeitig auch in dem Bearbeitungsfeld ❷. Sie bestätigen die Eingaben mit dem Häkchen ❸ oder verwerfen sie mit dem Andreaskreuz ❹.

5. In unserem Fall interessieren die Summen für die einzelnen Perioden und für die verschiedenen Warengruppen. Diese Berechnungen können Sie in einem Zug generieren, wenn Sie im Beispiel den Zellbereich B3 bis F6 markieren. Tippen Sie dazu zunächst die Zelle B3 an, und ziehen Sie den Anfasser ❺ in der Ecke unten rechts bis zu der Zelle F6.

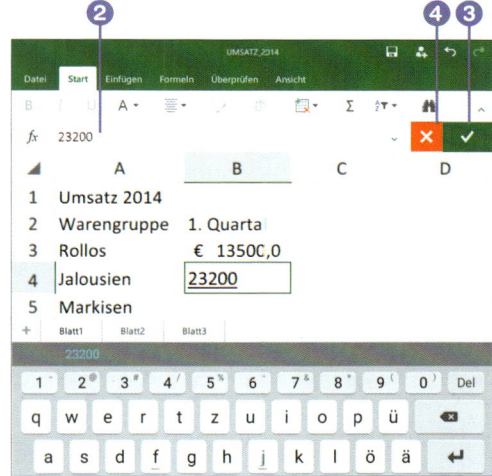

6. Tippen Sie auf dem Register **Start** auf das Summensymbol ❻ und dann auf die Option **Summe** ❼. Die Spalten- und Zeilensummen werden berechnet und angezeigt.

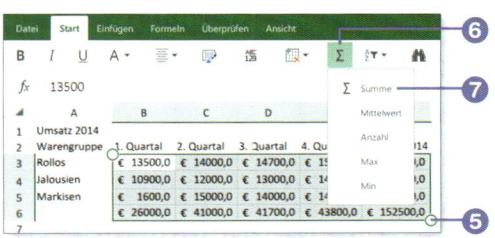

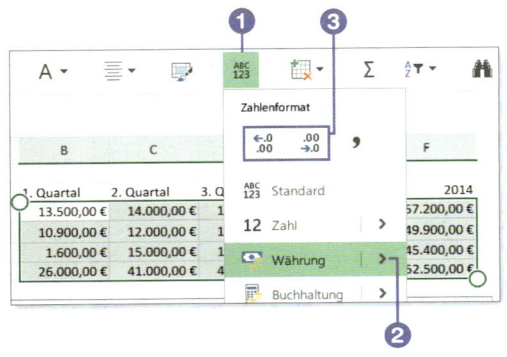

7. Vielleicht gefällt Ihnen nicht, wie die Zahlen erscheinen: Ziehen Sie über den Bereich B3 bis F6, und tippen Sie auf das Symbol für die Zahlenformate **1**, und wählen Sie das Format **Währung 2**. Stellen Sie mit den Pfeilschaltflächen darüber **3** die Anzahl der Nachkommastellen ein.

8. Nun haben Sie vielleicht noch den Wunsch, die Daten in einem Diagramm zu visualisieren. Ziehen Sie dazu über den Bereich A2 bis E5, lassen Sie also die Zellen mit den Summen außen vor.

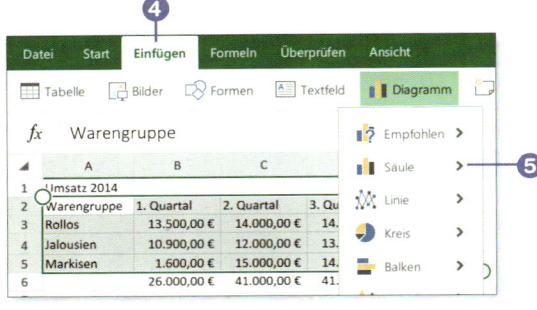

9. Tippen Sie auf **Einfügen 4** und anschließend auf die Option **Diagramm ▶ Säule 5**. Tippen Sie auf eines der dann angebotenen Vorschaudiagramme.

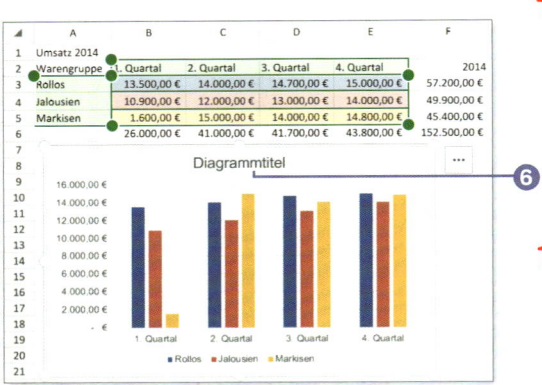

10. Das Diagramm wird als frei verschiebbare Grafik in das Tabellenblatt gezeichnet, wobei die Spaltenbeschriftungen für die untere x-Achse verwendet werden, die Zeilenbeschriftungen für die Legenden.

11. Tippen Sie im Diagramm den Dummy »Diagrammtitel« **6** an, und überschreiben Sie ihn mit dem gewünschten Titel des Diagramms.

Neben den Befehlen in den Symbolleisten zu den verschiedenen Registern werden auch hier Befehle über Kontextmenüs angeboten. Wenn Sie einen Zellbereich durch Ziehen des Rahmens markieren, öffnet ein Tipp auf die drei Punkte das entsprechende Kontextmenü.

Das Speichern und Öffnen einer Tabelle erfolgt in der gleichen Weise, wie ich es im letzten Abschnitt für Textdokumente beschrieben habe. Nur der Dateityp ist ein anderer: *.xls* oder *.xlsx*.

INFO

Einschränkungen

Arbeitsmappen, die Pivot-Tabellen enthalten, können zwar mit der App geöffnet werden. Die Pivot-Funktionen lassen sich aber nicht nutzen, die entsprechenden Schaltflächen und Steuerelemente sind entfernt. Die Tabellen zeigen jeweils die aktuellen Werte der letzten Auswertung.

Präsentationen mit PowerPoint erstellen

Öffnen Sie mit der App **PowerPoint** eine Präsentation, finden Sie einen geteilten Bildschirm, ein schmales Fenster für die Miniaturen der Folien, das größere für die Anzeige der mit einem Tipp auswählbaren Folien. Die Folienminiaturen lassen sich mit Wischen durchblättern.

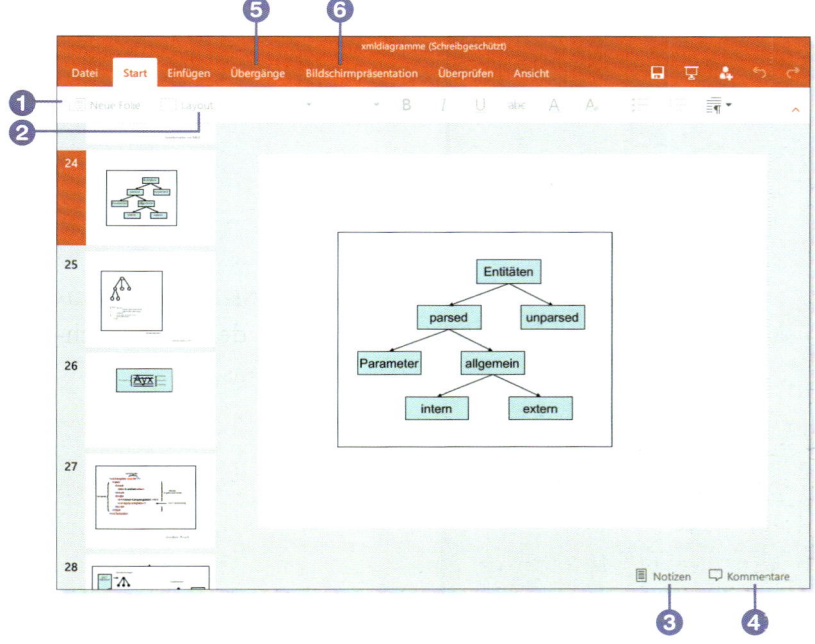

Um mit einer neuen Folie zu beginnen, tippen Sie auf dem Register **Start** die Schaltfläche **Neue Folie ❶** an und anschließend die Schaltfläche **Layout ❷**, um ein Muster für die Folie auszuwählen.

Die meisten Vorlagen teilen die Folie in zwei oder mehr Bereiche und geben entsprechende Dummy-Texte vor. Ein Doppeltipp auf diese Dummys erlaubt Ihnen, Ihre

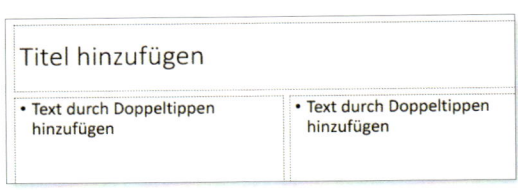

eigenen Texte an der entsprechenden Stelle einzufügen, wobei die Tastatur automatisch eingeblendet wird.

Bilder und geometrische Formen holen Sie über das Register **Einfügen** in die Folie.

Ist ein solches Element per Tipp ausgewählt, blendet die App ein spezielles Register **Bild** ein mit verschiedenen Formatvorlagen und Optionen für die Anordnung der Bildelemente. Die Position der Elemente bestimmen Sie einfach durch Ziehen, die Größe und Proportion durch Ziehen an den Anfassern.

Die Folien lassen sich durch Spreizen oder Zusammenziehen zweier Finger leicht auf die Größe bringen, in der die Bearbeitung der grafischen Elemente oder Texte am bequemsten ist.

Wenn Sie am unteren Rand die Schaltfläche **Notizen ❸** oder **Kommentare ❹** antippen, öffnet sich am rechten Rand ein zusätzliches Fenster, in dem Sie sich zu den einzelnen Folien Hinweise notieren können oder was Sie dazu noch vortragen wollen.

Über das Register **Übergänge ❺** werden zahlreiche Effekte für den Folienwechsel angeboten. Über die Schaltfläche für die **Bildschirmpräsentation ❻** wechseln Sie in den Modus, in dem die Folien vorgeführt werden. Besonders praktisch ist hier, wenn Sie das Tablet beispielsweise per Bluetooth mit einem Beamer oder einem großen Bildschirm verbinden können.

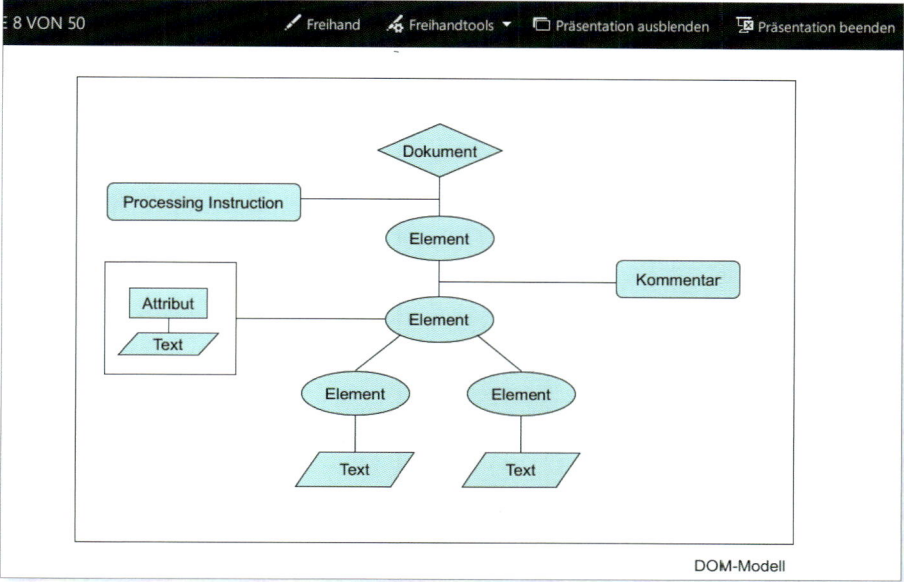

Ansicht einer Präsentation

Für die Steuerung der Präsentation werden per Tipp in die obere Zeile Optionen für Freihandzeichnungen angeboten, etwa um bestimmte Bereiche oder Positionen während des Vortrags hervorzuheben. Um manuell zwischen den Folien zu wechseln, reicht ein Tipp am rechten oder linken Rand oder eine kurze Wischbewegung.

Dateien kopieren und verschieben

Wenn Sie mit zahlreichen Dokumenten, Tabellen oder Präsentationen zu tun haben, ist es von Bedeutung, wie Sie die Speicherung der Dateien organisieren. Sonst geht viel Zeit mit dem Suchen verloren.

Das Android-System stellt Ihnen eine handliche Dateiverwaltung zur Verfügung. Tippen Sie auf dem Startbildschirm auf **Eigene Dateien**, um zu sehen, welche Dateien auf dem Tablet gespeichert sind, oder um auf einzelne Dateien zuzugreifen.

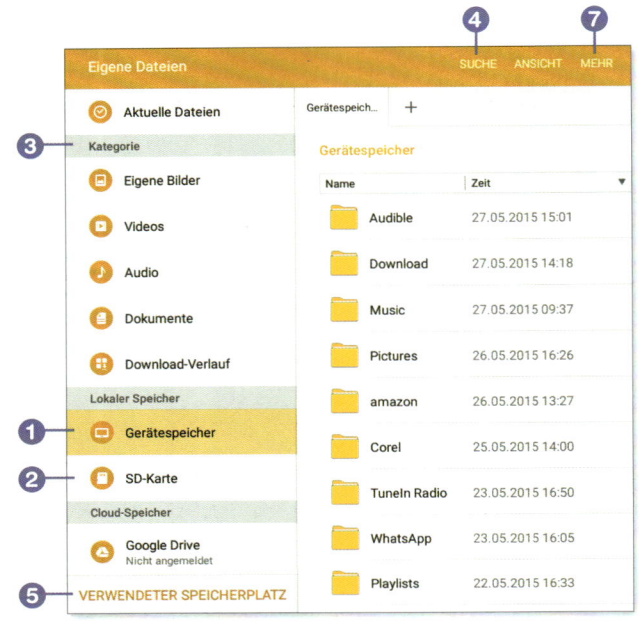

Dateien auf dem Tablet können Sie bequem über die App »Eigene Dateien« verwalten.

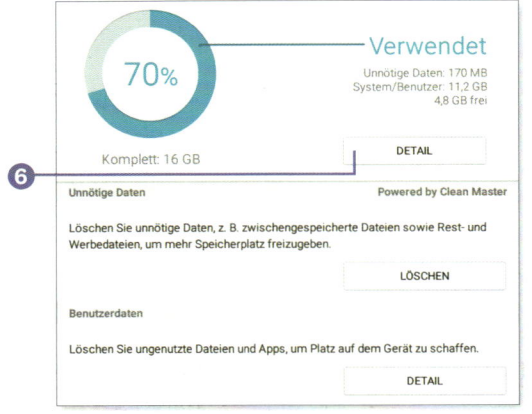

Die einzelnen Ordner des internen Speichers erscheinen unter **Gerätespeicher** ❶, die Ordner der Speicherkarte unter **SD-Karte** ❷. Neben der Lokalisierung in den Ordnern werden die Dateien auch noch nach der **Kategorie** ❸ wie **Dokumente**, **Eigene Bilder**, **Audio** etc. zusammengestellt.

Ist Ihnen der Ordner oder der komplette Name einer Datei nicht mehr in Erinnerung, benutzen Sie in der Menüleiste **SUCHE** ❹, um mit einer Zeichenfolge nach entsprechenden Dateien zu suchen.

Am unteren Rand finden Sie noch eine Schaltfläche **VERWENDETER SPEICHERPLATZ** ❺. Sie öffnet ein Tool, mit dem Sie vergeudeten Speicherplatz schnell bereinigen können. Über die Schaltfläche **Detail** ❻ finden Sie noch eine Aufstellung über die Nutzung des Speichers durch die verschiedenen Dateitypen.

Hilfreich ist auch die Option **Aktuelle Dateien**, die am Anfang des Menüs angeboten wird. Sie zeigt immer die zuletzt erstellten Dateien zuerst an.

Das Menü zu **MEHR** ❼ bietet noch die Option **Bearbeiten** an, die Auswahlkästchen einblendet. Sind Elemente ausgewählt, erscheinen die Optionen **ENTFERNEN** und **MEHR ▸ Shortcut auf Startbildschirm hinzufügen** und **MEHR ▸ Details**.

Um Ordner oder Dateien zu verschieben, zu kopieren, umzubenennen oder zu löschen, halten Sie kurz den Finger auf dem Namen und wählen die gewünschte Aktion aus dem dann über **MEHR** verfügbaren Menü.

Manchmal ist es sinnvoll, die Platzierung der Dateien auf diese Weise anzupassen. So lassen sich beispielsweise speicherintensive Medien auf die Speicherkarte verschieben.

Drucken per WLAN oder Bluetooth

Obwohl das Tablet Ihnen zahlreiche Möglichkeiten anbietet, Dokumente oder Bilder an andere online weiterzugeben, entsteht doch immer mal wieder der Wunsch, ein Foto in die Hand zu nehmen oder ein Dokument auf Papier zu bringen.

Gibt es Möglichkeiten, von einem Tablet aus zu drucken? Es gibt sogar mehrere Möglichkeiten. Wenn Sie mit WLAN arbeiten, finden Sie vielleicht einen Drucker, der per WLAN Daten übernehmen kann. Andere Drucker lassen sich über Bluetooth ansteuern. Ziehen Sie die Dokumentation zu Ihrem Drucker zurate, um die Einrichtung dafür vorzunehmen. Wenn eine App einen Druckbefehl anbietet, wählen Sie den verfügbaren Drucker als Zielgerät aus.

Drucken mit Google Cloud Print

Die Alternative zum direkten Druck über WLAN oder Bluetooth ist das Drucken über *Google Cloud Print*. Dabei handelt es sich um eine Technologie, die Drucker direkt über das Web anspricht.

Auch hier gibt es wieder zwei Möglichkeiten. Die erste ist, einen Cloud-fähigen Drucker einzusetzen, der eine direkte Verbindung ins Web herstellen kann. In diesem Fall sollten Sie die Dokumentation des Herstellers zurate ziehen, um herauszufinden, wie die Verbindung zu diesem Drucker aufgebaut werden kann.

Die zweite Möglichkeit ist, einen »normalen« Drucker zu verwenden, der an einem Ihrer Desktops oder Notebooks angeschlossen ist. Allerdings muss dieser Drucker in ein lokales Netz eingebunden und der Rechner, an dem er hängt, mit dem Internet verbunden sein. Da dies aber sehr oft sowieso der Fall ist, stellt sich diese Lösung als durchaus komfortabel heraus. Allerdings sind einige Vorbereitungen notwendig.

Zunächst müssen Sie dafür sorgen, dass auf dem PC oder Mac eine Verbindung zwischen dem Drucker und dem Google-Cloud-Print-Dienst hergestellt wird. Dazu wird ein Google-Konto benötigt, und außerdem muss der *Chrome*-Browser auf dem Gerät installiert sein. Anschließend aktivieren Sie den **Google Cloud Print Connector** in Chrome. Dies sind die notwendigen Schritte:

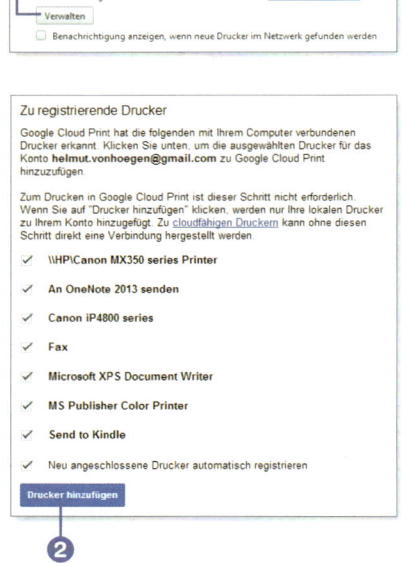

1. Schalten Sie den Drucker ein.

2. Öffnen Sie auf dem PC den **Chrome**-Browser, und melden Sie sich mit Ihrem Google-Konto an.

3. Wechseln Sie über die Schaltfläche **Chrome anpassen und einstellen** zu der Option **Einstellungen**, und benutzen Sie dort den Link **Erweiterte Einstellungen anzeigen**.

4. Benutzen Sie unter **Google Cloud Print** die Schaltfläche **Drucker hinzufügen** oder **Verwalten** ❶, wenn bereits Drucker eingebunden sind.

5. Auf der nächsten Seite werden die erkannten Drucker und Ausgabemöglichkeiten angezeigt. Wählen Sie die Drucker aus, die Sie verbinden möchten, und klicken Sie auf **Drucker hinzufügen** ❷.

Der Drucker ist von diesem Moment an mit Ihrem Google-Konto verknüpft und gleichzeitig mit Google Cloud Print verbunden. Sie können jetzt immer über diesen Drucker drucken, wenn Sie mit demselben Google-Konto angemeldet sind.

1. Um nun von Ihrem Tablet Google Cloud Print zu nutzen, installieren Sie zunächst die App **Cloud Print** aus dem **Play Store**.

2. Unter den Benachrichtigungen erscheint eine Schaltfläche, mit der Sie den Druckdienst zunächst per Tipp aktivieren müssen.

3. Unter **Einstellungen ▸ Verbindungen ▸ Weitere Verbindungseinstellungen ▸ Druckdienste ▸ Cloud Print** finden Sie anschließend alle Details zu diesem Dienst, insbesondere eine Übersicht über die Ausgabemöglichkeiten.

4. Wenn Sie nun beispielsweise ein Bild aus der **Galerie** ausdrucken wollen, wählen Sie das Bild dort aus und benutzen am unteren Rand die Schaltfläche **Freigeben** und anschließend **Drucken**.

5. Tippen Sie in dem sich öffnenden Dialogfeld das erste Listenfeld ❸ an, und wählen Sie dort wieder mit einem Tipp den Drucker aus, den Sie verwenden wollen.

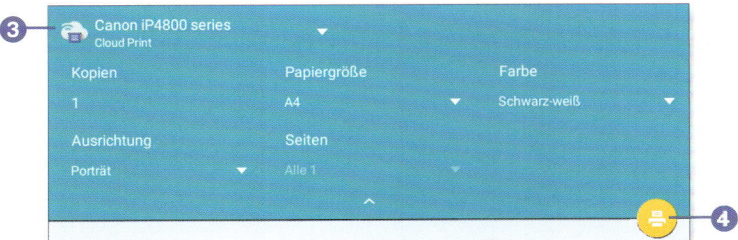

6. Das Dialogfeld erlaubt noch einige weitere Einstellungen wie **Kopien**, **Papiergröße** etc. Die gelbe Schaltfläche mit dem Drucker ❹ startet schließlich den Ausdruck.

Ist der Drucker gerade nicht eingeschaltet oder mit dem Netz verbunden, wird der Druckauftrag in eine Warteschlange gerückt. Sobald die Netzverbindung wieder verfügbar ist, startet der Ausdruck.

Kapitel 13
Das Tablet und die Daten schützen

So ein handliches und leichtes Gerät, das Sie überallhin begleitet, ist auf der anderen Seite auch ein Teil, das leicht verloren gehen kann. Sie werden sicher nicht erfreut sein, wenn sich Unbefugte Zugang zu Ihren Daten verschaffen oder Ihr Gebührenkonto bei Ihrem Provider in die Höhe schnellen lassen. Es gibt glücklicherweise ein paar Dinge, die Sie dagegen tun können.

Den Sperrbildschirm absichern

Der Sperrbildschirm ist in der Voreinstellung zwar ein Schutz gegen ungewollte Tipps auf dem Bildschirm, aber keine Sperre gegen unbefugte Benutzer. Der Sperrbildschirm kann aber mit entsprechenden Maßnahmen gekoppelt werden. Die klassische Methode ist die Verwendung einer PIN oder eines Passworts.

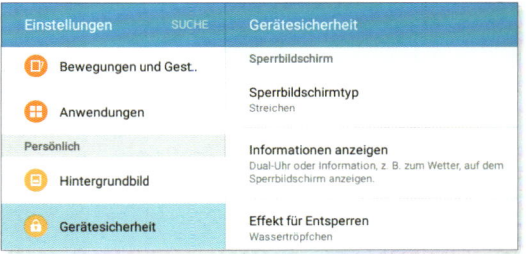

1. Benutzen Sie ▦ ▸ Einstellungen ▸ Persönlich ▸ Gerätesicherheit ▸ Sperrbildschirmtyp.

2. Tippen Sie die dort vorgegebene Einstellung Streichen an.

3. Wählen Sie als Alternative die Option PIN oder Passwort aus.

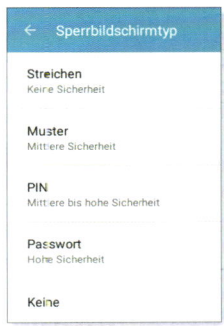

4. Geben Sie die vierstellige PIN oder ein mindestens vierstelliges Passwort ein, das wenigstens auch einen Buchstaben oder ein Sonderzeichen enthält, und bestätigen Sie jeweils durch eine erneute Eingabe.

5. Anschließend können Sie noch festlegen, ob Inhalte oder Benachrichtigungen auf dem Sperrbildschirm erscheinen sollen.

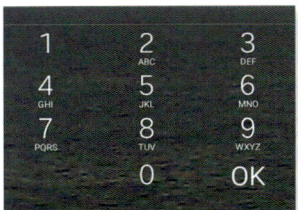

6. Auf dem Sperrbildschirm wird beim nächsten Mal entweder die PIN oder das Passwort abgefragt. Bei einer PIN wird für die Eingabe eine Art Telefontastatur angeboten.

Da wir unverbesserlich dazu neigen, unserem Gedächtnis zuliebe leicht zu erratende Passwörter zu verwenden, stellt das Tab A noch eine weitere Alternative zur Absicherung des Tablets zur Verfügung – die Mustererkennung, die allerdings auch nur mit dem Prädikat »Mittlere Sicherheit« eingestuft wird.

1. Nehmen Sie hierfür im dritten Schritt der obigen Anleitung die Option **Muster**.

2. Ziehen Sie mit dem Finger eine Linie, die die Punkte in dem Entsperrungsmuster möglichst auf eine Weise verbindet, die nicht zu einfach ist.

3. Bestätigen Sie das Muster noch einmal.

4. Geben Sie zusätzlich eine PIN ein für den Fall, dass Sie das Muster vergessen.

5. Auf dem Sperrbildschirm verbinden Sie die dann angebotenen Punkte in der von Ihnen festgelegten Reihenfolge. Auf diese Weise erschweren Sie zumindest eine missbräuchliche Nutzung Ihres Tablets durch Unbefugte.

Wenn Sie auf dem Tablet nur harmlose Daten, Medien und Spiele abgelegt haben und auch keine Zugangsdaten zu Plattformen, die beispielsweise mit

Geld zu tun haben wie beim Online-Banking, können Sie den Sperrbild-schirm auch ganz abschalten. In diesem Fall nehmen Sie einfach die Option **Keine**.

Wenn Sie das Gerät mit einem Entsperrungscode gesichert haben, sollten Sie diesen nicht vergessen. Notfalls kann der Code aber von der Kunden-dienstzentrale von Samsung zurückgesetzt werden.

Schutz vor Viren und Trojanern

Solange die Windows-Alternative Linux auf PCs einen Verwendungsgrad von etwa 1 % hatte, konnten sich die wenigen Nutzer einigermaßen sicher vor Hackerangriffen wähnen. Seit der Linux-Abkömmling Android auf über einer Milliarde mobiler Geräte installiert ist, hat sich dieser glückliche Um-stand gänzlich geändert. Gerade Smartphones rücken immer mehr in den Blick von Kriminellen, insbesondere seit mit diesen Geräten zunehmend eingekauft, gehandelt und bezahlt wird.

Während der Einsatz von Viren, die direkt auf den Geräten Schaden anrichten, nicht mehr so im Mittelpunkt steht, wird der Einsatz von Trojanern immer komplexer und raffinierter. Bei einem Tro-janer wird ja ein Stück Software eingeschmuggelt, das in der Lage ist, sensible Daten auf dem Gerät auszulesen und an Leute weiterzuleiten, die damit Bankkonten plündern, Verkäufe auf Ihre Rechnung tätigen oder Sabotage betreiben.

Ein wenig Schutz gibt Ihnen die Vorsicht. Es ist sinnvoll, Apps in der Regel nur über den Google Play Store zu installieren, das Zulassen von unbe-kannten Quellen, das für den Bezug von Apps über den Amazon-Store notwendig ist (siehe Kapitel 10, »Apps finden und installieren«), sollte immer sofort wieder abgeschaltet werden.

Hier starten Sie den Scanvorgang bei der Antiviren-App CM Security.

Wenn Sie den Verdacht haben, dass sich etwas bei Ihnen eingenistet hat, können Sie über ▦ ▸ **Einstellungen** ▸ **Persönlich** ▸ **Gerätesicherheit** ▸ **Andere Sicherheitseinstellungen** ▸ **Geräteverwaltung** nachsehen, ob ohne Ihr Wissen ein zusätzlicher Geräteadministrator installiert worden ist, der über das Recht verfügt, das Gerät zu kontrollieren.

Eines der probaten Mittel, um sich gegen Schädlinge auf dem Tablet zu schützen, ist die Installation und Pflege einer Antiviren-App. Das Wort »Pflege« muss hier betont werden, weil solche Apps nur dann einigermaßen helfen, wenn sie ständig auf dem neuesten Stand gehalten werden. Häufig dauert es allerdings eine Zeit, ehe Gegenmittel gegen neue Formen von Schädlingen gefunden sind, ein Ruhekissen sind also selbst die am besten getesteten Apps dieser Art nicht.

Ich stelle Ihnen hier nur kurz eine kostenlose App vor, die bisher bei entsprechenden Tests ganz gut abgeschnitten hat, **CM Security**. Sie können sie aus dem **Play Store** beziehen. Sie ist nicht nur nützlich, um das Gerät zu schützen, Sie finden auch Funktionen, um das Tablet von überflüssigem Datenmüll zu bereinigen und für bestimmte Apps wie **WhatsApp** oder **Facebook** gezielt Einstellungen festzulegen, die Ihre Privatsphäre schützen.

Wenn diese App installiert ist, braucht sie entsprechende Administratorrechte, um beispielsweise bei einem Diebstahl das Tablet über einen Netzzugriff zu sperren ❶. Lassen Sie deshalb in diesem Fall die entsprechende Option aktiviert.

Synchronisieren über das Google-Konto

Wenn Sie mit einem Konto bei Google arbeiten, haben Sie die Möglichkeit, einen großen Teil der Daten, die auf dem Tablet zusammenkommen, fortlaufend auf den Servern von Google zu sichern. Diese Optionen sind im Zusammenhang mit den Apps zu Bildern, Audio und Video sowie zu E-Mail, Kontakten und Kalendern schon angesprochen worden. Die Synchronisierung ist keine Einbahnstraße. Wenn Sie auf einem PC einen neuen Termin in den Kalender zu Ihrem Konto eintragen, erscheint er sofort auch auf Ihrem Tablet, vorausgesetzt, beide Geräte sind im Netz erreichbar.

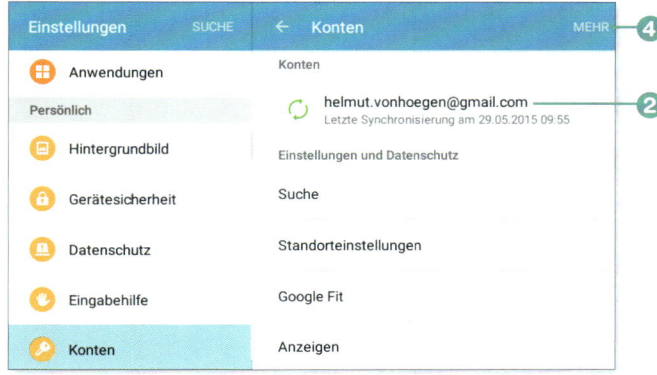

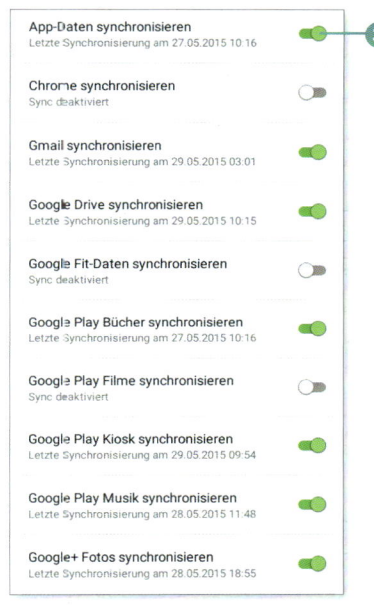

Die genaue Übersicht über die entsprechenden Einstellungen finden Sie über ▦ ▸ **Einstellungen** ▸ **Persönlich** ▸ **Konten** ▸ **Google**, wenn Sie das aktuelle Konto ❷ antippen.

Sie finden eine lange Liste von Optionen, die Sie wahlweise ein- und ausschalten können. Das Datum der letzten Synchronisierung wird jedes Mal angezeigt ❸.

Synchronisierungseinstellungen für ein Google-Konto

Die Synchronisierung wird in einem bestimmten Rhythmus automatisch vorgenommen. Wenn Sie merken, dass das Tablet für die ständigen Synchronisierungsvorgänge zu viel Aufwand treiben muss und andere Apps darunter zu leiden haben, können Sie die Synchronisierung auf die für Sie wichtigen Dinge reduzieren oder die automatische Synchronisierung ganz abschalten. Dann haben Sie immer noch die Möglichkeit, mit **MEHR** ❹ ▸ **Jetzt synchronisieren** jederzeit einen Ad-hoc-Austausch anzustoßen.

Sichern und Zurücksetzen

Anders als bei der im letzten Abschnitt beschriebenen wechselseitigen Synchronisierung geht es bei der Option **Meine Daten sichern** darum, Anwendungsdaten, WLAN-Passwörter und Einstellungen des Tablets auf dem Google-Server zu sichern. Dies ist im Falle von Datenverlust unterschiedlicher Ursache bzw. als Voraussetzung für eine Neuinstallation sinnvoll.

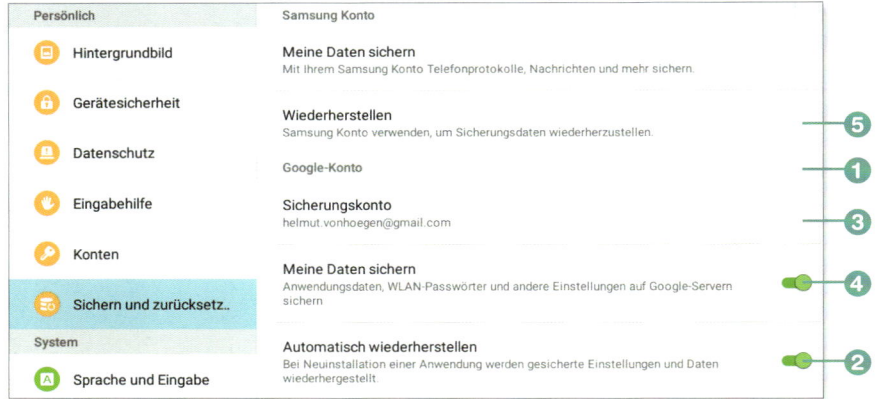

Sie finden diese Option über ▦ ▸ **Einstellungen** ▸ **Persönlich** ▸ **Sichern und zurücksetzen** unter **Google-Konto** ❶. Falls Sie diese Option abschalten, erhalten Sie den rechts gezeigten Hinweis. Wenn Sie mit **OK** antworten, werden also die entsprechenden Daten auf dem Google-Server gelöscht.

Meine Daten sichern

Sichern von WLAN-Passwörtern, Lesezeichen und anderen Einstellungen und Anwendungsdaten abbrechen und alle Kopien von den Google-Servern löschen?

ABBRECHEN   OK

Sind Sie dagegen mit der Sicherung der Daten einverstanden, haben Sie noch die Möglichkeit, die automatische Wiederherstellung zuzulassen ❷. Auf diese Weise kann, wenn die Neuinstallation einer App notwendig wird, auf die vorher für diese App gesicherten Daten zurückgegriffen werden. Das ist beispielsweise bei einer E-Mail-App ein großer Vorteil, weil sonst eine Menge Arbeit mit der Neueinrichtung der Konten und Einstellungen anfallen würde.

Vorausgesetzt ist auch hierbei, dass für das Tablet ein Google-Konto eingerichtet ist, das dann hier unter **Sicherheitskonto** ❸ angezeigt wird.

Wenn Sie für das Tablet auch ein Samsung-Konto eingerichtet haben, stehen Ihnen unter **Sichern und zurücksetzen** ▸ **Samsung Konto** ebenfalls die Optionen **Meine Daten sichern** ❹ und **Wiederherstellen** ❺ zur Verfügung. Wenn

Sie die erste Option antippen, können Sie den Inhalt der Sicherung genauer festlegen und **Automatische Sicherung** einschalten.

> **INFO**
>
> **Sicherung auf dem Samsung-Server**
>
> Die automatische Sicherung startet jeweils eine Stunde nach dem Anschluss an ein WLAN-Netz und während das Gerät bei ausgeschaltetem Bildschirm aufgeladen wird. In der Folge werden die Daten im 24-Stunden-Rhythmus gesichert; die Daten vom Tablet überschreiben dabei die Daten auf dem Cloud-Server.

Mit Samsung Smart Switch verbinden

Samsung stellt Ihnen für den PC und den Mac eine Anwendung namens *Samsung Smart Switch* zur Verfügung, mit der Sie Daten und Einstellungen mit dem Tablet austauschen können. Für den PC können Sie die Software von folgender Seite im Internet herunterladen: *www.samsung.com/de/support/smartswitch/*.

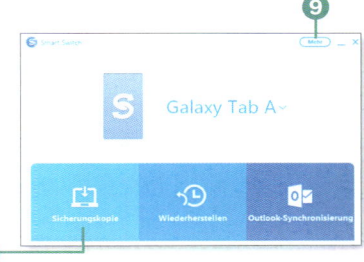

1. Wenn Smart Switch auf dem PC installiert ist, stellen Sie eine Verbindung zum Tablet mit dem USB-Kabel her.

2. Starten Sie **Smart Switch** auf dem PC, und warten Sie einen Moment, bis das Programm die Verbindung zu Ihrem Tablet aufgebaut hat und das Gerät anzeigt. Der Startbildschirm zeigt drei große Schaltflächen für die Hauptfunktionen des Programms.

3. Um eine Datensicherung vom Tablet auf den PC auszuführen, tippen Sie die Schaltfläche **Sicherungskopie** ❻ an und starten die Übertragung vom Tablet auf den PC. Neben dem Sicherungsfortschritt ❼ wird auch die aktuelle Belegung des internen Speichers angezeigt ❽. Die Übertragung

kann, je nach der Anzahl der ausgewählten Elemente, eine Zeit lang dauern, die USB-Verbindung ist nicht so rasend schnell.

4. Ist die Sicherung abgeschlossen, erscheint eine Schaltfläche **Überprüfen gesicherter Elemente**, die Ihnen ein Protokoll der Sicherung liefert.

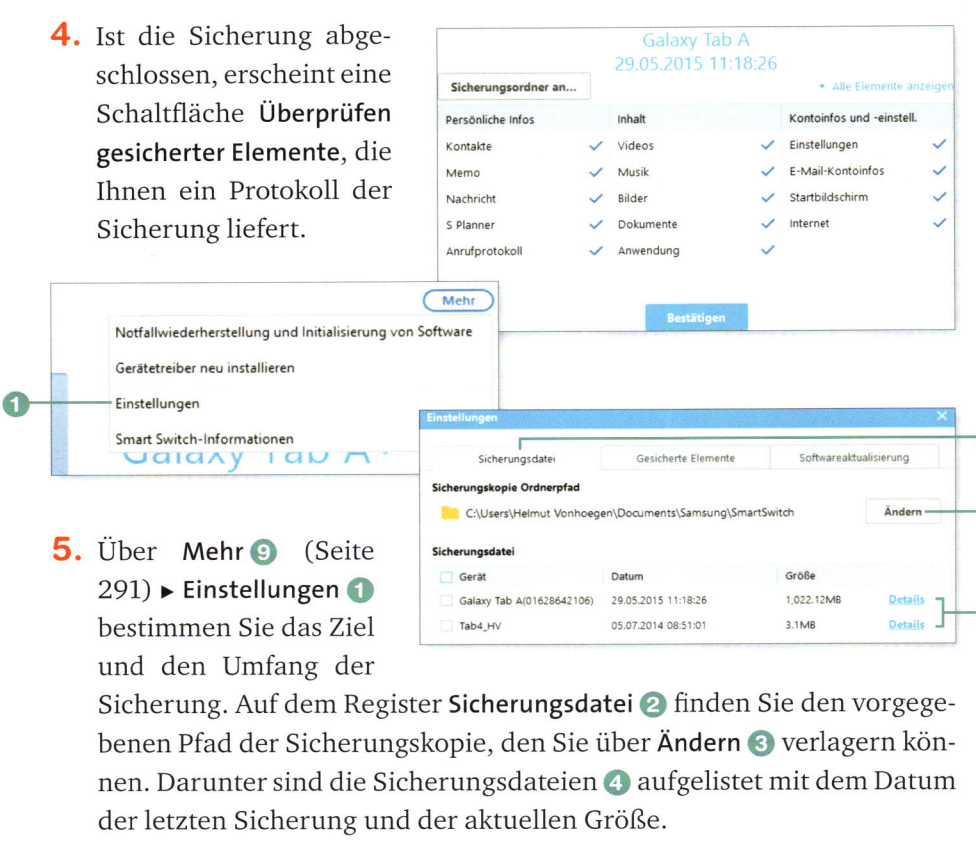

5. Über **Mehr** ❾ (Seite 291) ▸ **Einstellungen** ❶ bestimmen Sie das Ziel und den Umfang der Sicherung. Auf dem Register **Sicherungsdatei** ❷ finden Sie den vorgegebenen Pfad der Sicherungskopie, den Sie über **Ändern** ❸ verlagern können. Darunter sind die Sicherungsdateien ❹ aufgelistet mit dem Datum der letzten Sicherung und der aktuellen Größe.

6. Über das Register **Gesicherte Elemente** lassen sich einzelne der im Protokoll aufgelisteten Elementtypen auch abwählen, sodass sie bei der Sicherung nicht berücksichtigt werden.

Die mittlere Schaltfläche auf dem Startbildschirm des Programms dient der Wiederherstellung von Elementen, die auf dem Tablet verloren gegangen oder zerstört worden sind.

1. Tippen Sie **Wiederherstellen** an, wird zunächst die Schaltfläche **Wiederherzustellende Daten ändern** angeboten, die es Ihnen erlaubt, gezielt einzelne Elementtypen zur Auswahl anzutippen.

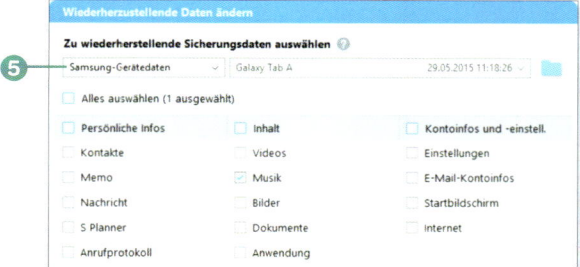

Wenn Sie in dem ersten Listenfeld **⑤** **Nicht-Samsung-Gerätedaten** einstellen, lassen sich auch iTunes-Bibliotheken auswählen.

2. Sollen nur einzelne Dateien wiederhergestellt werden, stellen Sie in diesem Feld die Option **Manuell ausgewählte Datei** ein. Über **Datei suchen** lassen sich die Dateien dann auswählen.

Neben Medien und Dokumenten lassen sich auf diese Weise auch die von Ihnen installierten Apps samt ihren aktuellen Einstellungen sichern und bei Bedarf wiederherstellen.

Die dritte große Schaltfläche im Startbildschirm von Smart Switch, **Outlook-Synchronisierung**, bietet Ihnen einen Abgleich mit Outlook-Daten für Kontakte, Termine und Aufgaben an. Tippen Sie dazu im zweiten Schritt die Schaltfläche **Outlook Einstellungen für das Synchronisieren** an, und markieren Sie, was abgeglichen werden soll. Allerdings ist diese Funktion nicht besonders praktisch, weil sie ja immer auf eine USB-Verbindung mit dem Tablet angewiesen ist.

Das Programm prüft auch, ob die Firmware des Tablets aktuell ist. Wenn nicht, wird Ihnen über **MEHR ▶ Notfallwiederherstellung und Initialisierung von Software** auf dem Register **Softwareaktualisierung** ein Update angeboten.

Dateien in der Cloud speichern

Wenn Sie mit einem Samsung-Konto arbeiten, können Sie die von Samsung angebotenen Cloud-Dienste nutzen, um Dateien zu synchronisieren oder Anwendungsdaten zu sichern.

1. Gehen Sie über ▦ ▶ **Einstellungen ▶ Persönlich ▶ Konten** zu **Samsung Konto**. Tippen Sie auf das angezeigte Samsung-Konto ❶, um Details dazu einzusehen oder festzulegen.

2. Schalten Sie die gewünschten **Sync-Einstellungen** ein oder aus, um den Umfang der Synchronisierung festzulegen.

Ein schon seit Jahren bekannter Speicherdienst ist *Dropbox*, der seine Server über die Cloud zur Verfügung stellt. Er erlaubt Ihnen, auf die eigenen Daten von verschiedenen Geräten aus zuzugreifen, die ebenfalls über entsprechende Dropbox-Apps verfügen. Außerdem lassen sich Daten und Medien mit anderen Benutzern von Dropbox austauschen, wenn Sie sie dazu einladen.

1. Starten Sie die App mit einem Tipp auf das **Dropbox**-Symbol in der Anwendungsübersicht.

2. Zur Anmeldung geben Sie eine E-Mail-Adresse und ein Passwort ein. Wenn Sie Dropbox schon auf einem anderen Gerät nutzen, melden Sie sich mit den entsprechenden Zugangsdaten an.

3. Gleich zu Anfang wird Ihnen die Schaltfläche **Kamera-Upload aktivieren** angeboten. Wenn Sie die Option nutzen, werden alle Fotos, die Sie mit dem Tablet aufnehmen, automatisch in den Cloud-Speicher kopiert.

4. Tippen Sie in der Menüleiste auf das erste Symbol **2**, erscheint der übergeordnete Ordner **Drop-box 3** und bereits ein Unterord-ner **Kamera-Uploads 4** für die an-gesprochenen Kopien Ihrer Fotos.

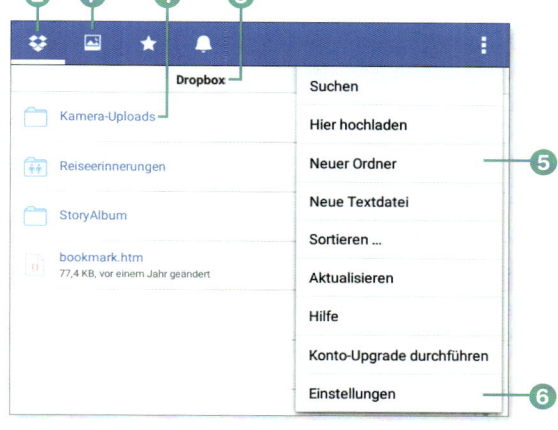

5. Über ⋮ ▸ **Neuer Ordner 5** legen Sie Ihre eigenen Ordner an.

6. ⋮ ▸ **Einstellungen 6** zeigt Ihnen die aktuellen Daten Ihres Kontos und den verfügbaren Speicher-platz. Zum Einstieg werden Ihnen 2 GByte Speicher reserviert. Sie können zusätzlichen Speicher entwe-der kaufen oder über die Werbung weiterer Benutzer dazuverdienen. Dazu tippen Sie **Freunde einladen** an und wählen aus Ihrer Kontakte-liste.

7. Wenn Sie einen Ordner für eine Person freigeben wollen, die ebenfalls ein Dropbox-Konto hat, halten Sie den Finger auf dem Ordnernamen und wählen im Kontextmenü **Freigeben**.

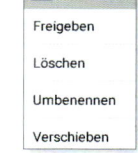

8. Über **Link senden** schicken Sie die *URL* des Ordners per E-Mail.

9. Mit der Option **Ordnereinstellungen** ge-hen Sie noch einen Schritt weiter und erlauben anderen Personen, Dateien aus dem Ordner selbst zu bearbeiten.

10. Wenn Sie die zweite Schaltfläche **7** in der Menüleiste antippen, finden Sie die Fotos, die über den Kamera-Upload hochgeladen worden sind. Dropbox ordnet die Bilder nach dem Aufnahmezeitpunkt. Wischen Sie nach oben, um ältere Bilder zu sehen.

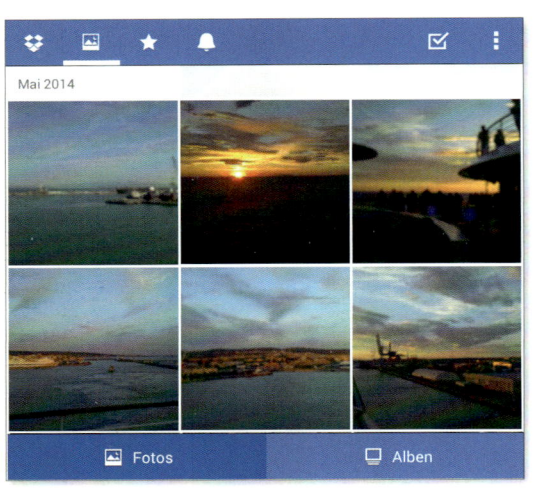

Wenn Sie die Bilder einem Album zuordnen wollen, tippen Sie das erste Bild an, benutzen die Schaltfläche **Zu Album hinzufügen** ❶ und geben einen Namen an.

Tippen Sie anschließend die weiteren Bilder für dieses Album an, benutzen Sie wieder **Zu Album hinzufügen**, und geben Sie das neue Album als Ziel an.

Dropbox kann aber nicht nur als Speicher für Ihre Fotos, sondern für alle möglichen Dateien genutzt werden.

1. Um gezielt beispielsweise bestimmte Dokumente vom Tablet hochzuladen, wählen Sie auf dem **Dropbox**-Register zunächst den passenden Zielordner aus oder legen ihn neu an.

2. Dann benutzen Sie ⫶ ▸ **Hier hochladen** und wählen **Andere Dateien**.

3. Die Ordner des Tablets werden für die Auswahl angeboten. Tippen Sie die gewünschte Datei an, um sie hochzuladen.

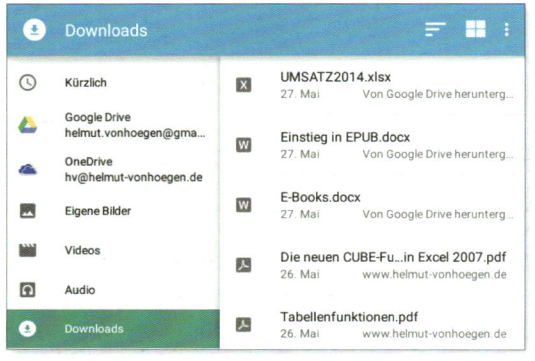

Wenn Sie das Dokument, beispielsweise einen Text oder eine Tabelle, in der **Dropbox**-App antippen, wird es mit einer App geöffnet, die die Daten anzeigen kann.

Eine Alternative zu Dropbox ist *Google Drive*. All Ihre Dateien, Fotos und Videos sowie Ihre Musikstücke lassen sich sehr einfach auf Google Drive sichern und von dort im Bedarfsfall wieder herunterladen. Die Dateien werden automatisch auf allen Geräten synchronisiert, auf denen **Drive** installiert ist.

Die vorinstallierte App wird Ihnen angeboten, wenn Sie auf dem Startbildschirm mit einem Tipp den Ordner **Google** öffnen.

Die meisten Apps, die die **Senden via**-Funktion anbieten, erlauben auch das Hochlanden auf **Drive**. Die rechte Abbildung rechts zeigt ein Beispiel für Screenshots, die aus der **Galerie**-App hochgeladen werden.

Die hochgeladenen Dateien finden Sie unter **Meine Ablage**, geordnet nach der Reihenfolge des Eingangs. Über die Kachelschaltfläche ❷ lässt sich eine Kachelansicht einblenden. Über ⋮ finden Sie noch Optionen zum Sortieren und Filtern.

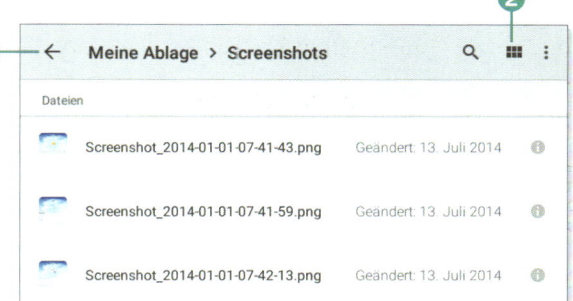

Versand eines Screenshots an Drive

Um zum Hauptmenü der App zu gelangen, tippen Sie auf den Pfeil nach links ❸ und dann auf die drei kurzen Striche jeweils am Anfang der Menüleiste. Wenn Sie ein Google-Konto haben, stehen Ihnen kostenlos 15 GByte Speicher zur Verfügung. Weiterer Speicher kann hinzugekauft werden, wenn Sie im Hauptmenü die Speicheranzeige antippen. 100 GByte kosten beispielsweise 1,99 $ im Monat.

Eine weitere Alternative ist *OneDrive*. Wenn Sie aus der Windows-Welt kommen, werden Sie vielleicht schon mit Microsoft OneDrive gearbeitet haben. Auch für Android steht über den Play Store eine App zur Verfügung, mit der Sie auf Ihre Daten in OneDrive zugreifen können.

Ist die **OneDrive**-App installiert, finden Sie auch in den **Senden via**-Dialogfeldern der meisten Apps eine entsprechende Option. Die Office-Apps von Microsoft unterstützen sowohl das Speichern auf OneDrive als auch auf Dropbox.

Die Oberfläche von OneDrive in der Rasteransicht

Daten verschlüsseln

Wenn Sie auf Ihrem Tablet sensible Daten mit sich herumtragen, gibt es gute Gründe, besondere Maßnahmen zu treffen, dass Unbefugte darauf keinen Zugriff erhalten, falls das Gerät verloren geht oder gestohlen wird. Die Absicherung des Sperrbildschirms, die ich oben beschrieben habe, ist nur eine der möglichen Schutzmaßnahmen, die andere ist die Verschlüsselung der Daten.

Es ist möglich, fast den gesamten Inhalt des Tablets, Kontendaten, Einstellungen, Apps, Dateien und Medien, zu verschlüsseln. Der Zugang zum Tablet wird dann durch eine PIN oder ein Passwort gesichert. Da müssen Sie allerdings dafür sorgen, dass Ihnen diese Zugangscodes nicht aus dem Gedächtnis entschwinden, sonst sind die Daten verloren. Hier die notwendigen Schritte:

1. Gehen Sie über ▦ ▸ **Einstellungen** ▸ **Persönlich** ▸ **Gerätesicherheit** in der Gruppe **Sicherheit** auf den Punkt **Andere Sicherheitseinstellungen**.

2. Tippen Sie die Einstellung unter **Gerät verschlüsseln** ❶ an.

3. Legen Sie über **Sperrbildschirmtyp festlegen** ein Passwort mit mindestens sechs Zeichen, davon wenigstens eine Ziffer, fest.

4. Die Verschlüsselung dauert mindestens eine Stunde und sollte nur bei einem vollen Akku gestartet werden, damit es nicht zu einer Unterbrechung kommt. Deshalb sollte das Ladegerät die ganze Zeit angeschlossen bleiben.

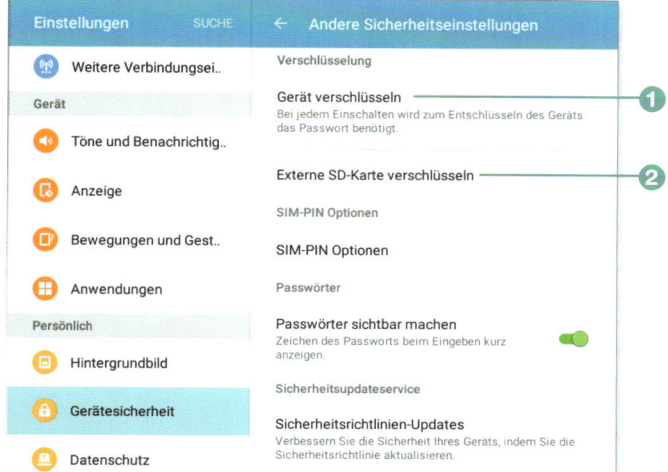

5. Wenn die Verschlüsselung erfolgreich abgeschlossen ist, haben Sie nur noch über das festgelegte Passwort Zugang zu den entschlüsselten Daten.

> **Nur die SD-Karte verschlüsseln**
>
> Unabhängig vom Gerät kann auch nur die SD-Karte verschlüsselt werden ❷. Beachten Sie, dass die Verschlüsselung rückgängig gemacht werden muss, bevor Sie das Gerät auf die Werkseinstellungen zurücksetzen.

Im privaten Modus arbeiten

Das Galaxy Tab A stellt Ihnen einen speziellen Modus zur Verfügung, mit dem Sie entsprechend präparierte Inhalte vor anderen Personen, die das Tablet in die Hand nehmen, verbergen. Dies betrifft Dokumente, Bilder, Videos, Musik, Internetseiten oder Links.

1. Um diesen Modus zu aktivieren, tippen Sie über ▦ ▸ **Einstellungen** ▸ **Persönlich** ▸ **Datenschutz** auf **Privater Modus** und schalten den angebotenen Schalter ein.

2. Beim ersten Mal müssen Sie einen Zugangscode für den privaten Modus festlegen. Auch hier haben Sie die Wahl zwischen einer PIN, einem Passwort oder einem Muster.

3. Nun haben Sie Zugang zu allen Elementen, die sonst verborgen sind. Sie finden all diese Elemente über **Eigene Dateien ▶ Lokaler Speicher ▶ Privat**.

4. Um die in dem privaten Ordner gespeicherten Elemente wieder zu verbergen, deaktivieren Sie den privaten Modus wieder.

Wie werden nun Elemente so verborgen, dass sie nur über den privaten Modus zugänglich sind? Das ist nicht besonders kompliziert:

1. Starten Sie beispielsweise die App **Galerie**, um bestimmte Fotos zu verstecken.

2. Wählen Sie ein oder mehrere Bilder aus, und benutzen Sie **MEHR ▶ Nach Privat verschieben**. Die ausgewählten Elemente werden in den privaten Ordner verschoben.

Ist der private Modus gerade nicht eingeschaltet, müssen Sie zuerst den vorher schon vergebenen Zugriffscode eingeben. Sollen Elemente aus dem privaten Ordner wieder allgemein zugänglich werden, wählen Sie die Elemente dort aus und benutzen **MEHR ▶ Aus Privat entfernen**.

Mein Galaxy Tab suchen

Wenn Sie bei den im letzten Abschnitt beschriebenen Einstellungen zur **Ge-rätesicherheit** unter **Find my Mobile** die Option **Fernzugriff** einschalten, ist es möglich, über die Website *findmymobile.samsung.com* eine Suchaktion zu starten. Voraussetzung ist, dass Sie bei Samsung mit einem Konto angemeldet sind. Sie können dann die Option **Drahtlosnetze verwenden** aktivieren, sodass das Tablet über WLAN-Netze und mobile Netzwerke lokalisiert werden kann.

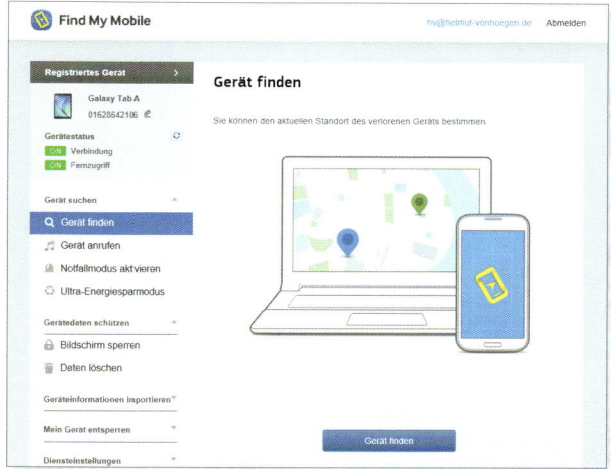

Über diese Seite können Sie das Tablet finden, sperren oder anrufen.

Eine Alternative zu diesem Verfahren finden Sie unter **Gerätesicherheit ▶ Andere Sicherheitseinstellungen ▶ Geräteverwaltung**. Wenn Sie die Einstellung zu **Geräteadministratoren** antippen, können Sie für **Android Geräte-Manager** die Optionen **Bildschirm sperren** und **Alle Daten löschen** aktivieren.

Das Gerät ist dann über folgenden Link zu lokalisieren: *https://www.google.com/android/devicemanager*.

Kapitel 14

Das Tablet warten und Fehler beheben

Wenn Sie lange etwas von Ihrem Tablet haben wollen, sollten Sie es pfleglich behandeln. Zu große Hitze oder Kälte ist keine günstige Umgebung für ein solches Gerät. Gegen Stöße und Stürze mag eine der zahlreichen Schutzhüllen helfen, die dafür angeboten werden. Bei dem 9.7-Zoll-Gerät lohnt sich vielleicht eine Hülle mit integriertem Standfuß.

Staub oder Sandkörner von einem Strandbesuch können durchaus einen Weg ins Innere des Geräts finden und Schaden anrichten. Vor Flüssigkeiten habe ich schon im ersten Kapitel gewarnt.

Eine Hülle von IVSO für das Samsung Galaxy Tab A 9.7 (Quelle: Amazon)

Die Akkulaufzeit verlängern

Die größte Schwäche aller Smartphones und Tablets ist leider immer noch die Akkulaufzeit. Ein Gerät mit einer Akkulaufzeit von mehreren Tagen ist außer bei Lesegeräten wie dem Kindle, die mit einem anderen Bildschirmtyp arbeiten, noch nicht in Sicht. Alle Tipps, wie Sie Strom sparen können, führen deshalb allenfalls zu einer Linderung des Problems, der Durchbruch hängt eher von technischen Innovationen für die Akkuherstellung ab.

Auch wenn das Tab A 9.7 mit 6.000 mAh eine größere Akkuleistung hat als das Tab A 8.0 mit 4.200 mAh, sind das auch nur ein paar Stunden Zugewinn. Spielen Sie, wozu gerade das größere Tablet einlädt, HD-Filme darauf ab, wird kräftig abgesaugt.

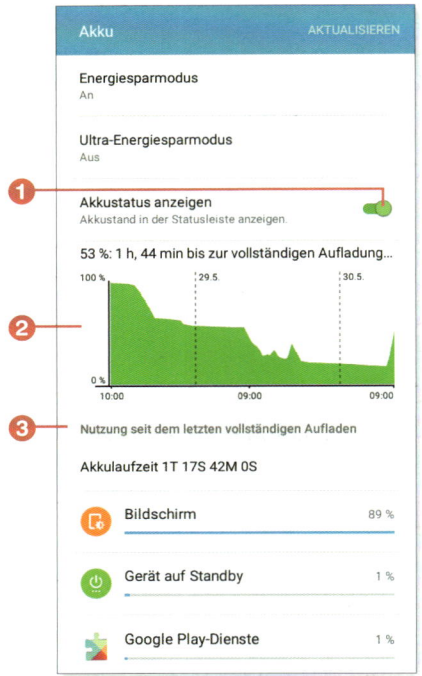

Während des Betriebs wird der Ladestatus in der Kopfzeile des Startbildschirms als Prozentwert angezeigt, solange Sie an dieser Einstellung ❶ nichts ändern. Sinkt der Wert auf 15 %, fordert das Tablet Sie auf, den Akku zu laden.

Über ▦ ▸ **Einstellungen** ▸ **System** ▸ **Akku** finden Sie außerdem ein Histogramm zum Verlauf des Energieverbrauchs ❷, darunter noch eine Aufstellung ❸, welche Komponenten wie viel Prozent der Energie verwenden.

Spitzenreiter in der Abbildung ist ganz klar der Bildschirm; je heller die Einstellung, umso mehr wird verbraucht. Sie finden hier auch Dienste aufgelistet, die im Hintergrund arbeiten und beispielsweise nach Updates für Apps suchen oder für die Synchronisierung zwischen dem Tablet und einem Cloud-Server sorgen.

INFO

Was bedeutet mAh?

Die Kapazität des Akkus wird in Milliamperestunden angegeben. Ein Wert von 6.000 mAh bedeutet, dass ein Gerät bei der als ideal angesetzten Raumtemperatur eine Stunde lang eine Leistung von 6.000 mA abgeben kann oder 10 Stunden eine Leistung von 600 mA.

Wenn Sie mit der Akkuleistung sparsam umgehen wollen, gibt es immerhin ein paar Maßnahmen, mit denen Sie sich vielleicht anfreunden können, auch wenn sie, wie gesagt, keine allzu großen Effekte mit sich bringen.

Umgang mit besonders stromhungrigen Apps

Wie viel vom Akku eine App verbraucht, hängt von vielerlei Umständen ab. Bestimmte Funktionen einer App wie der Zugriff auf das Web oder die Nutzung bestimmter Sensoren beeinflussen die Menge an Energie. Wenn eine App auch ohne einen Ortungsdienst sinnvoll arbeiten kann, bringt es einige Ersparnis, wenn der Ortungsdienst deaktiviert bleibt.

Wenn es nicht notwendig ist, jedes neue Foto sofort auf einen Cloud-Server zu kopieren, können Sie den Umfang der Synchronisierungen entsprechend einschränken, siehe dazu beispielsweise den Abschnitt »Synchronisieren über das Google-Konto« ab Seite 288.

Viel hängt aber auch davon ab, wie eine bestimmte Aufgabe, die in einer App ansteht, programmiert worden ist. Häufig werden ständig Verbindungen zum Internet hergestellt, obwohl es gar nicht notwendig ist. Besonders schlimme Akkusauger werden in der Fachpresse oder in Nutzerforen aber meistens irgendwann an den Pranger gestellt. Dann können Sie entscheiden, ob Sie eine solch »gefräßige« App weiterhin auf Ihrem Tablet beherbergen möchten. Sie sehen, auf die Energiebalance Ihres Tablets können Sie also durchaus Einfluss nehmen.

Bestimmte Operationen, etwa die Synchronisierung des Tablets mit einem Desktop-Gerät oder umfangreiche Updates von Apps oder des Systems, sollten zudem möglichst in einem Zustand vorgenommen werden, in dem der Akku noch genügend Saft hat, damit es nicht zu unvorhergesehenen Unterbrechungen kommt, die möglicherweise Fehler zur Folge haben.

Die Display-Helligkeit regeln

Ein großer Teil der Energie wird zwangsläufig durch den Bildschirm verbraten, je heller er leuchtet, umso mehr. Es ist aber wenig sinnvoll, sich durch eine zu dunkle Bildschirmeinstellung die Augen kaputt zu machen.

Ich habe schon im ersten Kapitel auf Seite 45 beschrieben, wie Sie im Be-nachrichtigungsfeld unter der Statusleiste den Schieberegler nutzen kön-nen, um bei Bedarf die Helligkeit schnell anzupassen.

Wer gerade Musik hört, kann bei-spielsweise die Helligkeit herun-tersetzen, die er beim Lesen eines Buches vielleicht unbedingt braucht.

Helligkeitsregulierung über das Benachrichtigungsfeld

Unbenutzte Verbindungen deaktivieren

Eine Menge Strom benötigen die Netzverbindungen. LTE- oder UMTS-Verbindungen sind energiehungriger als WLAN-Verbindungen. Wo Sie also auf WLAN zurückgreifen können, sollten Sie die anderen Verbindungen vorübergehend deaktivieren. Wenn Sie gerade gar nicht ins Internet wollen, können Sie auch das WLAN abschalten. Wenn Sie also beispielsweise auf einer langen Zugreise auf dem Tablet ein Buch lesen wollen, können Sie den Offline- oder Flugzeugmodus ❶ nutzen, um zu verhindern, dass das Tablet ständig neu die wechselnden UMTS-Zellen oder Hotspots kontaktiert. Auch Bluetooth-Verbindungen sollten nur dann eingeschaltet sein, wenn sie wirk-lich gebraucht werden.

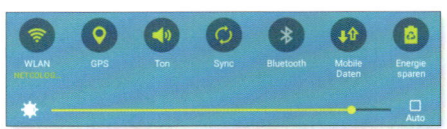

Über die Schnellzugriffsleiste, die beim Runterziehen der Statuslei-ste zur Verfügung steht, lässt sich das Ab- und Einschalten einiger-maßen bequem handhaben. Statt-dessen können Sie auch den Ein-Aus-Schalter gedrückt halten und **Offline-Modus** antippen.

Der Offline-Modus trennt die WLAN- und auch die Bluetooth-Verbindung.

Harmloser ist die Nutzung von GPS, aber wo es nicht gebraucht wird, muss es auch nicht eingeschaltet sein.

Den Energiesparmodus einrichten

Da die Kapazität des Akkus begrenzt ist, sollte das Tablet möglichst wenig Strom ziehen, wenn Sie gerade nichts damit tun. Über ▦ ▸ **Einstellungen** ▸ **System** ▸ **Akku** können Sie den **Energiesparmodus** aktivieren. Hiermit lassen sich die Leistung der CPU und die Bildwiederholfrequenz sowie die Helligkeit des Bildschirms begrenzen.

Soll der Sparmodus automatisch eingeschaltet werden, wenn der Akkustand einen bestimmten Wert unterschreitet, benutzen Sie hier **Energiesparmodus starten** und geben einen passenden Grenzwert an.

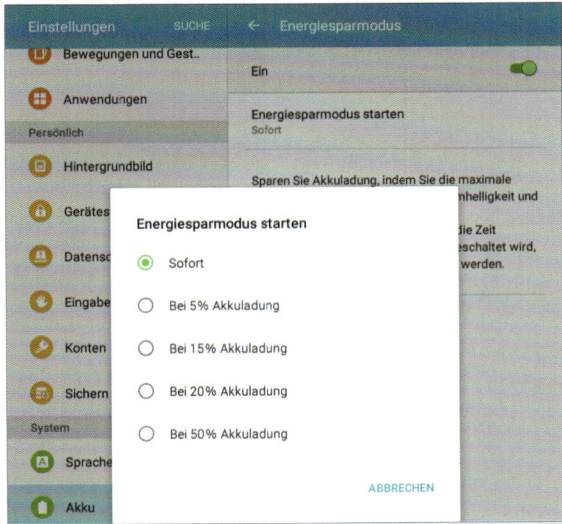

Ob Sie aber mit diesen Sparmaßnahmen glücklich werden, sollten Sie zunächst ausprobieren; es hängt natürlich sehr davon ab, wozu Sie das Tablet hauptsächlich benutzen. Und davon, wie es Ihre Augen am liebsten haben.

Auf das Abschalten des Bildschirms bei Inaktivität bin ich im ersten Kapitel schon kurz eingegangen. Das Intervall für den Bildschirm können Sie über ▦ ▸ **Einstellungen** ▸ **Gerät** ▸ **Anzeige** ▸ **Bildschirm-Timeout** bei Bedarf ändern.

Machen Sie gerade eine Pause, brauchen Sie aber nicht darauf zu warten, dass das Timeout abläuft, es reicht ein Klick auf den Ein-Aus-Schalter.

Zusätzlich zum Energiesparmodus bietet das Tab A noch einen neuen Ultra-Energiesparmodus an, um die Akkunutzung zu verlängern. In diesem Modus werden die verfügbaren Apps auf die wichtigsten und zusätzlich noch ausgewählte Anwendungen beschränkt. Die mobile Datenverbindung wird deaktiviert, wenn der Bildschirm ausgeschaltet ist, WLAN und Bluetooth-Verbindungen werden ebenfalls deaktiviert.

Über ▦ ▸ **Einstellungen** ▸ **System** ▸ **Akku** schalten Sie diesen besonderen Modus mit dem Schalter zu **Ultra-Energiesparmodus** ein.

Soll eine zusätzliche Anwendung für diesen Modus erlaubt werden, tippen Sie auf dem Startbildschirm eines der angebotenen Pluszeichen ❶ an und wählen die App aus. Soll dagegen eine App herausgenommen werden, benutzen Sie **MEHR** ❷ ▸ **Entfernen**, tippen auf das Minuszeichen zu dieser App und bestätigen mit **FERTIG**.

Um den Modus wieder abzuschalten, nehmen Sie **MEHR** ▸ **Ultra-Energiesparmodus deaktiv**.

Unabhängig von diesen beiden Energiesparmodi kann noch ein Ruhemodus ein- oder ausgeschaltet werden. Unter ▦ ▸ **Einstellungen** ▸ **Gerät** ▸ **Töne und Benachrichtigungen** können Sie unter **Benachrichtigungen** die Option **Nicht stören** einschalten ❸. Diese Einstellung wird auch angeboten, wenn Sie die Statusleiste nach unten ziehen. Wenn Sie **Nicht stören** einschalten, werden akustische Signale für eingehende Mails oder Nachrichten, Anrufe und Alarme stummgeschaltet, wobei

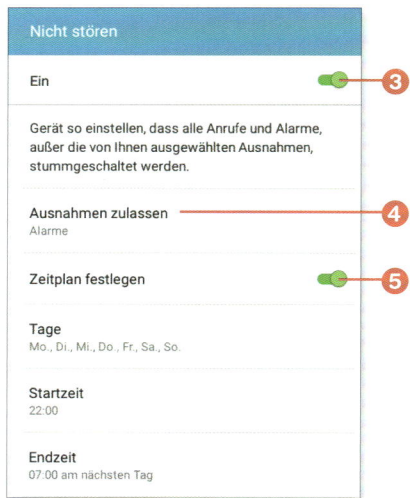

Optionen für den Ruhemodus

Sie unter **Ausnahmen zulassen** ❹ angeben, was Sie trotzdem stören darf. Wenn Sie **Zeitplan festlegen** ❺ einschalten, können Sie diese Ruhezeit beispielsweise auf die Nachtstunden eingrenzen.

Probleme mit dem Akku

Wenn sich der Akku ungewöhnlich schnell entlädt, kann es daran liegen, dass Sie das Tablet zu hohen oder zu niedrigen Temperaturen ausgesetzt haben. Ab einer bestimmten Nutzungsdauer nimmt die Ladefähigkeit des Akkus aber auch zwangsläufig ab.

Wenn der Akku einmal komplett entladen wurde, müssen Sie das Datum und die Uhrzeit des Geräts neu einstellen. Dies geschieht über ▦ ▸ **Einstellungen** ▸ **System** ▸ **Datum und Uhrzeit**.

Hier können Sie das Gerät auch auf eine andere Zeitzone und ein anderes Datumsformat einstellen, falls Sie es benötigen.

Wenn sich der Akku einmal gar nicht mehr aufladen lässt, sollten Sie zuerst prüfen, ob vielleicht das Ladekabel defekt ist. Lässt sich das ausschließen, ist vermutlich eine Inspektion des Akkus beim Samsung-Support fällig.

An dieser Stelle sei noch kurz ein neues Multifunktionswerkzeug vorgestellt, das Samsung mit dem Galaxy Tab A ausliefert: **Smart Manager**. Sie finden das Tool auf der ersten Seite der Anwendungsübersicht.

Wenn Sie die App starten, finden Sie vier Kacheln mit Infos über den Akku-Zustand, die Belegung des Hauptspeichers unter RAM, die Belegung des internen Speichers und eine Einschätzung zur Gerätesicherheit.

Wenn Sie die Schaltfläche **ALLE BE-REINIGEN** antippen, geschieht Folgendes:

- Die Funktion sucht automatisch nach Anwendungen, die zu viel Akkuleistung verbrauchen.
- Sie spürt überflüssige Dateien auf und löscht sie.
- Sie schließt Anwendungen, die im Hintergrund laufen.
- Sie prüft das Gerät auf Malware und Phishing-Angriffe.

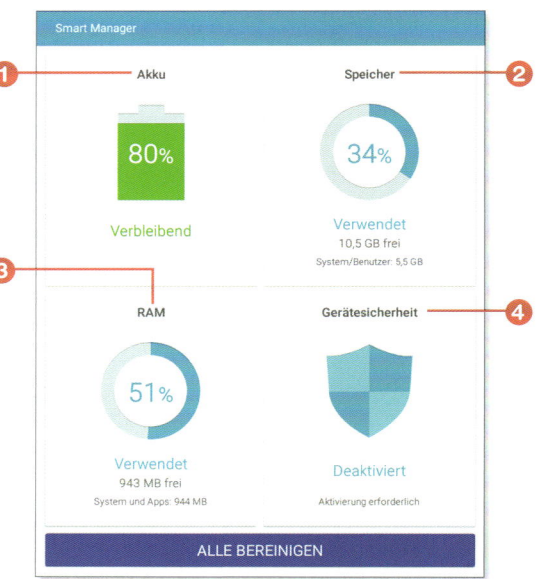

Die vier Kacheln sind zugleich Schaltflächen. Wenn Sie **Akku** ❶ antippen, sehen Sie die verbleibende Zeit ohne und mit Energiesparmodus und für den Ultra-Energiesparmodus. Die Schaltfläche **Akkuverbrauch** listet den Verbrauch der laufenden Apps und Dienste auf. Sollte eine App ungebührlich viel Energie konsumieren, würden Sie hier einen entsprechenden Hinweis erhalten.

Über die Schaltfläche **Speicher** ❷ finden Sie wiederum Schaltflächen, um gezielt unnötige Daten oder selten genutzte Apps zu löschen. Die Schaltfläche **Detail** liefert eine Übersicht, wie der interne Speicher und eine eventuelle SD-Karte momentan verwendet werden.

Ein Tipp auf **RAM** ❸ liefert Hinweise, welche Apps wie viel von der Leistung des Hauptspeichers belegen, und blendet gleich Schaltflächen zum Beenden einzelner oder aller Apps ein.

Über die Kachel **Gerätesicherheit** ❹ können Sie noch den von Samsung angebotenen **KNOX-Aktivschutz** einschalten, eine zusätzliche Barriere gegen den unfreiwilligen Import von Schadsoftware auf dem Tablet. Mit **GERÄT DURCHSUCHEN** starten Sie einen Scan des Tablets.

Die Systemsoftware aktualisieren

Betriebssysteme werden niemals fertig. Ist ein System auf dem Markt, entdecken die Nutzer nach einiger Zeit häufig Dinge, die ihnen nicht so gefallen, oder gar regelrechte Fehler – *Bugs* –, die unbedingt behoben werden müssen. Oder sie melden sich zu Wort, weil sie Dinge vermissen, die sie vielleicht bei anderen Systemen der Konkurrenz gesehen haben.

Ein weniger erfreulicher Grund für notwendige Änderungen sind die niemals enden wollenden Versuche von weniger Gutwilligen, mit Schadsoftware in das System einzudringen und die Kontrolle für ihre kriminellen Zwecke zu übernehmen.

Aus all diesen Gründen ist es sinnvoll, das System möglichst zeitnah zu aktualisieren, wenn entsprechende Updates angeboten werden. Das geschieht normalerweise automatisch durch entsprechende Benachrichtigungen auf dem Tablet. Voraussetzung ist, dass eine Online-Verbindung besteht und Sie die **Automatische Aktualisierung** ❺ eingestellt haben. Dies geschieht über ▦ ▶ **Einstellungen** ▶ **System** ▶ **Geräteinformationen** ▶ **Software-Update**.

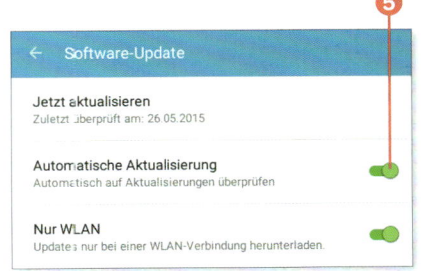

Die Einstellungen zur Aktualisierung der Systemsoftware

Ist die automatische Aktualisierung nicht eingestellt, können Sie auf derselben Seite über **Jetzt aktualisieren** feststellen, ob neue Updates vorhanden sind. Wie das System selbst sind natürlich auch alle Updates kostenlos.

Bei großen Updates ist es, wo möglich, ratsam, sie über eine WLAN-Verbindung vorzunehmen. Beachten Sie auch, dass für solche Updates der Akku wenigstens zu mehr als 15 % aufgeladen ist. Sicherer ist hier, den Akku vorher ganz aufzuladen oder das Ladekabel gleich angeschlossen zu lassen.

Bei umfangreichen Updates wird der Fortgang am Bildschirm in der Regel sichtbar. Neben den reinen System-Updates sind häufig auch noch Anpassungen bei installierten Apps vorzunehmen. Haben Sie also etwas Geduld, wenn dies nötig ist.

Nicht immer sind System-Updates zur gleichen Zeit für alle verschiedenen Android-Tablets verfügbar, weil die Verteilung über die einzelnen Hersteller läuft. Das liegt daran, dass die Hersteller häufig eigene vorinstallierte Apps an das neue Update anpassen müssen.

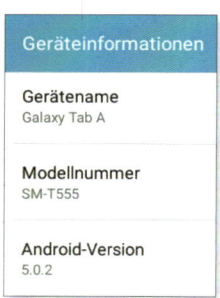

Wenn Sie sich gerne auf der sicheren Seite bewegen und Risiken aus dem Weg gehen wollen, was ja eigentlich vernünftig ist, ist es ratsam, wenigstens vor einem größeren Update eine Sicherung Ihrer kritischen Daten durchzuführen. Die Möglichkeiten dazu sind in den Abschnitten »Sichern und Zurücksetzen« ab Seite 289 und »Mit Smart Switch verbinden« ab Seite 291 beschrieben.

Wenn Sie wissen wollen, welche Android-Version und welche Modellnummer Ihr Tablet hat, finden Sie diese Infos immer über

Infos zum System   ▦ ▶ **Einstellungen** ▶ **System** ▶ **Geräteinformationen**.

Was tun, wenn Apps abstürzen?

Es kann vorkommen, dass sich eine App gegen Ihren Willen verabschiedet und einfach zu keiner Interaktion mehr bereit ist. Dann tippen Sie vielleicht nervös auf den Schaltflächen der App herum, aber es tut sich einfach nichts mehr.

Um sich hier herauszumanövrieren, haben Sie prinzipiell zwei Möglichkeiten: Der erste Versuch besteht darin, über die Taste **Aktuelle Anwendungen** – links von der Home-Taste – den Bereich der Anwendungen zu öffnen und die einzelne App mit einem Tipp auf das entsprechende Andreaskreuz in der Titelleiste zu beenden.

Alternativ können Sie auch einen Anwendungsstopp erzwingen. Drücken Sie zunächst die Home-Taste, um die App zu verlassen. Unter ▦ ▸ Einstellungen ▸ Gerät ▸ Anwendungen ▸ Anwendungsmanager tippen Sie auf die betreffende App und dann auf Stopp erzwingen ❶.

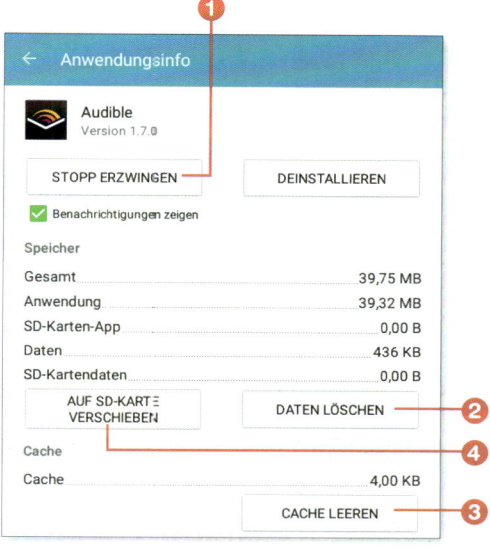

Eine weitere Maßnahme bei einer App, die nicht korrekt arbeitet, wäre dann noch eine Neueinrichtung. Dazu stoppen Sie die App, wie gerade beschrieben, und löschen anschließend noch die temporären Daten, die die App bisher im Speicher abgelegt hat. Tippen Sie dazu Daten löschen ❷ und, falls vorhanden, Cache leeren ❸ an. Öffnen Sie anschließend die App erneut, und richten Sie sie, soweit nötig, neu ein.

Wenn das aber auch nicht hilft, können Sie es noch mit einer Neuinstallation der App versuchen. Deinstallieren Sie die App komplett, wie im Abschnitt »Apps deinstallieren« ab Seite 253 beschrieben, und laden Sie sie ganz frisch aus dem entsprechenden App-Store herunter.

Mit der Schaltfläche Auf SD-Karte verschieben ❹ können Sie übrigens die meisten Apps aus dem internen Speicher in den externen Speicher verschieben. Das sollten Sie tun, wenn zu wenig interner Speicher übrig ist. Die Liste der verschiebbaren Apps finden Sie im Anwendungsmanager auf dem Register SD-Karte.

Bei den verschobenen Apps wird anschließend an der gleichen Stelle In Gerätespeicher verschieben angeboten, um den Vorgang wieder rückgängig zu machen.

Das Tablet neu starten

Manchmal stürzt nicht nur eine einzelne App ab, sondern das ganze System bleibt hängen, selbst die **Home**-Taste funktioniert nicht mehr. In so einem Fall hilft nur noch, das ganze System neu zu starten.

Diesen Neustart können Sie erzwingen, wenn Sie den Ein-Aus-Schalter gedrückt halten, bis das Menü **Geräteoptionen** erscheint. Tippen Sie dann **Neustart** an, und bestätigen Sie dies noch einmal.

Das Tablet auf die Werkseinstellungen zurücksetzen

Wenn auch ein Neustart Ihre Probleme mit dem Tablet nicht beheben kann, sollten Sie noch einmal prüfen, ob das System alle angebotenen Updates, auch die für die installierten Apps, ausgeführt hat.

Hilft all dies nicht, bleibt als letzte Möglichkeit, das System auf die Werkseinstellungen zurückzusetzen.

1. Zunächst sollten Sie alle relevanten Daten, die auf dem Tablet liegen, in irgendeiner Weise sichern; die verschiedenen Methoden dazu sind in Kapitel 13, »Das Tablet und die Daten schützen«, beschrieben. Die Rücksetzung bringt das Gerät ja wieder in den Zustand, in dem es beim Auspacken war, alle Daten, Konten und späteren Einstellungen werden also gelöscht.

2. Achten Sie vor allem darauf, eine verschlüsselte SD-Karte vorher zu entschlüsseln, denn auch der Schlüssel für die Entschlüsselung wird gelöscht, der Zugang zu den Daten wäre also verbaut.

3. Starten Sie den Vorgang über ▦ ▶ **Einstellungen** ▶ **Persönlich** ▶ **Sichern und zurücksetzen** ▶ **Auf Werkseinstellungen zurücksetzen**.

4. Sie erhalten die hier angezeigten Hinweise. Mit **Gerät zurücksetzen** ▶ **Alles Löschen** starten Sie den Vorgang.

5. Falls das Gerät mit einem Passwort gesichert ist, müssen Sie es an dieser Stelle noch einmal eingeben.

Ist die Zurücksetzung abgeschlossen, müssen Sie wieder Ihre Konten einrichten und die gesicherten Daten auf das Gerät zurückkopieren.

INFO

Nothelfer gesucht

Bevor Sie zu einem so gravierenden Schritt übergehen, sollten Sie vielleicht noch einmal versuchen, ob Sie im Internet — etwa in Android-Foren — irgendwelche Hinweise zu dem bei Ihnen aufgetauchten Problem finden. Oder versuchen Sie es mit dem Support von Samsung.

Verbindungsprobleme

Wenn Sie mit einer WLAN-Verbindung arbeiten, wird Ihnen in der Statuszeile fortlaufend angezeigt, wie gut die Verbindung aktuell ist. Da es sich um eine Funkverbindung mit einer begrenzten Reichweite handelt, kann es leicht vorkommen, dass Sie sich zu weit von dem jeweiligen Hotspot entfernen oder dass zu viele Hindernisse dazwischen liegen. Hier hilft dann vielleicht, sich näher zum Hotspot zu bewegen.

Bei Verbindungen über LTE, UMTS etc. kann es auch zu Fehlerhinweisen seitens der Dienstanbieter kommen, wenn die Verbindung aus irgendeinem Grunde gestört oder zu schwach ist. Der Ausbau der entsprechenden Netze ist ja nicht überall optimal, häufig sogar alles andere als das. Andere Länder sind hier weiter.

Glossar

Account

Account ist die englische Bezeichnung für ein Benutzerkonto, wie es für den Zugang zu Shops, Portalen, Social Media oder E-Mail-Diensten benötigt wird.

Adapter

Geräteteil, das in der Lage ist, eine Verbindung zwischen zwei Geräten herzustellen, die nicht direkt möglich ist.

Android

Linux-basiertes Betriebssystem, insbesondere für mobile Geräte, das von Google produziert wird.

Anwendungsübersicht (Apps Screen)

Der Apps Screen – auch App Drawer genannt – ist der Bildschirm, auf dem alle Apps zusammengestellt sind, die auf dem Tablet aktuell installiert sind. Der Drawer wird mit der Schaltfläche **Menü** im unteren Bereich des Startbildschirms geöffnet.

App

Kurzform für Application, also für Anwendungen.

Attachment

Anhang an eine E-Mail, beispielsweise ein Dokument, ein Bild oder Video oder auch eine Zip-Datei, in der mehrere Dateien zusammengepackt sind.

Backup

Verfahren zum Sichern und Archivieren von Daten, üblicherweise auf ein anderes Gerät oder einen externen Datenspeicherdienst.

Benachrichtigungen

Hinweise, die innerhalb der Statuszeile bzw. auf dem geöffneten Benachrichtigungsfeld erscheinen.

Bluetooth

Kurze Funkverbindung zwischen Geräten, die für die drahtlose Verbindung des Tablets mit Tastaturen, anderen Bildschirmen, Mikrofonen, Lautsprechern oder Druckern verwendet werden kann.

Browser

Programm zum Zugriff auf Webseiten und Webanwendungen. Das Tab A enthält einen vorinstallierten Internetbrowser von Samsung und Google Chrome.

Cache

Schneller Zwischenspeicher, in dem Daten abgelegt werden, die wiederverwendet werden sollen. Dadurch werden erneute Zugriffe auf langsamere Speichermedien vermieden.

Chrome

Internetbrowser von Google.

Client

Kennzeichnung für Programme, die den Zugriff auf Serverdienste erlauben. So fungiert beispielsweise ein Webbrowser als Client, um Daten mit Webservern auszutauschen.

Cloud

Englisch für »Wolke«, Bezeichnung für ein Netzwerk aus Servern im Internet, das online Speicher- und Server-Dienste zur Verfügung stellt. Es erlaubt Ihnen, Daten online zu speichern und abzurufen und Programme zu nutzen, die nicht auf Ihrem Gerät installiert sind.

Codec

Software, die zum Komprimieren und Dekomprimieren von Audio- und Videomaterial verwendet wird (Codier/Decodier).

Cookie

Englisch für »Keks«. Browser verwenden Cookies, um auf dem Gerät eine kurze Information abzulegen, aus der erkennbar ist, dass eine Website schon einmal besucht worden ist.

Dropbox

Häufig verwendeter Online-Speicherdienst, der auf dem Tab A vorinstalliert ist. Dadurch wird es möglich, Daten mit anderen Benutzern von Dropbox auszutauschen oder auf die eigenen Daten von verschiedenen Geräten aus zuzugreifen, die ebenfalls über entsprechende Dropbox-Apps verfügen.

E-Book

Elektronisches Buch, das für das Lesen mit speziellen Lesegeräten oder mit Lese-Apps präpariert ist. Dabei werden verschiedene Dateiformate verwendet, sodass nicht jedes E-Book auf jedem Reader genutzt werden kann.

Firmware

Software, die auf einem Gerät fest (englisch: »firm«) eingebettet ist und die Verbindung zwischen der Hardware und dem Betriebssystem herstellt.

Flugzeugmodus

Versetzt das Tablet in einen Zustand, in dem keine Online-Verbindungen mehr verwendet werden. Dem entspricht auf dem Tablet die Schaltfläche Offline-Modus.

FTP-Server

Server im Internet, die Speicher für den Austausch von Dateien anbieten. Der Zugriff erfolgt dabei über das »File Transfer Protocol«, ein spezielles Protokoll für das Herunter- oder Hochladen von Dateien.

Google Play Store

Portal für Android-Apps.

GPS

Steht für »Global Positioning System«. GPS erlaubt es Apps auf dem Tablet, Positionsdaten mithilfe der GPS-Satelliten zu verwerten und auf dieser Basis lokale Informationen bereitzustellen.

GSM

Mobilfunkstandard der zweiten Generation, die Abkürzung steht für »Global System for Mobile«. GPRS und EDGE sind neuere Ausbaustufen von GSM.

HD

Die Abkürzung steht für »High Definition« und bedeutet typischerweise eine Auflösung von 1.280 × 720 oder 1.980 × 1.080 Pixeln bei einem Video.

Helligkeitssensor

Sensor des Tablets, mit dem das Umgebungslicht gemessen wird, beispielsweise um die Bildschirmhelligkeit automatisch anzupassen.

IMAP

Abkürzung für »Internet Message Access Protocol«, Protokoll für den Austausch von E-Mails. Anders als bei dem POP-Protokoll werden Ordner für ein Postfach direkt auf den entsprechenden Mail-Servern angelegt, E-Mails werden nur als Kopien auf das Tablet heruntergeladen.

Launcher

Komponente, die regelt, wie Apps und Widgets über den Startbildschirm gestartet werden.

Lollipop

Kosename für die Android-Versionen ab 5.0.

LTE

Der relativ neue Mobilfunkstandard LTE, die Abkürzung steht für »Long Term Evolution«, erlaubt mit bis zu 150 Megabit pro Sekunde deutlich höhere Downloadraten als UMTS.

Megapixel

Eine Million Pixel, Maß für die Auflösung von Bildern, wobei Pixel der einzelne Bildpunkt ist, mit dem der Sensor der digitalen Kamera arbeitet.

Micro-SD

Steht für »Micro Secure Digital«, ein Standardformat für Speicherkarten, insbesondere für mobile Geräte.

Multi-Touch-Screen

Berührungsbildschirm, der in der Lage ist, auch Gesten mit mehreren Fingern zu verarbeiten und nicht nur das Antippen einzelner Stellen.

POP

Akronym für »Post Office Protokoll«. Eines der Protokolle, die für die Übertragung von E-Mails verwendet werden. Bei diesem Verfahren werden die E-Mails auf dem Tablet gespeichert, der Webserver, der sie liefert, bewahrt sie normalerweise nur vorübergehend auf. (Siehe dazu auch *IMAP*.)

Reader

App, mit der das Tab A auch als Lesegerät für E-Books und E-Magazine genutzt werden kann. Ein Vorteil ist insbesondere die Veränderbarkeit der Schriftgrößen. Der Google-Play-Bücher-Reader ist vorinstalliert.

Smart Switch

Eine von Samsung für Windows und Mac OS produzierte Anwendung, mit deren Hilfe es möglich ist, Daten, Bilder oder Audio- und Videodateien zwischen dem Tablet und den Desktop-Computern auszutauschen.

Spam

Als Spam oder Junk (englisch für »Abfall« oder »Plunder«) werden unverlangt zugesandte E-Mails bezeichnet.

Sperrbildschirm

Der Sperrbildschirm (»lock screen«) ist normalerweise der erste Bildschirm, der nach dem Booten des Systems angezeigt wird. Der Bildschirm kann einige Infos anzeigen, die damit schon verfügbar sind, bevor das Gerät entsperrt wird. Die Art, wie die Sperre überwunden wird, kann auf dem Tablet über die Einstellungen zu **Sperrbildschirm** eingestellt werden.

Startbildschirm (Home Screen)

Bildschirmseiten für den schnellen Start von Apps und Widgets.

Streaming

Kontinuierliche Datenübertragung aus dem Netz zur Wiedergabe von Audio und Video.

Synchronisieren

Abgleich eines Satzes von Dateien zwischen verschiedenen Geräten. Wird das Tablet beispielsweise mit einem PC synchronisiert, können Sie im Notfall auf dem Tablet verlorene Daten aus diesem Satz vom PC aus wiederherstellen. Außerdem erlaubt Ihnen die Synchronisierung, auf Medien wie Fotos, Audiodateien oder Videodateien von mehreren Geräten aus zuzugreifen.

Treiber

Software, die die Verwendung von Geräten, beispielsweise USB-Sticks oder Drucker, durch das Betriebssystem ermöglicht.

UMTS

Mobilfunkstandard der dritten Generation (3G), mit dem Download-Raten von bis zu 42 Megabits (mit HSPA+) erreicht werden.

URL

Die Abkürzung steht für »Uniform Resource Locator«. Gemeint ist damit eine Adresse, mit der im Web eine bestimmte Ressource, wie eine Webseite, ein Bild oder ein Video, aufgerufen werden kann.

USB

Die Abkürzung steht für »Universal Serial Bus«. USB ist ein serielles Bussystem für die Datenübertragung zwischen PCs oder Tablets und externen Geräten, beispielsweise Speichersticks für die Sicherung von Daten. Es gibt mehrere

Versionen, aktuell wird meist noch USB 2.0 verwendet. USB 3.0 erlaubt bereits wesentlich höhere Übertragungsgeschwindigkeiten.

vCard

Standard des Internet Mail Consortium für das Format von Kontaktdaten.

vCalender

Standard des Internet Mail Consortium für das Format von Kalenderdaten.

Widget

Kompakte kleine Komponente, die einen schnellen Zugang zu bestimmten Informationen auf dem Bildschirm anbietet, etwa Wetterdaten, Zeit- und Datumsangaben, Finanzinfos, News etc.

WCDMA

Funkstandard, der für *UMTS*-Funknetzwerke verwendet wird. Die Abkürzung steht für »Wideband Code Division Multiple Access«. HSDPA (»High Speed Downlink Packet Access«) und HSDPA+ sind Datenübertragungsverfahren, die UTMS benutzen.

Wi-Fi

Funkstandard, wie er in WLAN-Funknetzwerken verwendet wird.

WLAN

Die Abkürzung steht für »Wireless Local Area Network«, also ein lokales Funknetzwerk. Mehrere Standards mit unterschiedlichen Leistungen sind dafür definiert, deren Namen alle mit 802.11 anfangen. Die Reichweite hängt von der Sendeleistung des Geräts ab und kann durch spezielle Antennen gesteigert werden.

Stichwortverzeichnis

A

Account 127, 317
Adapter 317
Adapt Sound 41
Akku 15, 304
  aufladen 18
  Ladestatus 21
Aktuelle Anwendungen 27, 312
  einblenden 16
Amazon-App-Shop 252
Android 13, 317
AndroidPIT (Store) 253
Anhang 317
Anruf
  abweisen 111
  annehmen 111
  halten 111
  Klingelton 113
  Konferenz 112
  Rufnummer sperren 113
  Rufumleitung 113
  tätigen 108
  verpasst 111
Anrufeinstellungen 111, 112
Antiviren-App 288
Anwendungsbildschirm 23, 38, 317
Anwendungsmanager 254, 313
App 34, 317
  aktualisieren 247
  auf SD-Karte verschieben 313
  beenden 26, 27
  Daten löschen 313
  deinstallieren 253
  Gesundheitsinfos 104

  In-App-Käufe 251
  installieren 245
  kaufen 244, 250
  Kontakte 114
  Kulturinfos 104
  Menü aufrufen 23
  öffnen 22
  Stopp erzwingen 313
  Stores 243
  suchen 248
  Symbole anordnen 32
  Update 25, 247
  vom Startbildschirm entfernen 33
  Wechsel zwischen geöffneten Apps 27
  Zahlungsmethoden 250
  zum Startbildschirm hinzufügen 34
Attachment 317
Audible 226
Auflösung 173
Aufnahmemodus 175
Ausschalten 21

B

Backup 317
Benachrichtigung 317
  löschen 26
  Optionen neu anordnen 47
  Symbole 24
Benutzer hinzufügen 48
Betriebssystem Android 13
Bildschirm 15
  drehen 49
  Timeout 24, 307

Bluetooth 15, 317
  Symbol 25
  Verbindung 76
Browser 77, 317
  Adressfeld 78

C

Cache 318
Chrome 56, 77, 96, 318
  Einstellungen 98
  Lesezeichen 97
Client 318
Cloud 318
  Dateien synchronisieren 294
  Daten sichern 294
Cloud Print 281
Codec 318
Cookie 318
Copy & Paste 95
Coverclip 17
CPU (Prozessor) 15

D

Datei
  kopieren 279
  verschieben 279
  verwalten 279
Daten
  mit dem Tablet austauschen 291
  sichern 290
  verschlüsseln 298
Datennutzung überprüfen 73
Daten-Roaming 72
Datum und Uhrzeit 309
Dienstprogramme 58
Dokument erstellen 269

Dropbox 271, 294, 318
  Symbol 25
Drucken 272, 281

E

E-Book 256, 318
EDGE 70
Eigene-Dateien-App 279
Ein-Aus-Schalter 17
Eingabehilfe 44
Eingabesprache 55
Einschalten 21
E-Mail 35, 128, 129
  Anhang 147
  antworten 140
  aus der Kontakte-App versenden 119
  Einstellungen 148
  IMAP-Konto einrichten 131
  kombinierte Ansicht 143
  Konto beim Provider einrichten 127
  POP3-Konto einrichten 128
  Posteingang 137
  schreiben 133
  senden 135
  Signatur 147
Energiesparmodus 307
Excel-App 265, 272
exFAT-Dateisystem 60

F

Facebook 98, 205
FAT-Dateisystem 60
FDN-Liste 113
Fernzugriff 301
Fingerbedienung 28
Firmware 318

Flugzeugmodus 318
Fotos synchronisieren 192
Frontkamera 16
FTP-Server 319

G

GALAXY Apps 58, 251
Galaxy-Tab-A-Familie 14
Galerie-App 181
  Alben 186, 187
  Diashow 191
  Videos ansehen 198
Geräteadministratoren 301
Geräteinformationen 312
Geräte-Manager 288
Gerätename erstellen 20
Geräteoptionen 21
Geräteverwaltung 301
Gmail-App 128, 151
Google+ 102, 192
Google-App 56
Google Drive 296
Google-Konto 58
Google Now 27, 90
Google Play Music 216
Google Play Store 220, 244, 319
GPRS 70
GPS 17, 229, 319
  einschalten 230
  Symbol 25
GSM 72, 319

H

Handgestensteuerung 29
Hangouts-App 126
Hauptkamera 17

HD 319
Headset anschließen 17
Helligkeit einstellen 41
Helligkeitssensor 319
Hintergrundbild 43
Home Screen 320
Home-Taste 16, 26, 27
Hyperlink 79

I

IMAP 128, 132, 319
In-App-Käufe 251
Intelligentes Tippen 55
Interner Speicher 60
Internetadresse 78
Internet-App 33, 77, 78, 81
  anonym browsen 84
  Bild kopieren und einfügen 96
  Datenschutz 85
  Desktop-Ansicht 84
  Einstellungen 84
  Favoriten 82, 93
  Lesezeichen 93, 94
  Link senden 83
  Navigation 81
  Optionen 83
  Seiteninfo 82
  Startseite festlegen 84
  suchen 86
  suchen per Spracheingabe 83
  Tab öffnen 81
  Text kopieren und einfügen 95
  Verlaufsprotokoll 88, 95
  Webseite schließen 81
Internet Service Provider 127
Internetverbindung 16
IP-Adresse 65

K

Kalender 159
  Ereignis eintragen 162
  Erinnerung 162
  Outlook-Daten importieren 165
Kamera 16
Kamera-App 170
  Einstellungen 172
  Panorama 178
  Video aufnehmen 197
Kamera-Uploads 295
Kindle-App 262
Kindle-Shop 263
Klingelton 113
Kontakte 109, 114
  Favoriten 118
  Gruppe erstellen 116
  lokal speichern 115
  suchen 117
Konto hinzufügen 57, 114
Kurzwahleinstellungen 109

L

Ladegerät 18
Launcher 319
Lautsprecher 17
Lautstärke 17, 40
Link 79
  kopieren 80
Lollipop 14, 319
LTE 16, 68, 70, 72, 319

M

Magine TV 211
Maps-App 229, 232
  Offline-Karten 241
  Orte suchen 238

  Routen berechnen 235
  Standortdienste 231
  Standortverlauf löschen 231
Mediathek 211
Megapixel 319
Memo-App 52, 166
Micro-SDHC-Karte 60
Micro-SD-Karte 60, 320
Microsoft Exchange 132
Mikrofon 17
MMS 121
Mobildatenbegrenzung festlegen 73
Mobile Datenverbindung 72
Mobilfunknetze 71
Multi-Touch-Screen 320
Multi User Mode 48
Multi Window 49, 51
Music Manager 215
Musik
  hochladen 215
  importieren 215
Musik-App 213

N

Nachrichten-App 16, 120
Netzmodus 72
Netzverbindung 16
Neustart 21, 314

O

Office 365 266
Offline-Modus 21, 82
Offline-Spracherkennung 57
OneDrive 265, 271, 297
OneNote 265
Ordner erstellen 39
Outlook-Synchronisierung 293

P

Passwort 285
pdassi (Store) 253
Personalisierung 42
Photoshop Express 195
PIN 285
Play Bücher 44, 255, 257
  Einstellungen 260
Player als Standardanwendung festlegen 199
Play Games 251
Play Kiosk 261
Playlist 222
Play Movies 210
Play Music 214
  Musik anhören 217
  Musik kaufen 220
Play Store 244
  Filme 208
  Hauptmenü 247
  Hörbücher 226
POP3-Konto 128, 129, 320
PowerPoint-App 265, 277
Privater Modus 299
Profil hinzufügen 48
Provider 127

R

Reader 320
Ruhemodus 308

S

Samsung Kies 58
Samsung-Konto 294
  einrichten 58
Schlafmodus 26
Schriftart 44
Schriftstil 44

Screenshot 25
SD-Karte 61, 313
  entfernen 61
  formatieren 61
Sicherheitskonto 290
Sicherungskopie 291
SIM-Karte 17, 19, 68
SIM-PIN ändern 69
Skype 124, 265
Smart Manager 309
Smart Stay 25, 47
Smart Switch 291, 320
SMS 121
Software-Update 311
Spam 320
Speicher 15
  erweitern 61
Sperrbildschirm 21, 320
  entsperren 42
S Planner 35, 146, 157, 158
  Anzeigeeinstellungen 159
Spotify 224
Sprachausgabe 92
Startbildschirm 21, 23, 320
  aufrufen 26
Statusleiste 24
  sichtbar machen 44
Streaming 221, 320
Such-Widget 89
Sync-Einstellungen 294
Synchronisierung 289, 293, 320

T

Tabelle erstellen 272
Tablet
  auf Werkseinstellungen zurücksetzen 314
  persönliche Einstellungen 42
  sperren 26
  stummschalten 26, 29

Tablet (Forts.)
  suchen 301
  Versionen 14
Telefon-App 16, 107
  Klingelton 113
  Kontrolle über Anrufe 113
Tethering 75
Text automatisch ersetzen 55
Texterkennung 55
Text-zu-Sprache-Einstellungen 44
TFT-LCD-Touchscreen 16
tolino 263
Ton einstellen 40
Touch-Bedienung 13, 28
TouchWiz 13
Treiber 321
Tuneln Radio 225
Twitter 100

U

UMTS 321
URL 78, 321
USB 15, 321
USB-Netzadapter 18

V

vCalender 321
vCard 147, 321
Vibration 41
Videoanruf 126
Video-App 204
Video-Player 199
Videotelefonie 123
Visitenkarte 118
Visitenkarten-Datei 118
Vorlesen 44

W

WCDMA 70, 72, 321
Webadresse 78
Webprotokoll 92
Webseite
  in neuem Register öffnen 79
  öffnen 79
Werkseinstellungen 315
WetterOnline (App) 102
WhatsApp Messenger 122
Widget 22, 34, 321
  E-Mail 35
  Kalender 35
  Menü aufrufen 23
Wiederherstellung 292
Wi-Fi 66, 321
WLAN 16, 64, 322
  hinzufügen 65
  Hotspot 75
  Verbindung 21, 63
  Verbindung einrichten 19
  zur Ortung nutzen 230
Word-App 265, 266, 269
WPS 65
WXGA-Display 15

Y

YouTube 205
  Video veröffentlichen 207

Z

Zattoo TV 210
Zoomen 28
  auf Webseiten 79
Zurück-Taste 16, 26